FOM-Edition

FOM Hochschule für Oekonomie & Management

Weitere Bände in dieser Reihe
http://www.springer.com/series/12753

Die FOM-Edition wird herausgegeben von FOM Hochschule für Oekonomie & Management.

Friederike Müller-Friemauth • Rainer Kühn

Silicon Valley als unternehmerische Inspiration

Zukunft erforschen – Wagnisse eingehen –
Organisationen entwickeln

Friederike Müller-Friemauth
FOM Hochschule für Oekonomie
& Management
Köln
Deutschland

Rainer Kühn
kühn Denken auf Vorrat
Odenthal
Deutschland

Dieses Werk erscheint in der FOM-Edition, herausgegeben von FOM Hochschule für Oekonomie & Management.

FOM-Edition
ISBN 978-3-658-09328-0   ISBN 978-3-658-09329-7 (eBook)
DOI 10.1007/978-3-658-09329-7

Die Deutsche Nationalbibliothek verzeichnet diese Publikation in der Deutschen Nationalbibliografie; detaillierte bibliografische Daten sind im Internet über http://dnb.d-nb.de abrufbar.

Springer Gabler
© Springer Fachmedien Wiesbaden 2016
Das Werk einschließlich aller seiner Teile ist urheberrechtlich geschützt. Jede Verwertung, die nicht ausdrücklich vom Urheberrechtsgesetz zugelassen ist, bedarf der vorherigen Zustimmung des Verlags. Das gilt insbesondere für Vervielfältigungen, Bearbeitungen, Übersetzungen, Mikroverfilmungen und die Einspeicherung und Verarbeitung in elektronischen Systemen.
Die Wiedergabe von Gebrauchsnamen, Handelsnamen, Warenbezeichnungen usw. in diesem Werk berechtigt auch ohne besondere Kennzeichnung nicht zu der Annahme, dass solche Namen im Sinne der Warenzeichen- und Markenschutz-Gesetzgebung als frei zu betrachten wären und daher von jedermann benutzt werden dürften.
Der Verlag, die Autoren und die Herausgeber gehen davon aus, dass die Angaben und Informationen in diesem Werk zum Zeitpunkt der Veröffentlichung vollständig und korrekt sind. Weder der Verlag noch die Autoren oder die Herausgeber übernehmen, ausdrücklich oder implizit, Gewähr für den Inhalt des Werkes, etwaige Fehler oder Äußerungen.

Gedruckt auf säurefreiem und chlorfrei gebleichtem Papier

Springer Fachmedien Wiesbaden ist Teil der Fachverlagsgruppe Springer Science+Business Media
(www.springer.com)

*Wir müssen das Silicon Valley nicht kopieren,
aber wir müssen es kapieren.*
Josef Kaeser, Siemens AG

Vorwort

Neben die weitreichenden wirtschaftspolitischen Folgen der monetären Krisen seit 2008 hat sich ein weiteres Thema in den Vordergrund der ökonomischen Lageberichte geschoben: Das für viele (gerade im „Alten Europa") erstaunliche Wirtschaftsgeschehen im Silicon Valley. Kalifornische Unternehmen, ehemals Garagen-Experimente exzentrischer Nerds, schicken sich an, die Weltwirtschaft zu dominieren.

Wer sich die weltweiten Kommentare zum kalifornischen Traum genau anschaut, erkennt schnell, dass Kenntnisse über das Silicon Valley erstaunlich oft oberflächlich sind – trotz der vielen Pilgerreisen ins ökonomisch gelobte Land, die zahlreiche Unternehmer in der letzten Zeit antraten. Urteilskriterien für die dortige ökonomische Praxis kommen ausgesprochen „klassisch" daher. Maßstäbe sind zumeist konventionelle betriebswirtschaftliche – also kanonisch gewordene – Kriterien, um ökonomisches Handeln zu bewerten. Sind die Strategien dort konsistent und robust, die Akquisitionen dazu passend? Wie sehen die Ziele aus, wird (dem hiesigen Verständnis nach) professionell gemanagt und kontrolliert?

Was aber, wenn all diese Maßstäbe gar nicht die ökonomischen Hauptkriterien der Kalifornier träfen? Wenn Google, Facebook, Apple, Amazon und Co. nicht trotz dieser Distanz zum etablierten Regelkanon, sondern gerade *deswegen* solch immensen Erfolg hätten?

Wir wollen mit unserem Buch den kalifornischen Traum begreifbar machen. Allgemeiner gesagt: Wir interessieren uns für alternative Ökonomieleitbilder, die es innerhalb der sich stetig weiter global vernetzenden Wirtschaft zuhauf gibt. Genug jedenfalls, um das eigene ökonomischen Handeln an ihnen zu überprüfen.

Dazu fundieren wir einleitend (Kap. 1) unser Verständnis ökonomischer Praxis. Aus dieser Position folgt letztlich ein – für europäische Verhältnisse ungewöhnlicher – Wechsel: Die Theorie wird konsequent in den Dienst der Praxis gestellt (amerikanisches Wissenschaftsverständnis, „Pragmatismus"). Der entscheidende Vorteil: Die theoretische Perspektive steht nicht neben beziehungsweise außerhalb der Praxis. Das ökonomische Geschehen im Silicon Valley kann mit dessen eigener pragmatischer Vorgehens- und Sichtweise beschrieben werden. Wir setzen uns – und Ihnen – also quasi die gleiche Brille auf, mit der die Kalifornier die Welt betrachten.

Danach beschäftigen wir uns damit, wie in Silicon-Valley-Unternehmen Entscheidungen hoher Trag- und Reichweite zustande kommen (Kap. 2). Die Beschreibung hält sich strikt an Vorbilder; Meister ihres Fachs, denen wir abschauen, wie sie Entscheidungen in ihrer Organisation herbei„führen".

Im Anschluss geht es darum, wie diese Unternehmen exzellent geworden sind (Kap. 3). Wie sie unternehmerischen Erfolg nicht durch exakte Planung – ein Denken vom Heute ins Morgen –, sondern durch gedankliche Vorwegnahmen realisieren. Dabei geht es um ein reflexives Spiel mit Zeit: Um gedanklich kontrollierte Vorgriffe und Rückgriffe, Antezipation und Erinnerung, Zukunftsbilder und Lehren aus der Vergangenheit. Zeitmodelle sind zwar kulturell geprägt und beeinflussen Denken und Handeln nur latent; man kann sie jedoch ökonomisch binden und bearbeiten – und zu Wirtschaftszwecken nutzen. Methoden und unterschiedliche Soziokulturen (auch neben der kalifornischen), die genau dies tun, stellen wir vor. In einem Land, das qua Ursprungsmythos nichts anderes unternimmt, als diejenige Vorstellung wirklich werden zu lassen, die einst die Gründer der Vereinigten Staaten von Amerika imaginiert haben (American Dream), ist ein solcher Umgang mit Zeit längst nicht so kontraintuitiv, wie er für uns Europäer auf den ersten Blick erscheint. Ganz im Gegenteil: Er begründet in der Neuen Welt eine alternative Form sozial gehaltvoller Ökonomie.

Abschließend unterbreiten wir einen Vorschlag zur Profilierung dieses Ökonomieleitbildes, das sich im Lichte des kalifornischen Wegs abzeichnet. Es entstammt zwar einem hochspeziellen soziokulturellen Klima, nämlich demjenigen des Silicon Valley, und ist deshalb nicht einfach kopierbar. Aber: Vom Valley kann man sich inspirieren lassen. Es zeigt einen – zugegeben irritierenden, für uns fremdartigen – Weg auf, wie sich Wirtschaft *auch* verstehen lässt. Es birgt Potenziale für viele Teile der Welt; Potenziale, die von der kalifornischen, für unsere Augen oft kruden und sozialethisch fragwürdigen Soziokultur leicht überdeckt werden. Um diese Kraftreserven, Leistungsvermögen und Wirkungsfähigkeiten geht es uns. Denn auch, wenn uns Europäern einige Werte dieses Ökonomieleitbildes nicht gefallen: Die zukunftsemphatische unternehmerische Denkart, auf der es fußt, steht im Prinzip jedem Unternehmen offen. Zukunft als Passion – um diesen Kern dreht sich kalifornisches Denken. Um seine Kraft zu nutzen, muss man es jedoch verstehen.

Auf dem Weg nachzuvollziehen, was die kalifornische Ökonomie antreibt, gerät man allerdings an die Grenzen der Erklärungskraft rein betriebswirtschaftlichen Wissens. Wir bedienen uns daher der Instrumente der Zukunftsforschung: des Wissenschaftsverständnisses, der Methoden und der zentralen Forschungsperspektive. Diese Disziplin ist in Kalifornien in der ersten Hälfte des letzten Jahrhunderts entstanden. Innerhalb der Betriebswirtschaftslehre ist der Rückgriff auf „Future Sciences" zwar noch ungewöhnlich, aber auch nicht mehr völlig neu; erste Anstrengungen, zukunftsforscherisches Denken an die ökonomischen Wissenschaften anzuschließen, sind gemacht, wenn auch hierzulande noch spärlich. Wir möchten zeigen, wie fruchtbar diese transdisziplinäre Perspektive ist, und wie lehrreich und instruktiv globales Wirtschaften, das auf der Höhe der zeitgemäßen wissenschaftlichen Erkenntnisse bearbeitet wird, sein kann. Das Zusammenrücken der Welt ist ein Innovationsturbo zur Mehrung intellektuellen Kapitals. Im Land der Dichter und Denker könnte diese Einsicht eine Menge bedeuten; vielleicht sogar bewirken.

Wir danken der FOM Hochschule für Oekonomie & Management, insbesondere Herrn Professor Thomas Heupel und Herrn Dipl.-jur. Kai Enno Stumpp, für die Aufnahme des Werkes in die FOM Edition und für die Begleitung bei dessen Erstellung.

Odenthal, im Dezember 2015

Inhaltsverzeichnis

1 **Einleitung** 1
   1.1 Die Perspektive einer sozialwissenschaftlich informierten Ökonomie ... 7
       1.1.1 Sachliches Problem: Komplexitätsüberlastung 7
       1.1.2 Wirtschaftswissenschaftliches Problem: Überkommener Universalismus 9
       1.1.3 Entscheidungsproblem: Inflexibilität 10
       1.1.4 Zentrale Fragestellung 12
   1.2 Theoriepolitische Grundentscheidungen 15
       1.2.1 Zukunftsforscherischer Anschluss 16
       1.2.2 Betriebswirtschaftlicher Anschluss 18
   1.3 Zur Orientierung 19
   Literatur 21

2 **Entscheiden – Die unternehmerische Identität festlegen** 23
   2.1 Kalifornisches Unternehmertum 25
   2.2 Entscheiden als Selbstverbesserung 37
       2.2.1 Tiefenkompetenz: Deep Play 38
       2.2.2 Meinungsstreit: Straight Talk 44
       2.2.3 Umfeldkompetenz 46
   2.3 Entscheiden als Selbstbindung 59
       2.3.1 Autologie 60
       2.3.2 Lernen und Temporalisieren 67
   2.4 Stabilisieren und kontrollieren 72
       2.4.1 Semantischer Wechsel 74
       2.4.2 Instabilität normalisieren 79
   2.5 Fazit 84
   Endnote 89
   Literatur 92

3	**Exzellent werden – Unternehmen entwickeln**		95
	3.1	Antezipieren: Das Erfassen von Zukunft in der unternehmerischen Praxis	98
		3.1.1 Der praktische Umgang mit Zeit: Entbergen und Projizieren	99
		3.1.2 Kognitiver Umgang mit Zeit: Sich begeistern und engagieren	105
	3.2	Methodenbeispiele	112
		3.2.1 Grundprinzip der Zukunftsforschung	113
		3.2.2 Szenarien: Planen und Entscheiden in Alternativen	119
		3.2.3 Backcasting: Futur-II-Schocks	123
		3.2.4 Abduktion: Logisch neue Regeln ableiten	128
	3.3	Vier Innovationstypen exzellenzorientierter Unternehmensentwicklung	136
		3.3.1 Scouts	139
		3.3.2 Broker	141
		3.3.3 Maximizer	144
		3.3.4 Inventors	146
	3.4	Fazit	153
	Endnote		156
	Literatur		159
4	**Zukunftsintelligenz – Grundlagen einer Preconomics***		163
	4.1	Zukunftsentscheidungen: Unternehmensbeispiele	164
	4.2	Die Sympathiefrage	169
	4.3	Werkzeugkiste europäischer Scouts	174
	4.4	BWL beim Wort genommen	178
	Endnote		180
	Literatur		180

Über die Autoren

Dr. Friederike Friemauth ist promovierte Sozialwissenschaftlerin. Sie arbeitete mehrere Jahre für die Zukunftsforschungsabteilung der damaligen DaimlerChrysler AG, Berlin, und leitete die Trendforschung bei SinusSociovision, Heidelberg. Heute ist sie Professorin für Allgemeine Betriebswirtschaftslehre, strategisches Marketing und Innovationsmanagement an der FOM Hochschule für Oekonomie & Management, Köln.

Dr. Rainer Kühn ist promovierter Sozialwissenschaftler. Er war über mehrere Jahre Dozent am politikwissenschaftlichen Institut der FU Berlin, in der Erwachsenenbildung und als stellvertretender Geschäftsführer einer Mediendienstleistungsagentur tätig. Heute ist er freier Publizist.

Beide sind Inhaber von KÜHN DENKEN AUF VORRAT, Odenthal bei Köln.

Einleitung

Gesellschaftlicher Wandel als Herausforderung für Zukunftsentscheidungen

> **Zukunftsintelligenz**
>
> Ein Mann wollte etwas über das Denken seines Computers erfahren; darüber, wie sich sein Rechner in Zukunft in puncto Intelligenz entwickeln würde. Also fragte er ihn: „Rechnest du damit, dass du jemals wie ein Mensch denken wirst?" Die Maschine machte sich an die Arbeit, analysierte sowohl ihre softe als auch harte Ware sowie ihre vorgegebenen Ablaufroutinen. Das Fazit, das sie anschließend ausgab: *„Da fällt mir eine Geschichte ein ... "*

So denken Menschen: In Geschichten, Kontexten, geistigen Sinnzusammenhängen, meist assoziativ. Das jedenfalls meinte der Kybernetiker Gregory Bateson (1980, S. 14), von dem diese Sci-Fi-Fabel stammt. Wie bei vielen anderen auch kreisten seine Überlegungen darum, was Systemen zu eigen ist – also Menschen, Maschinen und Organisationen. Was sie gut können, wie sie lernen. Was ihre Leistungen manchmal herausragend sein lässt, woraus diese Erstklassigkeit besteht, und was wir unter Außergewöhnlichkeit verstehen. Den Status von Exzellenz zu erreichen, stellt beispielsweise für eine wirtschaftliche Organisation Überlebensprinzip, Wachstumsgarantie und Wettbewerbsvorsprung dar – und zwar alles in einem!

An dem Punkt, an dem die Geschichte endet – also da, wo Techniken oder Künstliche Intelligenz anfangen, uns ihre „Geschichte" zu erzählen – stehen wir zwar noch nicht. Aber ein ganzes Ökonomie-Cluster ist der Ansicht: „Sehr bald!" Die Rede ist von den Exzellenz-Riesen aus einem kleinen Tal im Westen der USA. Diese Unternehmen sind geradezu besessen von den Möglichkeiten, welche die Digitalisierung eröffnet. Sie faszinieren einerseits mit ihrem Weitblick, mit ihren Visionen und auch mit ihren Verrücktheiten (wie es Europäern zumindest häufig erscheint). Andererseits sind die kalifornischen Firmen aber auch einer großen Menge nachdenklicher Menschen äußerst suspekt.

Was für Motive stecken dahinter? Wie arbeiten diese Unternehmen? Sind es tatsächlich Maschinen, beziehungsweise ist es die allerorten beschworene Digitalisierung, die deren atemberaubende wirtschaftliche Erfolge schaffen? Wie wird dort Exzellenz kreiert; und zudem: mit welchen Zukunftsvorstellungen, welchen Entscheidungsmodellen, welchem Führungsverständnis? Welches Unternehmensleitbild steht dahinter; womöglich: Welches Verständnis von ökonomischem Handeln generell? Darum dreht es sich in diesem Buch.

Üblicherweise werden Fragen dieser Art – Fragen nach dem harten Kern von Zukunftsintelligenz – innerhalb der Betriebswirtschaft mit Hilfe empirisch beforschter, universalistischer Regelwerke beantwortet. Zur Bearbeitung gibt es dann etwa ausdifferenzierte Strategiekataloge oder Managementmethoden. Angesichts einer unternehmens*praktischen* Situation, in der die gesellschaftlichen Umfelder „hyperkomplex", unübersichtlich und extrem dynamisch werden und daher die „Kontingenz" explodiert; in einer Situation, in der die Regelwerke zwar nach wie vor genutzt werden, das Befolgen dieser Vorgaben aber immer seltener von Erfolg gekrönt ist (ohne, dass Fehler ersichtlich wären); in einer Situation, in der die unternehmerischen Entscheider mit zunehmender Vehemenz die Effektivität der vorliegenden methodischen Hilfsmittel bemängeln und nach Alternativen suchen – in genau dieser Situation zu Beginn des 21. Jahrhunderts stellt sich die Frage, ob die etablierte betriebswirtschaftliche universalistische Antwort noch hinreichend ist. Mit anderen Worten: Trifft es zu, dass eine sich kulturell ausdifferenzierende globale Ökonomie mit überall gültigen Maßstäben praktisch zu bewältigen ist?

Haltungsfragen

Wir zweifeln das an: auch theoretisch-konzeptionell. Und die Vorbildunternehmer, die anschließend in diesem Buch exemplarisch beobachtet werden und an denen wir uns orientieren, haben das – praktisch – auch nicht vorgelebt. Ganz im Gegenteil. Unsere kalifornisch inspirierte Alternative zum universalistischen Wirtschaftsleitbild profilieren wir maßgeblich über amerikanische Klassiker wie etwa Apple (unter Steve Jobs); dies zum einen mangels Masse. Führungsvorbilder eines solchen Formats an Selbstreflexion *und* Regelbruch wie Jobs kommen jenseits der „üblichen Verdächtigen" quasi nicht vor. Man kann über diesen Typus keine Studien anfertigen – als relevante Stichprobe existiert er nicht. Zum anderen konzentrieren wir uns auf gut dokumentierte Führungspersönlichkeiten aus Gründen der hohen Informationsdichte über das Denken solcher Vorbilder, die es braucht, um legitime Schlüsse zu ziehen. Was deren Handlungsprinzipien ökonomietheoretisch aber *bedeuten*, ist trotz der Fülle an Kommentaren bis heute unklar. Die zahlreichen Interpreten sind sich nur in einem Punkt einig: Ausnahme-Unternehmer sind Ausnahme-Erscheinungen. Man kann ihnen nacheifern – kopierbare Prinzipien verbergen sich hinter ihnen aber gerade nicht.

Auch das bezweifeln wir in diesem Fall. Zwar ist eine solche Haltung fraglos bequem, für Analytiker wie für Unternehmer. Exzellente Störenfriede gebe es glücklicherweise selten, daher lohne ein allzu großer reflexiver Aufwand nicht; stattdessen schreibt man lieber ihre Biografien. Sie gelten als Genies, die Maßstäbe setzen, die kaum jemand nach ihnen erreichen wird – und dann verschwinden sie wieder. Das mag durchaus stimmen.

Aber stimmt es immer, und stimmt es hier? Wir behaupten: nein. Was wäre, wenn diese Exemplare doch Schule machten?

Mit Distanz betrachtet, ist dieser übliche, irritierende Stoizismus neuen, abweichenden Denkweisen gegenüber verständlich, weil kulturell tief verankert. Er erklärt sich sowohl aus einer spezifischen Interpretation unserer abendländischen Wissenschaftsgeschichte als auch durch den herrschenden Zeitgeist; wobei Letzterer Erstere zusätzlich verstärkt. Was zunächst die Selbstwahrnehmung unserer Wissenschaftsgeschichte betrifft: Zwar kommt es vor, dass außergewöhnliche Vertreter der menschlichen Gattung die Welt verändern. Repräsentativ dafür stehen die einschlägigen Revolutionäre unseres Weltbildes (etwa Kopernikus, Galilei, Newton; oder Kant, Hegel, Marx – im Wesentlichen Naturwissenschaftler und Philosophen). Dies geschieht jedoch in Abständen von Jahrhunderten: extrem selten. In diese Kategorie fallen *nicht* die zahlreichen sogenannten Wenden kürzerer Phasen („Paradigmenwechsel") innerhalb der Einzelwissenschaften (pragmatic turn, linguistic turn, postmodern turn, in jüngster Zeit der „Neue Realismus" und so weiter). Letztere sind, genau genommen, lediglich Weiterentwicklungen des vorhandenen Wissens, die *Teil*aspekte des bisherigen Kanons einer Disziplin infrage stellen – sie revolutionieren also nicht unser gesamtes kognitives Fundament. Mit der Aufwertung solcher paradigmatischer Neuerungen zu Jahrhundertereignissen oder „genialen" Leistungen ist man daher zurückhaltend. In der zeitgemäßen „Ökonomie der Aufmerksamkeit", wie das mediale Profil des frühen 21. Jahrhunderts häufig bezeichnet wird, kommt außerdem die Erschwernis hinzu, dass es so viele bedeutende (und pseudo-bedeutende) Menschen und Führungskonzepte gibt wie Sand am Meer. Soll heißen: Mag ja sein, dass Unternehmer wie Steve Jobs, Jack Welch, Ricardo Semler oder Louis V. Gerstner jr. Ausnahmeerscheinungen darstellen. Aber sind sie damit auch gleich „weltbewegend"? Der Reflex aus den Forschungsstuben dazu lautet unisono: „Nein – nun übertreibt mal nicht, das sind vorübergehende Hypes. Und nebenbei: In den jungen Wirtschaftswissenschaften hat es Revolutionen solcher Art doch noch nie gegeben. Dafür haben wir überhaupt kein Benchmark!"

Stimmt! Und stimmt nicht. Diese Haltung ist bemerkenswert unpräzise – denn dass noch keine Vergleichs- und Urteilsmaßstäbe existieren, heißt ja nicht, dass dieses Phänomen unmöglich ist: Dass also *auch in der Ökonomie* eine fundamental neuartige Sicht der Dinge entstehen kann. Ein klassischer logischer Kurzschluss. Denn in „Old Europe" werden Krisen anhand der *Vergangenheit* bewältigt, nicht der Zukunft. Nach der Finanzkrise 2008 beispielsweise haben zahlreiche Philosophen ihre Marx-, und ebenso viele Ökonomen ihre Keynes-Lektüren erneuert und geprüft, ob nicht doch ein Halbsatz dieser Kapitalismuskritiker übersehen wurde, ein unanalysiert gebliebener Gedanke einer Neuentdeckung harrt. Dass ein ökonomisches Denkmodell aber nicht nur *theoretisch über historische Erfahrung* – beziehungsweise über ein sich Rückversichern an den eigenen Wurzeln, der Identität („woher kommen wir?") –, sondern auch *praktisch über Vorgriffe* – beziehungsweise willentlich umjustierte Erwartungshorizonte („wo wollen wir hin?") – verändert werden kann, also über Zukunft, ist hierzulande, im Wortsinn, undenkbar. Dafür gibt es keine Tradition, keine mentalen Ressourcen, keine Vorbilder. Genau das ist jedoch die Spezialität kalifornischen Denkens beziehungsweise der dortigen Ökonomie.

Wenn man sich der hiesigen Haltung nichtsdestotrotz widersetzt, stellt sich forschungstaktisch ein doppeltes Problem. Erstens sind Unternehmen, die Gleiches wie die Kalifornier versucht hätten und damit zum Beispiel gescheitert wären, nicht erkennbar: Das in diesem Buch konturierte ökonomische Weltbild ist „unique", radikal modern und tatsächlich neu. Man kann dazu (noch) keine Kontrastfolien bilden oder Differenzierungen einziehen. Und zweitens bräuchte man, um diese Akteure zu bewerten oder gar zu kritisieren, zuallererst unternehmerisch qualifizierte Bewertungskriterien, die es auch (noch) nicht gibt. Genau deshalb wird ja gerade, wenn es hierzulande um Kritik des kalifornischen Denkens geht, ausschließlich moralisch argumentiert („so was wollen wir hier nicht!"). Als Wissenschaft lässt sich das kaum bezeichnen. Also: Um die *Begründung* unseres wissenschaftlichen Zweifels an solcherart habitualisierten Haltungen, um die *Beobachtung* einer anderen Praxis sowie letztlich – als Fazit daraus – um einen *Alternativvorschlag*, gleichermaßen distanziert zur althergebrachten Herangehensweise *als auch* zu „abgedrehten" Silicon-Valley-Visionen, darum geht es hier.

Dazu weisen wir zunächst unsere Urteilsmaßstäbe aus. Wie kreieren die kalifornischen, beispielhaft beobachteten Erfolgsorganisationen Zukunftsintelligenz und Exzellenz? Was verbirgt sich hinter deren scheinbar kuriosen Ansprüchen wie etwa dem von Steve Jobs, „eine Delle ins Universum zu schlagen" – sind das tatsächlich bloß Exzentrizitäten von einer Handvoll computerbesessener Nerds? Verfahrenstechnisch schauen wir also einigen kalifornisch denkenden Exzellenz-Unternehmen „auf die Finger". Theoriepolitisch ist die Sache komplizierter.

Zukunftsentscheidungen
Was ist eine „gute" Zukunftsentscheidung? Und was zeichnet sie aus? Will das Unternehmen lange überleben? Oder zu den Besten aufschließen, exzellent werden – oder beides?

1. Entweder kann ein globaler Konzern der Automobilbranche die Strategie eines integrierten, diversifizierten Hightech-Unternehmens verfolgen. Oder es kann sich auf die Kernkompetenzen konzentrieren und strikt in diesem Fokus wachsen (M&A). Oder auf Innovation und Effizienz setzen und den Shareholder Value stärken. Die deutsche Daimler AG vollzog all das in der Abfolge von Edzard Reuter über Jürgen Schrempp bis hin zu Dieter Zetsche. Bedeuten Strategie*wechsel* stets auch eine verbesserte Zukunfts*planung*?
2. Entweder können Spezialisten der Internetbranche Exzellenz bei der Ausstattung ihrer Kunden mit Netztechnologie anstreben. Oder der Vision folgen, Menschen über das Netz miteinander in Verbindung zu bringen. Ersteres ist üblich, Letzteres ist das kalifornische Google. Wofür steht hier „Zukunft", und nach welchen Kriterien wird sie gestaltet?
3. Entweder legt ein Unternehmen betriebswirtschaftlich sauber Branche oder Kernkompetenzen fest. Oder erspart sich derartiges und definiert stattdessen, was es sozialethisch für ein Unternehmen sein will. Letzteres praktiziert seit über 300 Jahren das japanische Mitsui, heute ein globaler japanischer Mischkonzern. Ist das Zukunfts*orientierung*?

4. Entweder fügt sich ein Unternehmen ins Mittelmaß und begnügt sich damit durchzukommen. Oder es artikuliert höchste Ansprüche an seine Performance und strebt Marktführerschaft an – wie General Electric unter Jack Welch. Ist dieser Anspruch Vorbedingung für Zukunfts*erfolg*?
5. Entweder führt ein Unternehmer seine Mitarbeiter zu ökonomischen Bestleistungen. Oder er entwickelt ungewöhnliche Überzeugungen über humanes Arbeiten und steuert seine Firma dieser Idee gemäß. Ricardo Semler beim brasilianischen Semco praktizierte Letzteres sehr erfolgreich. Ist das, weil weitsichtig und trendgerecht, gute Zukunfts*vorsorge*?
6. Entweder haben Gründer eine neue Produktidee, Spezialangebote für eine Nische oder kombinieren Dinge anders. Oder sie haben höchst eigenwillige Vorstellungen darüber, wie Produkte ihrer Branche „eigentlich" sein sollten. Steve Jobs entwickelte in Kalifornien bei Apple genau solche Produkte. Ist das der Königsweg für gutes Zukunfts*management*?

Dieser Fragenkatalog ist offensichtlich ein Sammelsurium (auf das wir am Ende des Buches zurückkommen). Ein Bauchladen aus Landesspezifika beziehungsweise diversen Unternehmenskulturen, sachlichen Problemlagen und höchst unterschiedlichen Ansprüchen. Dem Unternehmenspraktiker brennen zwar genau solche Fragen unter den Nägeln; dem Wissenschaftler erscheinen sie jedoch zunächst nachrangig, ja nicht einmal bearbeitungswürdig, weil ungeordnet. Denn „normalerweise" müsste erst einmal eindeutig definiert werden, was man eigentlich wissen will.

Im Folgenden werden wir – entlang der Orientierung am kalifornischen Unternehmertum – Licht in dieses Dickicht bringen, ohne den konventionellen wissenschaftstheoretischen Ritualen Tribut zu zollen und anfangs umfänglich die forschungsleitende Basis darzulegen. Zwar wird es zunächst um eine wissenschaftliche Grundierung unserer theoretischen Perspektive gehen; aber die Behandlung praktischer Fragen folgt nicht erst „im Anschluss" an die Klärung des theoriepolitischen Rahmens. Vielmehr wird die forscherische Basis so gewählt, dass sie *auf praktische Fragen unmittelbar zugeschnitten ist*. Man könnte paradoxal von einer „Praxiswissenschaft" sprechen. (In den USA ist sie die Norm. Etwas Ähnliches gab es aber auch in Deutschland schon einmal, die sogenannte „Praxeologie"; auf die wir uns, unter anderem, beziehen.)

Dieses Vorgehen ist scheinbar kontraintuitiv und hat in kontinentaleuropäischen Wissenschaftszirkeln einen schlechten Ruf: Es widerspricht den hiesigen wissenschaftstheoretischen Überzeugungen. Vor allem haftet ihm das Image an, prinzipienlos zu sein: Der Ruch des „muddling-through", also der Durchwurstelei, und einer schnoddrig-denkfaulen Versuch-und-Irrtums-Pragmatik; einer Prozessorientierung, die mit dem im Grunde inhaltsleeren Attribut „pragmatisch" nur kaschiert und – leicht durchschaubar – zu einer Pseudomethodik hochgejazzt werde. Junk-Science eben.

Dass hierzulande so gewertet wird, hat seine (Hinter-)Gründe. Die Amerikaner favorisieren beispielsweise mit John Dewey einen Anhänger von Projektunterricht und Laborschulen. Wir hingegen halten Humboldt in Ehren – immerhin Bildungsreformer, Begründer vergleichender Sprachforschung, erfolgreicher Diplomat, Schlossherr, Humanist ungeheurer Wirkungsmacht, Verfechter denkerischer Prinzipien. Und einen nach ihm benannten Mondkrater gibt es auch noch. Die soziokulturellen Welten zwischen diesen beiden „Mindsets" liegen immens weit auseinander. Stark verkürzt ließe sich von „praktischem Experiment" versus „Bildungsphilosophie" sprechen; mit dem radikal differierenden Anspruch, dass während der Philosoph am Ende stets die Wahrheit bewiesen haben muss, der Pragmatist „nur" Probleme entschärft haben braucht.

Wir werden im Folgenden unsere hiesigen wissenschaftlichen Grundlagen in mehrfacher Hinsicht verlassen und uns auf den US-amerikanisch-pragmatistischen Weg begeben. Das Motiv, warum wir so vorgehen? Wir lassen uns bei unserer Analyse des kalifornischen Unternehmertums auf *deren* Perspektive ein, also auf die soziokulturelle Sichtweise dieser Wirtschaftsorganisationen. Ohne einen solchen Wechsel ist unseres Erachtens deren Handeln nicht sinnhaft zu erschließen. Es sind amerikanische Firmen – und deren Wissenschaftsverständnis adaptieren wir. Unsere Argumentation steht deshalb auf dem Fundament des (US-)Pragmatismus, der zwar in unserem Kulturkreis mittlerweile auch Einzug gehalten hat, für den theoretischen „Mainstream" aber weitgehend unbekannt geblieben ist. Was daher auch die meisten Theorie-Experten überraschen wird: Ein deutsches Pendant – in allerdings sehr deutschem Stil und Habitus – ist die systemtheoretische Organisationsperspektive von Niklas Luhmann, der seine soziologische Forschungsausrichtung immer wieder auch mit Blick auf die amerikanischen Pragmatisten verdeutlichte (folgend mit Bezug auf den Pragmatisten William James):

> [I]m Großen und Ganzen würde ich sagen: Zu wissen, wo es lang geht, zu wissen, was der Fall ist, und damit die Aussicht zu verbinden, man habe einen Zugang zur Realität und andere müssten dann folgen oder zuhören oder Autorität akzeptieren, *das ist eine veraltete Mentalität, die in unserer Gesellschaft einfach nicht mehr adäquat ist*. Wir haben verschiedene Weisen, die Gesellschaft oder die Weltverhältnisse im allgemeinen zu beobachten, die nicht auf einen Nenner zu reduzieren sind. Es gibt einen sehr schönen Text von William James, „On a certain blindness in human beings", in dem er sagt: *Jeder Beobachter, jeder sieht mit größter Schärfe und viel besser als irgendjemand anderer etwas* […] (Luhmann 1987, S. 29, unsere Hervorh.).

Um es nochmals zu betonen: *Jeder* sieht mit größter Schärfe. Das ist ein genuin pragmatistisches Credo. Und genau deshalb lohnt, laut Pragmatisten, das Experiment, trial and error – immer. Wer sieht aktuell; in dieser Situation; unter diesen Bedingungen; in dieser Richtung besser, weiter, mehr? Wer hat die cleverste Idee, diese konkrete Herausforderung genau jetzt zu bewältigen? Auf Basis dieser Haltung ist eine Orientierung an allgemeingültiger Wahrheit oder einschlägigen Erfahrungen nicht etwa falsch, sondern sinnfrei. Und daher im Pragmatismus auch kein zentrales Thema. Der Pragmatismus „hat" nichts gegen Wahrheitsorientierungen – er vertritt nur die Position, dass sie uns praktisch wenig nützen. Mit anderen Worten: Mit Humboldt läuft man an Pragmatisten vorbei und ins Leere. Was man sich für den immensen reflexiven Aufwand einhandelt, ist bestenfalls ein schulterklopfend-mitleidiges: „So what?" Die amerikanische Haltung repräsentiert schlicht ein anderes Weltbild – und damit ein abweichendes Wissenschaftsverständnis.

Das ist der Ausgangspunkt unserer Argumentation: Wir drehen das Theorie-Praxis-Verhältnis, wie es im universalistisch-betriebswirtschaftlichen Wissenschaftsdiskurs etabliert ist, um. Die Theorie steht hier vollständig im Dienst der Praxis; mit immensen Folgen für das Theorieverständnis. Aber – und ausschließlich *das* ist unser Erkenntnisinteresse – auch für die analytische Reichweite und Tiefe von Antworten auf praktische Probleme! Die eingangs gestellten unternehmerischen Fragen mit Blick auf ganz unterschiedliche Herausforderungen in Sachen Zukunft, Innovation und Exzellenz lassen sich praxeologisch bündeln und beantworten. (Gemäß eines klassisch-universalistischen Verständnisses und Vorgehens – eines, das immer und überall zutreffend sein will – ist das nicht möglich.)

1.1 Die Perspektive einer sozialwissenschaftlich informierten Ökonomie

1.1.1 Sachliches Problem: Komplexitätsüberlastung

An ereignishaften Turbulenzen in der Wirtschaftswelt herrscht kein Mangel. Seit geraumer Zeit müssen Unternehmen (und Regierungen) mit den Folgen diverser Störereignisse und katastrophaler Krisen kämpfen. Im Folgenden geht es allerdings um anderes, nämlich um *strukturelle* Veränderungen, und zwar globalen Ausmaßes: Wirtschaftsorganisationen haben sich seit einigen Jahrzehnten aufgrund des sozialen Wandels und neuer weltwirtschaftlicher Bedingungen „systemischer" und auch pragmatischer orientieren müssen. Allem voran bereitet die Steuerung sozialer Systeme, also von Gesellschaften und Organisationen, zunehmend Probleme (Kühn 1997). Die Welt ist komplexer und unübersichtlicher geworden; und Kunden sind zunehmend illoyal und sprunghaft.

Was heißt das für praktisches Zukunftsmanagement der Unternehmen? Die Zeiten unumstößlicher und felsenfest gültiger Entscheidungsgrundlagen sind definitiv vorbei. Mit Blick auf wissenschaftliche Flankierungen dieser ungemütlichen Lage wird bereits seit Jahrzehnten diskutiert, Organisationslenkung bestehe zunehmend aus „Potemkinschen Dörfern"; aus „Rationalitätsfassaden" (Meyer und Rowan 1977), die bei jedem neuen „wind of change" praktisch zusammenbrächen. Das Gefühl breitet sich aus, dass immer alles auch anders entschieden werden könne – natürlich mit „guten" Gründen. Und die liefert unermüdlich die Wissenschaft. Aber kann das die Lösung sein?

1886 hielt Henry R. Towne, Mitbegründer der „Yale Lock Manufacturing Company", vor der damals gerade gegründeten „American Society of Mechanical Engineers" einen wegweisenden Vortrag: „Der Ingenieur als Ökonom". Das Leitmotiv, kurz und ironisch: „Dem Ingeniör ist nichts zu schwör" – bis auf's Profitmachen! Denn leider sei ein guter Tüftler nicht immer auch ein guter Geschäftsmann, ganz im Gegenteil. Da es aber eben nicht allein darum ginge, etwas zu entwickeln, sondern das erdachte Produkt auch geldbringend zu verkaufen, hätte das Studium der „Steuerung von Arbeit" (also Managementlehre) eine ebenso große Bedeutung, wie der ingenieurshafte Geistesblitz. Und daher sei es gerechtfertigt, Managementtheorie „als eine moderne Wissenschaft zu etablieren" (Towne 1886).

Von solchen Überlegungen nahm das betriebswirtschaftlich orientierte Managementdenken seinen Ausgang. Sein Ziel: „Wissen für alle Unternehmer überall!" Es gäbe einen „one best way" des Organisierens, und den wolle man herausfinden. Die akademische Befassung mit solcherlei „Handhabungswissen" ist nicht viel älter als hundert Jahre (also im Vergleich zu anderen Wissenschaften relativ jung), und hat bislang keine umstürzenden Revolutionen durchmachen müssen. Kern des Bemühens war stets: Unternehmerisches Handeln transparent, regelhaft und in seiner Logik verständlich zu machen. Sowie zu erforschen, was ökonomische Aktivitäten auf jeweils zeitgemäße Weise effektiv, effizient, handhabbar, kostensparend, also nach wirtschaftlichen Maßstäben erfolgreich macht.

Müsste dann nicht aber gerade die Frage nach einer guten Management-*Zukunftsvorsorge* zum Kernanliegen dieses Teilsystems der Betriebswirtschaftswissenschaft gehören? Wenn sich, wie zuvor dargelegt, heutzutage das ehedem gut geordnete und ausgesteuerte Organisationsuniversum – also „das" Unternehmen und „seine" Kultur, empirisch beforscht und universalistisch-gültig beschrieben – unter dem Druck einer immer komplexer und unübersichtlicher werdenden Realität aufzulösen droht in ein Multiversum mit amorphen Konturen; müsste eine Betriebswirtschaftslehre auf der Höhe der Zeit dann nicht reagieren? Zum Beispiel mit dem Verweis auf einen speziellen Teilbereich ihres Werkzeugkoffers, der für Zukunftsvorsorge reserviert wäre. Denn: Urteile über den richtigen Weg gibt es heute so viele wie Entscheider. Trends und Umfeldentwicklungen überfluten die Organisationen. Mitarbeiter möchten selbstverantwortlich Beiträge beisteuern. Wirtschaftliche Kennzahlen sprechen eine eigene, immer anspruchsvoller werdende Sprache. Stakeholder des Unternehmens wollen ihre Interessen bedient sehen, und so weiter. Müsste die Betriebswirtschaftslehre nicht antworten: „Auch Zukunftsfragen – sogar unter diesen Bedingungen – lassen sich betriebswirtschaftlich professionell bearbeiten?"

Zumindest *könnte* die Betriebswirtschaftslehre das. Die Mahnung, dass sie das auch sollte, ist im Übrigen nicht neu. Bereits in den 1970er Jahren brachte die sogenannte „Contingency Theory" diesen Anspruch (an den wir anschließen) vor. Dieser „situative Ansatz" aus den USA hatte sich auf Grundlage einer Vielzahl empirischer Untersuchungen daran begeben herauszufinden, ob und wie die interne Struktur einer Organisation auf externe Anforderungen in ihren Umfeldern reagiert. Die Frage: Was halten Organisationen homogenen, überschaubaren Umfeldbedingungen entgegen, und was heterogenen, instabilen und unüberschaubaren? Das Fazit, knapp zusammengefasst: Ist die Umwelt einfach und stabil, antwortet die Organisation intern mit einer rigiden Struktur; ist die Umwelt hingegen komplex und dynamisch, wird die Organisation flexibel und passt sich an. Die Organisationsstruktur sei also situativ bedingt, und dies bestimme wiederum jeweils Effektivität und Effizienz.

Über diese Forschungen brach ein Sturm der Entrüstung herein. Derlei sei „theorielos" (man könnte auch sagen: prinzipienlos). Hier werde „ohne weitere theoretische Reflexion, allein auf Basis des Alltagsverständnisses" auf „die" Organisation geschlossen (so etwa Türk 1989). Trotz dieser Kritik spalteten sich die einzelnen Forschungsfelder in eine kaum mehr überschaubare Vielzahl von Bildern ganz unterschiedlicher Organisationen auf, wodurch die Vorstellung von allgemeingültigen, „universalistischen" Prinzipien am Ende generell in Zweifel gezogen wurde: „Contingency theory substituted ‚it all depends' for the ‚one best way'" (Heffron 1989, S. 10). Mit anderen Worten: Wenn jedes interne Problemchen von einer Fülle ganz spezieller Kontextfaktoren abhängig sein soll, löst sich eindeutige, exakte Wissenschaft auf – zumindest dann, wenn sie sich *gar nicht vorstellen kann*, auch auf anderem Wege nützlich zu sein (denn als Lieferant universalistischer Geltungsansprüche für „gutes", das heißt professionelles Wirtschaften).

Wir können uns das vorstellen. Den Faden dieser Debatte (die im Sande verlief) nehmen wir daher wieder auf, führen ihn aber in anderer Richtung weiter. Wir teilen jedoch ihre Grundintuition und das sachliche Problem: Dass unter Bedingungen von hoher Ungewissheit wirtschaftliches Handeln allein nach universalistischen Maßgaben nicht mehr möglich ist.

1.1.2 Wirtschaftswissenschaftliches Problem: Überkommener Universalismus

Für das ökonomietheoretische Grundverständnis hierzulande sind Debatten nach Art des skizzierten Beispiels bis heute ein konzeptionelles Kuriosum. Genauer gesagt: Sie werden nach Kräften ignoriert. Die Wirtschaftswissenschaft hat nämlich ein anderes Profil als dasjenige, was etwa die Kontingenztheoretiker oder Pragmatisten in Anschlag bringen. Sie entwickelt über ökonomische Vorgänge *theoriegeleitete*, modellfixierte Hypothesen („Theorie *vor* Praxis"), die getestet, präzisiert oder wieder aufgegeben werden. Dabei hat sich über Jahrzehnte ein Set von Gründen etabliert, die herangezogen werden, wenn Hypothesen oder Konzepte verworfen werden. Ob es auch noch andere Gründe gibt, warum ein Konzept nicht funktioniert, steht nicht im Fokus des Interesses. Es existieren klare Bedingungen für die wirtschaftswissenschaftliche Protokollierung, die eingehalten werden müssen, damit das Experiment nicht „verschmutzt" wird, ein Modell adäquat überprüft werden kann. Das ökonomietheoretische Mindset versucht, das jeweilige Phänomen empirisch so weit wie möglich einzugrenzen, zu „schützen", um „saubere" Ergebnisse zu bekommen. Dabei sind Kriterien wie strukturelle Differenziertheit, Präzision, klare, präzise trennbare Alternativen, „Rationalität", Optimierungs-, Maximierungs- oder Präferenzregeln wichtig und oftmals sogar Prämissen eines Experiments. Wissenschaftstheoretisch wird in diesem Kontext häufig auf Karl Popper (2013) Bezug genommen; speziell in der Ökonomie steht Milton Friedman (1953) mit seiner „Positiven Ökonomie" für ein solches Modell. Das zugrundeliegende Paradigma geht auf Auguste Comte zurück, der in seinem Geschichtsmodell des 19. Jahrhunderts eine positive Wissenschaft als diejenige definierte, die fähig sei, gültige Prognosen zu formulieren. Friedman geht so weit zu sagen, dass die Annahmen der Ökonomie keineswegs realistisch sein müssen; worauf es einzig ankomme, sei, überprüfbare (nach Popper: falsifizierbare) Prognosen zu formulieren.

Wenn im Folgenden von „der" klassischen Betriebswirtschaftslehre oder deren wissenschaftlichen Konventionen die Rede ist, bezieht sich dies auf genau diesen Zusammenhang: Auf ein *Denkschema*, das diese Disziplin bis ins Mark prägt. Die erkenntnis- und wissenschaftstheoretischen Grundlagen des akademisierten ökonomischen Denkens sind traditionsbedingt nämlich sehr speziell – mit Nachteilen, aber natürlich auch mit Vorteilen hinsichtlich der eigenen Zielsetzungen (man erhält zum Beispiel valide abgrenzbare, präzise Aussagen und Prognosen). Und eine dieser Zielsetzungen lautet seit Henry R. Towne, wie zuvor erwähnt, dass eine wissenschaftliche Betrachtungsweise ökonomischer Vorgänge so anzulegen sei, dass Führungskräfte überall auf der Welt Unternehmen nach allgemein anerkannten, zuverlässigen Regeln leiten können (sollen). Also universalistisch.

Die Frage, die wir – fokussiert auf eine zukunftsorientierte Entscheidungstheorie – stellen, lautet, ob diese Perspektive mit Blick auf die geradezu revolutionären Umwälzungen in den Wissenschaften und im Technologiesektor im 20. Jahrhundert (von Erkenntnisgewinnen im atomaren und subatomaren Bereich, von Nanotechnologie und Gentechnik über die Neurowissenschaften bis hin zur Biosynthese) und, wie Systemtheoretiker formulieren, mit Blick auf sich unabsehbar fortsetzende „Komplexitätszumutungen" heute nicht anders, das heißt viel offener beantwortet werden muss. Ob es nicht auch in der Wirtschaftswissenschaft an der Zeit ist, das bis heute beinahe ausschließlich objektivierende, kalkulatorische Erkenntnismuster dieser Disziplin zu erweitern. Wenn schon nicht intradisziplinär begründet, also wegen neuer Theorien, Erkenntnisse und wissenschaftlicher „Revolutionen", dann doch zumindest extern bedingt, also weil ökonomische Akteure mit den traditionellen Instrumenten an der ökonomischen Praxis immer häufiger scheitern.

(Der Vollständigkeit halber: Unterhalb der Schwelle der akademischen Wissenschaft gibt es selbstverständlich auch noch andere Empfehlungen für komplexe Märkte; Strategieratgeber, Tipps zur Vermeidung von Denkfallen, Trendanalysen der Marke „Machen Sie's wie Google!" oder Heldenepen über moderne Ausnahme-Unternehmer. Dies ist der Markt für Praktiker – die Beraterlesart von Komplexitätsbewältigung. Solche „Issues" werden von der Wirtschaftstheorie durchaus auch beispielhaft aufgegriffen. Bloß ist der Umstand, dass sie innerhalb der Disziplin sporadisch *thematisiert* werden, kein Beweis dafür, dass sie damit auch gleichzeitig den kanonischen Grundbestand des Faches tangieren oder aktualisieren würden.)

1.1.3 Entscheidungsproblem: Inflexibilität

Die Wissenschaft muss also Antworten finden auf eine Situation,

- in der die ursprünglich zentrale *soziale Legitimation* von Entscheidungen wegbricht (hierarchisches wird durch partizipatives Entscheiden abgelöst),
- in der Entscheidungs*gründe* zerfallen (Zielpräferenzen sind oft objektiv nicht beurteilbar),

1.1 Die Perspektive einer sozialwissenschaftlich informierten Ökonomie 11

- und in der die Entscheidungs*kriterien* angezweifelt werden (häufig wissen wir schon vor einem Test, dass unsere bisherigen Modelle und Schemata unzureichend sind).

Für Unternehmen bedeutet die praktische Bewältigung dieser Situation hohe Investitionen (Data Mining, Prozessmanagement und anderes), Strukturveränderungen und in jedem Fall einen ungewissen Ausgang solcher Experimente. Die Kosten dieser Art von Wissenschaft sind gegenwärtig also extrem ungleich verteilt.

Zwar spricht nichts dagegen, vorhandene Instrumente zu verbessern – genau dies ist das Versprechen jeglicher Wissenschaft. Die Frage, die sich für Unternehmen stellt, lautet jedoch, ob der suggerierte „Umschlag von Quantität in Qualität", den die eingeschlagenen Pfade in Aussicht stellen, funktioniert („wir müssen nur lange genug verbessern, sprich gut genug rechnen und viel detaillierter kalkulieren, um letztlich doch eine optimale Bewältigung von Komplexität und Ungewissheit zu erreichen"). Bei immer mehr wichtigen Entscheidungen, mit denen es Führungskräfte zu tun haben, realisieren sie nämlich nicht nur ein Ziel, sondern können dieses Ziel (im Sinne des erwünschten Ergebnisses ihrer Entscheidung) im Verlaufe der umsetzenden Realisierung *selbst mit beeinflussen* und verändern. Darüber hinaus bedeutet Erfolg hier, besser abzuschneiden als die Konkurrenz. Das heißt, „gutes" Entscheiden ist auch noch *relativ zum Kontext*. Aufgrund dieser dreifachen problematischen Variabilität: Komplexität, Zielüberlagerungen und Kontextualität, lassen sich Entscheidungen solchen Typs in sorgfältig kontrollierten Laborexperimenten praktisch nicht abbilden.

Zu dieser Kategorie von Entscheidungen gehören aber einige der folgenreichsten Entscheidungen überhaupt: Die Einführung eines neuen Produkts etwa, der Eintritt in einen neuen Markt oder die Neugestaltung von Geschäftsmodellen. In den vergangenen Jahren ist viel unternommen worden, um Führungskräften Verzerrungen in der Wahrnehmung bewusst zu machen und deren negative Auswirkungen zu vermeiden (Stichwort „Heuristiken"). Selbstverständlich ist es sinnvoll, Voreingenommenheiten aufzuklären oder Fehler zu vermeiden, die sich in routinemäßig ablaufenden Urteilsprozessen leicht einschleichen. Dabei bleibt aber etwas Wichtiges außer Acht: Bei diesem Typ von Entscheidungen brauchen Führungskräfte nicht nur Talent und gute Instrumente für sorgfältige und leidenschaftslose Analyse; also für das Prozessieren der Entscheidung. Gleichzeitig brauchen sie auch für ihre *Entscheidungsfragen selbst,* wie einige beispielhaft zuvor genannt wurden, Instrumente: Mittel, wie eine Entscheidung, die zu Anfang praktisch nicht zielfähig ist, dennoch professionell bewältigt werden kann. Genau solche Entscheidungen unter Ungewissheit bereiten Unternehmen immer mehr Probleme, und dabei steht häufig die Zukunft der Organisation auf dem Spiel. Wir nennen diese Kategorie *Zukunftsentscheidungen*. Welche Haltung ist hierfür erforderlich?

Die Qualität solcher Zukunftsentscheidungen zu verbessern, so unsere These, hat in der Praxis oberste Priorität. Der Großteil der aktuellen Forschung beschäftigt sich jedoch mit Bewertungen und Wahlmöglichkeiten bei Entscheidungen unter relativ stabilen Bedingungen, also der klassisch-kalkulatorischen Kategorie. Dabei wird so verfahren, *als ob* ein wohl definiertes Ziel zur Verfügung stünde: Weder verändert sich das Ziel im

Planungshorizont, noch nehmen wir selbst mit unserem Handeln Einfluss auf das Ziel (sondern wollen es schlicht erreichen), noch hat unser Erfolg mit den Aktivitäten anderer zu tun. Der Grund für dieses Defizit liegt im soziokulturellen Mindset der Disziplin; im Reiz sorgfältig kontrollierter Experimente, mit denen sich einzelne Denk- und Entscheidungsmechanismen fast perfekt isolieren und analysieren lassen. Wenn Probanden in einem Test nur Entscheidungen unter klar definierten Optionen treffen dürfen oder Dinge beurteilen sollen, auf die sie keinen Einfluss haben, erhält man mit dieser – von vornherein in die experimentelle Situation eingepreisten – Inflexibilität zwar sauber vergleichbare Antworten. Und gerade wegen dieser Strenge der experimentellen Methoden hat die Wirtschaftswissenschaft den Anspruch von Herrn Towne erfüllen können und große Wirkung entfaltet. Aber: Vorschläge oder Strategien für den Umgang mit Entscheidungen unter Ungewissheit erhält man dadurch nicht.

1.1.4 Zentrale Fragestellung

Wir plädieren für eine größere Bandbreite an wissenschaftstheoretisch akzeptierten Perspektiven; und zwar insbesondere für solche, die *in der Praxis* einen Unterschied machen. Wir verstehen die Wirtschaftswissenschaft als eine *Sozial*wissenschaft (nicht als Unterabteilung der Mathematik), deren Legitimität und Nutzen sich letzten Endes daran messen lassen muss, ob sie bei ökonomischen Problemlagen *hilft*, ob sie *praktisch nutzt*. Noch einmal betont: Das steht für kalkulatorisch bearbeitbare, quantifizierbare Probleme außer Frage. Aber für ökonomisch-praktische Probleme, deren Ursache, Charakter, Kontext oder Wirkungen komplex oder unbekannt sind, ist die Erfolgsbilanz unbefriedigend. Das Image des Faches leidet seit Längerem darunter („Die Ökonomie ist bankrott. Die einzigen, die es noch nicht wissen, sind offenbar die Ökonomen", Baron 1984) – doch abgesehen von einigen wenigen Evergreens wie die Kritik eines reduktionistischen Rationalitätsverständnisses („Homo oeconomicus") passiert auf wissenschaftstheoretischem Grund wenig. Deshalb: Andere Ansätze sind gefragt, müssen ergänzt, geprüft und etabliert werden.

Unsere Frage dreht sich um eine betriebswirtschaftliche Präzisierung *zukunftsbezogener Praxisfragen* in Unternehmen, die mit Ansprüchen an Exzellenz verbunden sind. Genauer: Wir beschäftigen uns mit Fragen des *Entscheidens unter Bedingungen von Ungewissheit*. Wie kann ein Unternehmen unter instabilen Bedingungen zukunftsrobuste Entscheidungen fällen, die es auch noch in die Erstklassigkeit führen? Geht das überhaupt?

> **Empirischer Stellenwert des Silicon Valley**
>
> Zukunftsentscheidungen für Märkte, die noch gar nicht existieren, und die trotzdem exzellente Unternehmen zur Folge haben, sind die Spezialität von Silicon-Valley-Unternehmen. Die Mentalität dieses Typs von wirtschaftlichen Organisationen entstand in den frühen 1960er Jahren, hat sich seitdem langsam, stetig und außerhalb der welt-

weiten Aufmerksamkeit entwickelt und fängt heute an, den globalen Markt zu prägen. (Viele, insbesondere mittelständische Unternehmer befürchten: Den Markt künftig zu dominieren.) Was machen diese Unternehmen anders? Haben die West-Amerikaner ein Händchen für Zukunft – oder womöglich eine andere Zukunft im Kopf als wir? Woraus speist sich deren Leidenschaft für Zukunft? Und was genau ist dieses „kalifornische Denken"? Wir erschließen deren Organisations- und Ökonomieleitbild als „Idealtyp" (im Sinne von Max Weber) zwar vornehmlich aus kalifornischen Unternehmensbeispielen, aber nicht ausschließlich. Generell ist dieses unternehmerische Selbstverständnis amerikanisch (nicht nur im engeren Sinne kalifornisch; dort wurde es lediglich geprägt und geschärft). Aber: Es weist auch Schnittstellen zu anderen Soziokulturen auf; das ist ebenfalls Thema.

Im Folgenden benutzen wir das Methodenwerkzeug der Zukunftsforschung. Innerhalb der Betriebswirtschaftslehre steht diese Disziplin hierzulande noch am Anfang (Tiberius 2011; Koch und Sydow 2013). Verstanden als die wissenschaftliche Befassung mit möglichen, wahrscheinlichen und wünschenswerten Zukünften und ihren Voraussetzungen (Kreibich 2008, S. 9), definiert sie Situationen hoher Ungewissheit als ihr Forschungszentrum. Wir nutzen sie hier ausschließlich mit wirtschaftstheoretischem Fokus und präzisieren an ihr eine, im Vergleich zum kalkulatorischen Stil der klassischen Ökonomie, *explorative Entscheidungstheorie*. Der Begriff der Exploration wird vor allem in der Marktforschung verwendet und bezeichnet Erkundungen und Ermittlungen in einem bislang unbekannten Gebiet. Wir beschäftigen uns also mit entdeckerischem, erschließendem Entscheiden in unbekanntem Terrain: der Zukunft.

Die Ausgangslage, wie sie amerikanische Sozialtheoretiker, die *Pragmatisten*, entwickelt haben, halten wir dabei für anschlussfähig und richtungsweisend. Aus ihrem Geist entstand Mitte des letzten Jahrhunderts auch die Zukunftsforschung. Denn: Mit einem Lamento über moderne Komplexitätszumutungen halten sich Pragmatisten und Zukunftsforscher gar nicht auf – sie nehmen diese vielmehr zur Ausgangslage für ihre Form der „Praxiswissenschaft". Über die Problemdefinition sind sich schließlich alle weitgehend einig: Regeln und Normen, wie man ungewisse Situationen am besten bewältigt, funktionieren manchmal – immer häufiger aber eben auch nicht. Klare Positionen, eindeutige Strategien sind verdächtig, egal, wer sie äußert. Klassisches Expertentum erodiert, Rezepte greifen nicht. Daher sind Pragmatisten keine überzeugten Anhänger des sozialen Konsenses wie wir Europäer. Für sie ist ein Konsens etwas Relatives; eine zeitliche Phase sozialer Übereinstimmung über ein Set von Überzeugungen oder Annahmen, von dem man bei Bedarf – das heißt, wenn sich Gravierendes ändert – zu anderen Überzeugungen und Annahmen übergeht. Konsens ist ein geteilter Pool von Sichtweisen, die immer im Fluss sind. *Wahrheit ist eine Konvention* – was ihr nicht das Geringste von ihrer praktischen Geltung zu einer bestimmten Zeit, an einem bestimmten Ort für eine bestimmte Gruppe von Menschen nimmt. Denn wenn wir handeln, *halten wir uns an diese Konvention*. Anders könnten wir inmitten der Anderen gar nicht handeln. Wahrheitsunterstellungen sichern Erwartbarkeit – das ist ihre soziale Funktion, ohne sie bräche die Gesellschaft zusammen.

Und diese Funktion wird in keiner Weise beschädigt, wenn Wahrheit kontextabhängig definiert wird.

Am Horizont zeichnet sich damit ein zukunftsoffenes Wissenschaftsverständnis ab: Eine Theorieform, die sich die stetige Weiterentwicklung ihrer Leitunterscheidungen offen hält für den Fall, dass die Formen, die sie anbieten kann, nicht mehr überzeugen. Der soziokulturelle Kern eines solchen Theorieverständnisses heißt: Lernen. Aufgabe der Theorie ist es, die im System erzeugten Unbestimmbarkeiten zu kontrollieren; ein laufendes Transformieren von natürlichen in artifizielle, das heißt reflektierbare, überprüfbare *und damit korrigierbare* Rahmenbedingungen des Wissens und Handelns. Man könnte sagen: ein systematisches „Desengagement in Sachen Realität" (Luhmann 1996, S. 45). Das ist auch unser Vorschlag für eine zeitgemäße, säkulare Wissenschaft: In das Fundament von Wissenschaft wird „Lernen" eingebaut. Und Wissenschaft versagt, wenn sie die Schleusen für eine potenziell erforderliche Änderung ihrer Grundannahmen schließt. Am praktischen und extrem erfolgreichen Unternehmertum aus dem Silicon Valley werden wir diesen Wissenschaftsvorschlag plausibilisieren.

> **Sind Pragmatismus und konkrete Pragmatik das Gleiche?**
>
> Laut Pragmatisten basieren Entscheidungen also auf einem „Set von Überzeugungen oder Annahmen, von dem man bei Bedarf, das heißt, wenn sich etwas Gravierendes ändert, zu anderen Überzeugungen und Annahmen übergeht". Man könnte auf die Idee kommen, dass Unternehmen (wie die zuvor erwähnte Daimler AG), die diese Grundidee plausibel finden und – pragmatisch – auf Strategiewechsel setzen, einiges verstanden haben. Wenn das Unternehmen valide Hinweise dafür hat, dass eine andere Strategie zum jetzigen Markt, den jetzigen Kunden und den jeweils neuesten Technologien besser passt: Sollte es dann nicht den Kurs wechseln? Vielleicht ist eine solche Flexibilität ja das Geheimnis von guten Zukunftsentscheidungen? Es ist dieser Typ von Fragen, der für uns forschungsleitend ist. Wir applizieren ihn auf einige weitere Unternehmen und schauen, wie weit man mit dem Werkzeugkoffer von Pragmatisten, Zukunftsforschern, Konstruktivisten und Systemtheoretikern kommt.

Dies ist das krasse Gegenteil zum Versuch, in praktischen Experimenten „die Modelle sauber zu halten". Wissenschaft sollte hingegen auch der Frage nachgehen, warum modellexterne Dinge überhaupt auftreten, und warum sie mitunter relevant sind. Im Fall von Entscheidungen: Warum es einerseits aus der Akteursperspektive zu einer sinkenden Validität von Entscheidungen großer Reichweite überhaupt kommt (das Problem); und warum andererseits immer häufiger Erklärungen „eigentlich" präferierter Entscheidungsoptionen benannt werden, die im Modell gar nicht vorgesehen sind (und von Wirtschaftswissenschaftlern auch nicht abgefragt werden; vgl. im Gegensatz dazu die Soziologen Kübler und Hutter 2014). Aber auch bizarre Gedankengänge sind in die Analyse einzubeziehen – denn sofern die Probanden nicht lügen, entsprechen diese Gedanken ja mentalen Vorgängen, die existieren und die nach einer Erklärung verlangen. (Zumindest dann, wenn man die Qualität von Entscheidungen praktisch verbessern will.)

Selbstverständlich: Unser Ergebnis ist zu diskutieren. Wir plädieren für einen erweiterten (beziehungsweise *auf Dauererweiterung hin angelegten*) wirtschaftswissenschaftlichen Theoriekanon und unterbreiten dazu einen ersten Vorschlag. Nicht zu diskutieren ist hingegen, dass über das theoretisierende Dauer-Lamento von Komplexitätszumutungen und Kontingenzeskalation hinausgekommen werden muss. Es ist an der Zeit, zu herkömmlichen kognitiven Problembewältigungen konkrete Alternativen anzubieten, die auch theoriepolitisch Konsequenzen haben. Das Schlimmste, was dabei passieren kann, ist, dass sie nicht funktionieren. So what? Dann müssen wir eben – mit guten Gründen – anders ansetzen.

1.2 Theoriepolitische Grundentscheidungen

Ein Ziel dieses Buches ist es, für Situationen unter hoher Ungewissheit eine alternative Haltung Entscheidungen gegenüber zu plausibilisieren: Weg vom Kalkulieren, hin zum Explorieren. Wir beschreiben eine Vorgehensweise, die es speziell bei einem durch Komplexität geprägten Entscheidungstypus – Zukunftsentscheidungen – ermöglicht, die Situation (Bedingtheiten und Kontexte), in der die Entscheidung getroffen wird, auf Basis des *eigenen* Standpunktes, der *eigenen* Position (Interesse, Vorstellungen und Wünsche; Historie, Restriktionen, Werte; interne Organisationskultur und -struktur; Projektionen und Möglichkeiten) qualifiziert zu beurteilen und zu bewerten. Präziser: Einen solchen Standpunkt *aus der eigenen Organisation heraus* zu entwickeln. Im Zentrum steht die Systematisierung einer Entscheidungstechnik, die dies ermöglicht. Dafür gibt es verschiedene Möglichkeiten; das Konzept wird aus praktischen Beispielen „abduktiv" erschlossen (zu dieser pragmatistischen Methode später mehr).

Dies erfolgt auf Basis des pragmatistischen Wissenschaftsverständnisses, allerdings mit starker system- beziehungsweise evolutionstheoretischer Prägung. Der Anschluss beider Denktraditionen als Fundament für ein theoriedynamisches Forschungsprogramm zur Lösung praktischer Probleme ist nicht neu (vgl. die systemtheoretisch fundierte Pragmatologie von Stachowiak 1986–1995), etablierte aufgrund seines transdisziplinären und soziokulturell fremdartigen Charakters in Deutschland jedoch keine eigene wissenschaftliche Schule. Gemäß dieser Denktradition soll Kontingenz gerade durch Theorie*dynamik* und den (wissenschaftlich kontrollierten) *Wechsel* kognitiver Modelle abgebaut, und Wandel in den Umfeldern innerhalb der Grenzen des sinnvoll Möglichen damit praktisch planbar gemacht werden. Der Grund: Problem und Mittel seiner Bewältigung müssen jeweils zueinander passen; und in dieser Tradition wird die Frage dieser Passung selbst zum Gegenstand von Wissenschaft. Die Kernkompetenzen, die dazu in Anspruch genommen werden, sind *Kognition* und *Antezipation* (im Folgenden präzise zeitlich gemeint und daher gemäß lateinischem Wortstamm und -bedeutung geschrieben: „ante"/vorwegnehmen statt „anti"/entgegensetzen).

Hier liegt der Schnittpunkt zur Zukunftsforschung – und ein deutlicher Unterschied zum Mindset der ökonomischen Theorie, für die der (semantisch falsch konstruierte) Begriff der Antizipation, also einer Entgegensetzung, tatsächlich der richtigere ist: Gemäß ökonomischem Grundverständnis nämlich sollen zeitgemäße, moderne Phänomene wie Kontingenz, hohe Marktdynamik und Unübersichtlichkeit gerade mittels Präzision und Stabilisierung – eben dem Wandel „entgegen" – *eingedämmt*, kuriert werden. Das „Desengagement in Sachen Realität", das sich in radikalem Gegensatz dazu sowohl Pragmatismus als auch Systemtheorie und Zukunftsforschung auf ihre Fahnen schreiben, wirkt theoriepolitisch jedoch genau andersherum: Nämlich gerade nicht als ein mentaler „Stopp" gegenüber Dynamik und Wandel, sondern als ein sich einlassendes Erkunden – durch explorative Entscheidungsmethoden. Dauerwandel gilt hier als Prämisse und Ausgangspunkt. Diese Art der Wissenschaft ist ein Suchpfad; in Anlehnung an Forrest Gump: Explorative Wissenschaft ist wie eine Pralinenschachtel – man weiß nie, was man bekommt. Für Europa ist eine solche Haltung im Grunde ein Skandal. Hierzulande ist Wissenschaft soziokulturell gerade dadurch definiert, dass man vorher festlegt, was man herausbekommen will, und Testergebnisse jeweils an einem vorfestgelegten Ziel validiert. In den USA, dem Herkunftsland von Pragmatismus, Zukunftsforschung und Entrepreneurship, sieht das anders aus. Aber: Auch dort „funktioniert" Wissenschaft!

Um das Buch lesbar zu gestalten, halten wir die akademische Flankierung des Argumentationsganges knapp – dies ist kein Lehrbuch. Unsere Rekonstruktion des Unternehmensclusters aus dem Silicon Valley soll die Praktiker inspirieren. Im Folgenden daher nur die wichtigsten kategorialen Setzungen im Überblick.

1.2.1 Zukunftsforscherischer Anschluss

Zukunftsforschung beschäftigt sich mit möglichen, wahrscheinlichen und wünschenswerten „Zukünften" und ihren Voraussetzungen. Seit einigen Jahren entwickelt sich jedoch vor allem im deutschsprachigen, zunehmend auch im angelsächsischen Sprachraum eine Kontroverse darüber, ob dieser ausschließliche Fokus „nach vorn" hinsichtlich der modernen gesellschaftlichen Praxis noch gerechtfertigt ist. Analog zu Alvin Tofflers zukunftsforscherischem Weltbestseller „Future Shock" von 1970, in dem erstmalig die schockartige Intensität von sozialem Wandel zur Sprache kommt, beschreibt der Medientheoretiker Douglas Rushkoff 2014 den „Present Shock" einer „präsentistisch" gewordenen Gesellschaft, ähnlich wie einige deutschsprachige Autoren zuvor (etwa Gumbrecht 2010, 2012; vgl. Müller-Friemauth und Minx 2014). Diese *zeittheoretische* Verschiebung in der analytischen Perspektive hat Luhmann bereits in den 1990er Jahren vorweggenommen. Er begründete dies mit einschlägigen Zäsuren in den Wissenschaften; angefangen von neuen naturwissenschaftlichen Erkenntnissen über die Mathematik bis hin zu Erkenntnistheorie und Logik. „Die eigentlich aufregenden Analysen stehen uns […] noch bevor. Sie betreffen nicht die Frage einer *sachlichen* Übereinstimmung von Erkenntnis und Realität, sondern Probleme der *Zeit*." (Luhmann 1990, S. 42; Hervorh. i. O.)

1.2 Theoriepolitische Grundentscheidungen

Diese Argumentationslinie radikalisiert den amerikanischen Weg der Bewältigung der Moderne: nämlich die kontinuierlich abnehmende Planbarkeit sozialer (und damit ökonomischer) Phänomene schlicht zu akzeptieren und systematisch *auf dieser Basis* theoretisch weiterzuarbeiten. Die Annahme: Alles andere – insbesondere die Illusion, man könnte diese Entwicklung aufhalten – sei tendenziell ideologisch, in jedem Fall aber unzeitgemäß. Denn wenn das Wahrheitsmonopol tatsächlich gefallen ist, wir in demokratischen, liberalen und pluralistischen Gesellschaften leben und wir diese unsere sozialen Grundlagen auch ernst nehmen („jeder sieht so gut wie jeder andere"), wechselt die Problemstellung: Weg von der Sache, wie sie tatsächlich und „in Wahrheit" *ist* (davon gibt es in Massendemokratien jeweils zig Versionen), hin zu der *praktisch* viel nützlicheren Frage, wie die Sache in Zukunft denn am besten sein *sollte*, damit wir bei dem vorliegenden Problem voran kommen. Soll heißen, das einzige, was dann noch interessiert, ist: Was bringt uns weiter? Und um das beantworten zu können, muss man zwingend wissen, wo man hin will – nicht präzise, aber zumindest ungefähr.

Genau hier ankert Zukunftsforschung; diesen Faden nehmen wir auf. Der Fokus liegt damit logischerweise nicht mehr auf Prognosen oder Kalkulationen dessen, was kommt, sondern auf einer „präsentistisch" tiefgelegten Ereignishaftigkeit allen Geschehens. Jede Zukunftsforschung mit wissenschaftlichem Anspruch fußt auf der Prämisse, dass wir Zukunft nicht kennen können. Wir stehen immer nur im Hier und Jetzt und erkunden Möglichkeiten sowie Alternativen dessen, was geschehen könnte. Diese Fixierung an der Gegenwart sowie ein erkundendes Sich-nach-vorne-tasten ist in dieser Disziplin evolutionstheoretisch begründet: Systemtheorie und neuere Gehirnforschung gehen davon aus, dass die menschliche Kognition gehirnphysiologisch so „vorformatiert" ist, dass Wahrnehmung und Bewusstsein erst *im Augenblick der Interaktion mit der Umwelt* (beziehungsweise durch sie) entstehen – also im ereignishaften Moment (Uno-actu-Prinzip). Bewusstsein und Kognition sind in dieser Denktradition kein von der Welt separierter Raum, wie die Geistesgeschichte dies über Jahrhunderte unterstellte (Denken, Reflexion, also mentale Repräsentationen, fänden abgeschlossen in mir, zum Beispiel „im Bewusstsein" oder „im Gehirn" statt), sondern Bewältigung, Bearbeitung von Umweltreizen im jeweiligen Moment. Die analytische Perspektive wechselt auch deshalb von „Sache" auf „Zeit". In der Kognitionsforschung begründet dieser Blickwinkel inzwischen einen eigenen Forschungszweig (Noë 2011; zur Grundlegung ökonomischer Zukunftsforschung über diese Linien moderner Wissenschaftstheorien vgl. Müller-Friemauth und Kühn 2016).

Ereignisse haben damit nur momenthaft Aktualität. Sie verschwinden bereits im Entstehen schon wieder („Jetzt" ist nur der Moment), können nicht repliziert, sondern nur durch andere Ereignisse *ersetzt* werden. Mit dieser Forschungsperspektive ist für Zukunftsbelange die einzig interessante Frage, wie *Anschlussfähigkeit* organisiert wird. Wie also das nächste Ereignis nicht nur zum vorhergehenden passt, sondern so passt und anschließt, dass sich auf lange Sicht ein Resultat ergibt, das möglichst im Sinne des Akteurs ist. Mit anderen Worten: das praktisch nützt. Wie es zum Beispiel in Wirtschaftsorganisationen gelingen kann, in Situationen, deren Entwicklungsstadium in, zum Beispiel, fünf Jahren unabsehbar ist, so zu entscheiden, dass die eigene Perspektive (das ist nicht die „Sache" beziehungsweise irgendein „Ziel", sondern das unternehmerische Überlebensprinzip, die Richtung oder das Motiv, um dessen Willen die Entscheidung überhaupt gefällt wird) *gewahrt bleibt*. Konzeptionell „gedealt" wird hier, alltagssprachlich formuliert, also nicht mit Zielvorgaben – die unter solchen Bedingungen als sinnlos gelten –, sondern mit Bewertungen des jeweils aktuellen Kontextes im perspektivischen Langfrist-Korridor des unternehmerischen Überlebensprinzips. Immer geht es um die Frage: „Sind wir noch in der Spur?" Und falls nicht, müssen kurzfristige Ziele eventuell geändert werden. Vorbild-Unternehmer haben daraus einen eigenen Typus von Zukunftsmanagement entwickelt (diesen Begriff reservieren wir für die Zukunfts*praxis*).

Man könnte auch sagen, solche Entscheidungen (bei denen die Ziele unbekannt sind, aber trotzdem entschieden werden muss) sind offener, mehrstelliger oder intransitiver Natur – im Gegensatz zu zweistelligen, gerichteten transitiven Entscheidungen. Wir nennen dieses Entscheidungsfeld „explorativ". Solche Entscheidungen haben grundsätzlich erkundenden, erforschenden Charakter (ein sinnvolles Ziel wird gesucht) und die Funktion, trotz ungewissen Ausgangs dieser Suche das Überlebensprinzip der Unternehmung zu transportieren, zu projizieren und damit zu schützen. Das Motiv für diese Technik: Unter Bedingungen von Ungewissheit und in volatilen Kontexten konkrete Ziele zur Richtschnur des eigenen Handelns zu machen, ist hoch riskant. Je konkreter eine Zielvorgabe unter diesen Bedingungen erfolgt, desto größer ist die Gefahr, zwar exakt geplant zu haben – aber im falschen Sektor; unter falschen Vorzeichen, Nebenfolge X nicht berücksichtigt zu haben, die verdeckte Interdependenz mit Y übersehen zu haben und so weiter. Exaktheit gehört zu einer anderen Kategorie, zu einem anderen „Modell" von Denken als Umsicht, Übersicht, Ganzheitlichkeit oder Zusammenhang. (Noch einmal hervorgehoben: In stabilen Umfeldern ist Ersteres vorteilhafter, in instabilen und unsicheren Letzteres. Keines von beiden ist besser oder schlechter – praktisch stellt sich immer nur die Frage nach dem Kontext: Was gerade *besser passt*.)

Explorative Entscheidungen folgen daher einer alten Maxime der Zukunftsforschung: „Lieber vage richtig als präzise falsch liegen". Dies meint nicht, aufgrund von Informationsmangel präventiv die Ansprüche zu reduzieren und in vorauseilender Kapitulation vor den komplexen Verhältnissen eben nur vage planen zu können – sondern bei notorischem Informationsmangel gerade nicht präzise und exakt planen *zu sollen!* Hier liegt der Clou unserer Entscheidungstechnik. Paradox formuliert: Für Zukunftsentscheidungen gilt diese scheinbar irrationale Möglichkeit als einzig *rationale* Option. Die Mechanismen dieser ungewöhnlichen Rationalität interessieren uns; einer Rationalität für ungewisse Verhältnisse.

1.2.2 Betriebswirtschaftlicher Anschluss

Wir beschäftigen uns mit einer Spezialfrage der Zukunftsvorsorge in Wirtschaftsorganisationen – Entscheiden unter Bedingungen von Ungewissheit – und schließen dazu an die *Organisations*- sowie die *Entscheidungstheorie* an. Themen der strategischen Zukunftsvorsorge berühren grundsätzlich Fragen des Managements und der Unternehmensführung; dies deshalb, weil Zukunftsvorsorge immer etwas zu tun hat mit der Bewältigung von Wandel – sowohl außerhalb als auch innerhalb der Organisation.

Wir verorten uns einerseits diskursnah zu Konzepten des „Organisationalen Lernens", wie ihn Argyris und Schön (2008) in dezidiert praktischer Absicht entwickelt haben („theory-in-use"). Andererseits stehen wir innerhalb der systemisch-pragmatistischen Tradition, die wir in zukunftsforscherischer Absicht spezifizieren. Dies bedingt, wie skizziert, ein praxeologisches Verständnis von Systemtheorie – insbesondere der Luhmannschen Systemtheorie, die hier im Fokus steht –, das im deutschsprachigen Raum nur zeitweilig von Bedeutung war (1970er und 1980er Jahre) und heute praktisch nicht existiert. Der Hinweis auf diese „verfallene" Tradition (etwa eines Stachowiak) scheint uns bedeutsam, weil die Luhmannsche Version der Systemtheorie derzeit von seinen Epigonen fast ausschließlich als Grundlagentheorie und generelle Forschungsperspektive interpretiert wird, die mit Praxis kaum etwas zu tun habe. Sie gilt gerade nicht als modelltheoretisches Fundament zur Generierung neuer Perspektiven auf praktische Probleme. Genau so ist sie hier aber gemeint: Das Beobachtungskonzept von Luhmann, insbesondere die Gedankenfigur einer „Beobachtung zweiter Ordnung", wird kognitionstheoretisch gedeutet und fungiert als zentraler Bestandteil einer praxisorientierten Entscheidungstheorie. Unter Gesichtspunkten der Führung könnte man von einem „Management von Beobachtungen" sprechen; dies wird an Unternehmensbeispielen plausibel gemacht. Wir analysieren Benchmarks von Unternehmen, die durch eine solche Managementtechnik Märkte entweder neu definiert, radikal umgestaltet, die dadurch ihre unternehmerische Überlebenskraft extrem gesteigert haben und darüber exzellent geworden sind – wie Apple, General Electric oder Semco.

Die Grundintuition von Herrn Towne mit ihrem universalistischen Geltungsanspruch ist heute Vergangenheit. Aber wir halten sie insofern in Ehren, indem wir sie zeitgemäß interpretieren und an modernes Wissen anschließen. Das bedeutet: Managementtheorie kann nicht mehr universell gültige Prozesse vorschreiben und gleichzeitig überall kulturell und situativ passen wollen, für jede Zeit und jeden Ort die richtige Strategie beanspruchen. Vermutlich konnte sie das noch nie – nur fiel das in relativ stabilen, relativ homogenen, relativ kalkulierbaren und relativ verlässlichen Umfeldern, in denen mathematisierende Präzison zur Beherrschung der Märkte gut funktionierte und ausreichte, kaum auf. Wir wahren also den disziplinären Anspruch der Betriebswirtschaftslehre. Gleichwohl gilt: Dem konventionell-akademischen Verständnis von Wirtschaftswissenschaft nach sitzt unsere Vorgehensweise zwischen zahlreichen Stühlen.

1.3 Zur Orientierung

Der Rote Faden der fünf Buchkapitel – Einleitung und theoretische Grundlegung, Entscheidungstheorie, Exzellenzorientierung, Auswertung im Sinne eines soziokulturell spezifischen Unternehmens- und Ökonomieleitbildes – ist bereits im Vorwort benannt (vgl. Abb. 1.1). Abschnitt 3.3 lässt sich auch als eine Zusammenfassung der wichtigsten Aspekte des Buches lesen (Entscheidungstechnik, Umgang mit Ungewissheit, Verständnis von

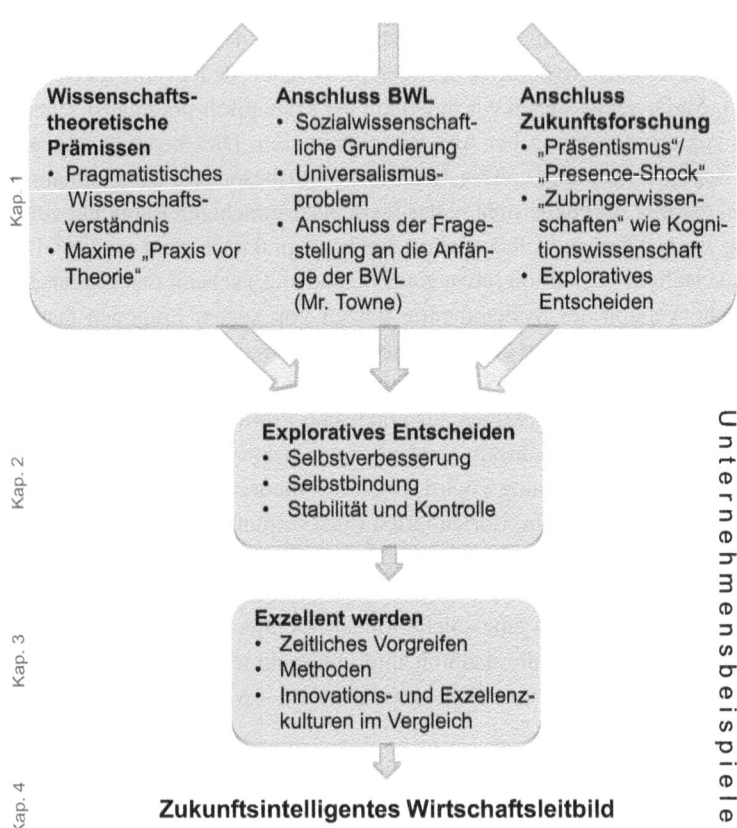

Abb. 1.1 Argumentationsverlauf

Exzellenz, Unternehmensentwicklung und Führung). Der Text ist mit Beispielen, Hintergründen, beziehungsweise Zusatzinformationen (zum Beispiel zum Weiterlesen) sowie Praxishinweisen durchzogen; auch dies ist ein möglicher Orientierungsfaden. Zentrale Thesen zu Beginn der Kapitel werden in den Zusammenfassungen oder Fazits absichtlich wieder aufgenommen und abschließend kommentiert. Wir übernehmen zudem ein amerikanisches Ordnungsprinzip, in dem wir auf Fußnoten verzichten, dafür aber durch (wenige) Endnoten am Ende der Kapitel unsere Bezüge und Einordnungen ausweisen. Auch dies ist zum Verständnis des Haupttextes ein Angebot, kein Muss.

Eine theoretisch-konzeptionelle Grundlegung der zukunftsforscherischen Perspektive, die unsere Argumentation trägt, liefert dieses Buch nicht. Der interessierte Leser sei dazu auf Müller-Friemauth und Kühn 2016 verwiesen. Dort werden beispielsweise kulturell unterschiedliche Zeitpraktiken näher beleuchtet (hier nur schlagwortartig abgebildet unter „Kalifornien", „USA", „Europa" und so weiter) als auch die erkenntnislogischen Prämissen von Zukunftsforschung selbst.

Literatur

Argyris C, Schön DA (2008 [1996]) Die lernende Organisation Grundlagen, Methode, Praxis. Klett-Cotta, Stuttgart

Baron S (22. Oktober 1984) Das Elend der Ökonomen. Der Spiegel 43(38):66

Bateson G (1980) Mind and nature: a necessary unity. Hampton Press, New York

Friedman M (1953) Essays in positive economics. University of Chicago Press, Chicago

Gumbrecht HU (2010) Unsere breite Gegenwart. Suhrkamp, Berlin

Gumbrecht HU (2012) Präsenz. Suhrkamp, Berlin

Heffron F (1989) Organization theory and public organizations. The political connection. Pearson, Englewood Cliffs

Koch J, Sydow J (Hrsg) (2013) Organisation von Temporalität und Temporärem (Managementforschung 23). Gabler, Wiesbaden

Kreibich R (2008) Zukunftsforschung für die gesellschaftliche Praxis, Institut für Zukunftsstudien und Technologiebewertung IZT Berlin, Arbeitsbericht 29/2008

Kübler D, Hutter M (2014) Wie eine Journalistin im Kernkraftwerk. Über die Begegnung von Experimentalökonomie und Soziologie. WZB-Mitteilungen (Wissenschaftszentrum Berlin, Sept.), 145:35–38

Kühn R (1997) „Steuerung" als Ordnungsleistung? In: Göhler G et al (Hrsg) Institution – Macht – Repräsentation. Wofür politische Institutionen stehen und wie sie wirken. Nomos, Baden-Baden, S 515–562

Luhmann N (1987) Archimedes und wir. Merve. Berlin (Hrsg. von Dirk Baecker und Georg Stanitzek)

Luhmann N (1990) Soziologische Aufklärung 5. Konstruktivistische Perspektiven. Westdeutscher Verlag, Opladen

Luhmann N (1996) Die neuzeitlichen Wissenschaften und die Phänomenologie. Picus Verlag, Wien

Meyer JW, Rowan B (1977) Institutionalized organizations: formal structure as myth and ceremony. Am J Sociol 83:340–363

Müller-Friemauth F, Kühn R (2016) Grundzüge der ökonomischen Zukunftsforschung. Wiesbaden

Müller-Friemauth F, Minx E (2014) Time out of mind? Picturing presence in future research. Eur J Future Res 2(47):1–8. doi:10.1007/s40309-014-0047-4

Noë A (2011) Du bist nicht dein Gehirn. Eine radikale Philosophie des Bewusstseins. Piper, München

Popper K (2013 [1934]) Logik der Forschung, 4. bearb. Aufl. Berlin

Rushkoff D (2014) Present shock. When everything happens now. Current, New York

Stachowiak H (Hrsg) (1986–1995) Pragmatik. Handbuch pragmatischen Denkens in 5 Bänden. Meiner, Hamburg

Tiberius V (Hrsg) (2011) Zukunftsorientierung in der Betriebswirtschaftslehre. Gabler, Wiesbaden

Toffler A (1970) Der Zukunftsschock. Scherz, Bern

Towne HR (1886) The engineer as an economist, American Society of Mechanical Engineers, Transactions No. 207, 68–74, Wiederabdruck in Merrick, Charles M. (Hrsg) 1984: Asme Management Division History 1886–1980, American Society of Mechanical. https://community.asme.org/management_division/m/mediagallery/1210/download.aspx. Zugegriffen: April 2015

Türk K (1989) Neue Entwicklungen in der Organisationsforschung. Ein Trend Report. 23 Übersichten, Stuttgart

Entscheiden – Die unternehmerische Identität festlegen

2

▶ Was ist ein zeitgemäßes, komplexen Bedingungen globaler Märkte angemessenes Verständnis von unternehmerischem Entscheiden? Und wie führt man es praktisch durch?[1]

Um die derzeitigen modernen Entscheidungssituationen, um die es hier ausschließlich geht, zu charakterisieren, ließe sich auf ein beständig wiedergekäutes Bonmot zurückgreifen: Prognosen sind schwierig, insbesondere, wenn sie die Zukunft betreffen. Grund dafür ist die hohe Ungewissheit bei Zukunftsentscheidungen; also zum einen der Umstand, dass keinerlei Informationen darüber existieren, welches von mehreren Ereignissen, die sich gegenseitig ausschließen, eintreten wird, oder ob sich gar etwas ganz anderes ereignet. Zum anderen bleibt offen, ob vom Entscheider direkt gar nicht beabsichtigte Folgen den Hauptzweck seiner Entscheidung mit beeinflussen – und falls ja, in welcher Form. Im schlimmsten Fall konterkarieren unbeabsichtigte Nebenfolgen der Entscheidung letztlich das Entscheidungsziel selbst. Auch ist die paradoxe Situation vorstellbar, dass der Entscheider mit Blick auf das Ziel ohne die konkrete Entscheidung besser gefahren wäre als mit Entscheidung – aufgrund unplanbar entstehender mehrstufiger Rückwirkungen.

Was nach einem mathematischen Denkrätsel klingt, ist bei strategischen Entscheidungen auf globalen Märkten Alltag. In solchen Entscheidungslagen können weder statistische, empirisch orientierte (beobachtbare relative Häufigkeiten), noch subjektive Wahrscheinlichkeiten zu Hilfe genommen werden (aufgrund *eigener* Erfahrungen gewisse Glaubwürdigkeitsvorstellungen in wohl definierten numerischen Werten quantifizieren – solche Erfahrungen liegen jedoch noch gar nicht vor). Bei der Abschätzung von Marktentwicklungen, etwa im Zuge der Entwicklung radikaler Innovationen, sind Interdependenzen zwischen Entscheidungen mehrerer Akteure und unbeabsichtigten Nebenfolgen im Markt derart unübersichtlich – komplex –, dass auch subjektive Wahrscheinlichkeiten zwar wissenschaftlich solide erhoben oder abgeleitet werden können (durch direkte oder indirekte Erhebung), dadurch aber lediglich einen formalwissenschaftlichen Status erlangen. Ihre prognostische Qualität wird dadurch nicht besser. Die subjektiven Einschätzungen selbst haben in solchen Situationen grundsätzlich die Qualität von Ratespielen; daran ändern auch Formalstandards und trickreiche Transfers von Wahrscheinlichkeiten in Risiken nichts (vgl. Laux et al. 2012, S. 87–92).

Mit anderen Worten: Wir gehen ausdrücklich *nicht* davon aus, dass jeweils alle zukünftig möglichen Weltzustände vollständig beschrieben werden können, wenn man sich nur ausreichend Mühe gibt; oder dass Unsicherheit, ganz zu schweigen von Ungewissheit, grundsätzlich als Prognoseprobleme modulierbar sind, denen zufolge der Entscheider einen zunächst unvollkommenen Informationsstand vor der Entscheidung, etwa durch subtile Datenauswertungen, beheben könne. Das Treffen von Entscheidungen unter Ungewissheit markiert *im Gegenteil* als eigene, praktische Problemlage eine historisch relativ neue Situation, die durch Definitionsverschiebungen in „alte" Problemwahrnehmungen hinein grundsätzlich nicht lösbar ist. Letzteres wäre in etwa vergleichbar mit dem Versuch der Physiker, „Heisenberg'schen" Unschärfeproblemen mit „Newton'schen" Berechnungsmethoden beizukommen: Man fühlt sich methodisch zwar heimisch, kommt praktisch aber nicht weiter. Einstein veranlasste diese schlechte Gewohnheit zu der berühmten Bemerkung, man könne heutige Probleme eben nicht mit derselben Denkweise lösen, durch die sie entstanden sind.

Aus genau diesem Grund werden im real praktizierten Management ökonomische Entscheidungstheorien in der Regel ignoriert. „Dying from neglect" lautet die Devise. Diese Standardwerkzeuge helfen hier nicht; sie entsprechen nicht mehr dem Stand der Dinge. Unter Zeitdruck, unter unübersichtlichen Bedingungen mit zahlreichen Stakeholdern sind viele als einschlägig geltenden Methoden weder praktikabel noch der Komplexität der Situation angemessen. In der Wirtschaft sind es jedoch genau solche Zukunftsentscheidungen, die unternehmerisch in den Vordergrund rücken. Jenseits reinen Ratens: Welche Optionen gibt es dafür?

Zunächst gilt die Prämisse (auch für uns und unseren Vorschlag): Gesichertes Zukunftswissen gibt es nicht. Das Gestalten von Zukunft bedingt grundsätzlich Wille, Vorstellungs- und Tatkraft. Letztlich sind Investitionen nichts anderes als Wetten auf die Zukunft, die entschieden sein wollen – und Geldscheine nichts anderes als Kredite aufs Morgen. Vermeintlich Sicherheit gewährende Hilfsmittel wie Daten und Statistik können für Zukunftsbewältigung zwar nützlich sein, denn womöglich offenbaren Datenverarbeitung und Berechnungen ja Hinweise oder Zusammenhänge, die ohne sie verborgen geblieben wären. An der Tatsache, dass Künftiges nur im Modus von Meinungen, Plausibilisierungen und Überzeugungen (also der Schaffung von andersartigem *Sinn*) praktisch bearbeitbar ist, ändern aber auch Daten nichts. Sie beruhigen lediglich das Gewissen.

Im Folgenden erläutern wir unseren Vorschlag, aus rein praktischen Gründen das Verständnis von Entscheiden radikal zu verzeitlichen; zu „temporalisieren". Im Zentrum steht damit nicht mehr die Sache, sondern Zeit; beziehungsweise die *zeitliche Verschiebung einer Sache* sowohl ins Gestern (welche Erfahrungen haben wir damit?, wie haben wir das früher gelöst?) als auch ins Morgen (was wäre uns maximal möglich?, was wollen wir eigentlich?). Grundlage dieses Konzepts sind „Vorbilder": Beispielgebende Unternehmer, die – ohne Regeln oder Leitlinien, die dazu hätten anstiften können – ein solches ökonomisches Handeln mit immensem Erfolg über Jahrzehnte entwickelt und umgesetzt haben. Eine Zukunftsentscheidung interpretieren sie im Verhältnis zur bestmöglich passenden, oftmals utopischen, in Reinform womöglich irrealen Option; und die liegt in der Zukunft. Erst dieser *antezipativ gewonnene Maßstab* macht organisations- und standpunktbezogene Beobachtungen im Unternehmen vom Übergang der Gegenwart in die Zukunft („Wandel"), die grundsätzlich subjektiv sind, überhaupt bearbeitbar. Denn darum geht es ja: Ungewissheit in eine die Organisation stabilisierende Entscheidung zu verwandeln („uncertainty absorption"). In etwas, mit dem man gestalten und die Dinge beeinflussen kann.

Bevor wir uns mit diesem Entscheidungsverfahren selbst beschäftigen, werfen wir aber zunächst einen Blick auf das gesellschaftliche Umfeld, in dem es entstanden ist. In dieser Reinkultur, in der wir es rekonstruieren, existiert exploratives Entscheiden nämlich tatsächlich nur in der „Inkubator-Kultur" des Forschungs- und Industriekomplexes „Silicon" Valley. Von dort aus trat es einen leisen, zunächst kaum beachteten Siegeszug an, der dieses sehr spezielle Unternehmertum zum aktuell prägenden (und nach Meinung vieler auch zum gefährlichsten, weil extrem wirkmächtigen) Entrepreneurship-Modell in der globalen Wirtschaft werden ließ. Wirtschaftspolitisch gesprochen, ist das Valley derzeit Benchmark in Sachen Innovation. Was aber steht genau hinter diesem „Kalifornischen Unternehmertum" (Abschn. 2.1)?

Aus dieser hermetischen Soziokultur erschließen sich die zentralen Weichen zur Bewältigung von Ungewissheit, wie sie sich an der US-amerikanischen Westküste etabliert hat. Wie laufen Zukunftsentscheidungen dort ab? (Abschn. 2.2) Welche Rolle spielen dabei das unternehmerische Selbstverständnis, die Vorstellungen über die eigene Identität? (Abschn. 2.3) Und schließlich: Was bedeuten hier Stabilität und Kontrolle? Welche Stabilität ist überhaupt erreichbar, wo und wie findet Kontrolle des unternehmerischen Tuns statt? (Abschn. 2.4)

2.1 Kalifornisches Unternehmertum

▶ Kalifornisches Unternehmertum revitalisiert eine hierzulande allgemein in Vergessenheit geratene alteuropäische Vorstellung von Ökonomie. Gemeinsames organisiertes Handeln (hier: Wirtschaften) – also das Zusammenkommen, Reden und Handeln um ökonomischer Zwecke Willen – firmierte im antiken Griechenland unter dem Begriff der Praxis. Diese Art gemeinsamen Handelns beinhaltet, sich über das bestmögliche Leben zu verständigen. Eine solche Form der Ökonomie und die Kunst haben die gleiche produktive Quelle; alloziert werden letztlich kulturelle Ressourcen. *Praxis* bemüht sich also um die in der Zukunft liegende gemeinschaftliche Vervollkommnung des Menschengeschlechts („Oeconomia divina") und trägt ihren Sinn in sich selbst, während *Poiesis* – der Gegenbegriff – lediglich etwas Bestimmtes herstellen will, etwa ein Produkt. Anders formuliert: Wir hier machen Produktinnovationen, um beispielsweise Autos zu verbessern; Kalifornier wollen die Welt verbessern und entwickeln „nebenbei" die dafür passenden Produkte. Innovationen sind hier Nebenprodukte in einem präzisen Sinn: Sie fallen bei der Umgestaltung der Welt ab. Für die immense soziale Wirkungsmacht dieser ökonomischen Praxis hat sich das Label „Disruption" etabliert: Es bezeichnet die ökonomisch katalysierte Umwälzung sozialer Verhältnisse.

Das *praxeologische* ökonomische Denken Kaliforniens wurzelt in einer spezifischen Soziokultur. Diejenige Philosophie, welche diese Soziokultur beziehungsweise die amerikanische Mentalität vor allem geprägt hat, ist das pragmatistische Denken. Dessen Pointe liegt in einer emphatischen Zuwendung auf Zukunft. Verständlich wird das mit Blick auf die amerikanische Geschichte: Mit dem Impetus, jede Grenze, die den Zugang zum Morgen versperrt, zu überwinden als Hauptmotiv. Im Kern geht es um ein beinahe unendliches Vertrauen in das Freiheitspotenzial des Menschen, genauer: in diejenigen Möglichkeiten, die in der jeweiligen Gegenwart auf das Ausstehende angelegt sind. Darauf, was *noch* alles möglich ist. Die lähmenden Ketten, über die sich in Europa bereits Rousseau erzürnte („Der Mensch ist frei geboren und überall liegt er in Ketten"), haben die ausgewanderten Töchter und Söhne des alten Kontinents in der Neuen Welt gesprengt – zumindest geistig. Dafür steht (Nord-)Amerika, daraus entstand der Amerikanische Traum. Und um dessen spezifisch wirtschaftliche Bedeutung geht es hier. So ist beispielsweise das Verständnis von Zeitlichkeit in den USA ein anderes als in Europa. Es unterscheidet das dortige Leitbild von Wirtschaft und Gesellschaft erheblich von unseren Sozialverhältnissen.

Amerika ist fasziniert vom Blick auf das „truly new". Technologische Entwicklungen oder die Erkenntnisse der modernen Physik, durch die Entdeckung der Kernspaltung um Niels Bohr an der Princeton University und das anschließende Manhattan-Projekt zum Bau der Atombombe befeuert, hatten kulturell einen unvergleichlich höheren und nachhaltigeren kulturellen Einfluss auf das amerikanische Geistesleben als auf Europa, das zur Zeit dieser Entdeckungen im Krieg und danach in weiten Teilen in Trümmern lag. „Future" ist *die* Schlüsselkategorie der pragmatistischen Revolte: Ein Befreiungsversuch von handlungslähmenden Interpretationsvorschriften. Zwar existiert der Aspekt des Futurischen im pragmatistischen Denken in ganz unterschiedlichen Versionen, aber die hoffnungslogische Hintergrunddimension sozialen Handelns ins Zentrum zu stellen, eint alle Varianten.

Der Philosoph Ernst Bloch, der 1938 in die USA emigrierte und in den 1950er Jahren sein dreibändiges „Prinzip Hoffnung" vorlegte, empfindet dieses Kernprinzip des American Mind – die Hoffnung – in deutschem Duktus nach: „Die wirkliche Genesis ist nicht am Anfang, sondern am Ende, und sie beginnt erst anzufangen, wenn Gesellschaft und Dasein radikal werden, das heißt sich an der Wurzel fassen. *Die Wurzel der Geschichte aber ist der arbeitende, schaffende, die Gegebenheiten umbildende und überholende Mensch.*

2.1 Kalifornisches Unternehmertum

Hat er sich erfasst und das Seine ohne Entäußerung und Entfremdung in realer Demokratie begründet, so entsteht in der Welt etwas, das allen in die Kindheit scheint und worin noch niemand war: Heimat" (Bloch 1973, S. 1628, unsere Hervorhebung). Mit anderen Worten: Heimat, „die wirkliche Genesis", ist das, was sich *am Ende* einstellt, wenn Menschen ihren Auftrag erkennen und erfüllen, indem sie ihre gegenwärtige Welt umbilden und „überholen".

Nicht nur, aber insbesondere kalifornische Unternehmer leben dieses Motiv in geradezu zivilreligiöser Einfärbung und haben es zur Grundlage ihres Verständnisses, ihrer Mühen und Anstrengungen um eine ökonomisch betriebene Dauerumgestaltung und -verbesserung der menschlichen Gattung gemacht. Ihre „Future-Orientedness" verstehen sie als Wanderung hin zu dem uns allen inhärenten Potenzial. Und ihr Ökonomieleitbild ist nur das Instrument, dieses zu heben: Sie zu denen werden zu lassen, die sie eigentlich immer schon sind (F. Nietzsche). Wir werden später sehen, wie eigensinnig die Vorstellungswelt von „Innovation" ist, die aus diesem Fundament erwächst. Daran glauben, dass Amerikaner tatsächlich alles nur mit Blick auf eine für alle bessere Zukunft unternehmen, braucht man nicht – es ist jedoch hilfreich, den kulturellen Impetus, wie bereits im Motto zitiert, zu verstehen, ohne den sich auch die konkreten Methoden der Unternehmensentwicklung kaum erschließen lassen.

Beispiel: Kalifornisches Denken bei Richard Rorty
Der wohl berühmteste neuere Vertreter der pragmatistischen Tradition (nach den Altvorderen Charles S. Peirce, William James und vor allem John Dewey) ist Richard Rorty, 1998 in Palo Alto verstorbener Philosoph und intimer Literaturkenner der amerikanischen Tradition. Rorty verstand sich als ein strikt aufs Diesseits gerichteter leidenschaftlicher Kämpfer für die „possibility of a better human future" anstelle der auf das Jenseits gerichteten „hope of pie in the sky when we die" (Rorty 1999, S. 208). Deutsche könnten das in etwa übersetzen mit: „Ein Spatz in der Hand ist besser als eine Taube auf dem Dach" – und nichts symbolisiert besser den Unterschied zwischen notorisch skeptischen Euro-Germanen und zutiefst optimistischen, zukunftszugewandten US-Angelsachsen. Rortys philosophisches Konzept kreist um soziale Hoffnung. Er artikuliert ein abgrundtiefes Misstrauen gegenüber den klassisch-philosophischen Begriffspaaren, die unsere Wahrnehmung von Geschichte und Zukunft prägen (Natur – Kultur, Körper – Seele und andere). Seine Begriffe sind emphatisch offen für die Zukunft, stehen eher für eine stets flexible, anpassungsfähige Begriffs*bewegung*, die volatil und strikt kontextabhängig zu sein hat. Von der Tradition eingesperrte, vereinseitigte Begriffe gelte es gerade zu befreien: Diese Termini seien nämlich mit „Prophezeiungen einer vollständig demokratischen Gesellschaft verwoben, deren Ankunft durch solche Befreiungsversuche beschleunigt werden soll" (Rorty 2000, S. 19). Denken, etwa Philosophie, als Vorstellung einer eigenen, abgekapselten Sphäre, in der zeit*unabhängig* reflektiert und diskutiert werden könne, hält Rorty für absurd. Denkern käme vielmehr die Rolle von Hilfsarbeitern zu, welche „die Abfälle der Vergangenheit wegkehr[en], um Platz für die Gestaltung der Zukunft zu schaffen"; und manchmal verschmelze die Rolle der Hilfsarbeiter eben auch mit der von Propheten. Wir sollten alle Versuche aufgeben, aus dem Denken und die-Welt-erklären „eine Tätigkeit zu machen, die so autonom wäre, wie sich die Philosophen das vorstellten, bevor sie die Zeit ernstzunehmen begannen" (Rorty 2000, S. 19).

Dass Rorty zu einem der meistgelesenen Philosophen der Gegenwart wurde, hat zu tun mit der radikalen Zeitgemäßheit, die seine Bücher ausstrahlen – zudem in äußerst vergnüglich zu lesendem, eingängigem Stil präsentiert. Heimliches Zentrum seines Konzepts ist ein emphatischer Zeit- beziehungsweise Zukunftsbegriff; in Abwandlung von Heidegger könnte man sagen, die Menschen leben bei ihm kein Sein zum Tode, sondern eines zur Zukunft hin. Soziale Versöhnung, vielleicht sogar „Heiligkeit", werden hier nicht mehr, wie in europäischen Traditionen, rückgebunden an ein *vergangenes* Heilsereignis, sondern erschließen sich allein im noch Kommenden. Diese Vorstellung ist genuin amerikanisch und Grundlage allen „kalifornischen Denkens"; auch wenn die Silicon-Valley-Unternehmen diesen Rahmen durchaus eigensinnig füllen. Sie enthält ein Zeitkonzept, das ausschließlich *praktisch* legitimiert wird:

„Mein Gefühl für das Heilige, soweit ich eines habe, ist an die Hoffnung geknüpft, dass eines Tages, vielleicht schon in diesem oder im nächsten Jahrtausend, meine fernen Nachfahren in einer globalen Zivilisation leben werden, in der Liebe so ziemlich das einzige Gesetz ist. In einer solchen Gesellschaft wäre die Kommunikation herrschaftsfrei, Klassen und Kasten wären unbekannt, Hierarchien zweckmäßige Einrichtungen auf Zeit, und Macht läge allein in der Verfügungsgewalt einer frei übereinkommenden, belesenen und gebildeten Wählerschaft. Ich habe nicht die geringste Ahnung, wie es zu einer solchen Gesellschaft kommen könnte. Man könnte geradezu von einem Mysterium sprechen" (Rorty 2006, S. 47).

Auch Rortys Zentralkategorie heißt Hoffnung – genau diese unbedingte Zukunftszugewandtheit prägt auch das kalifornische Unternehmertum. „Hope" ist der Motor allen sozialen und politischen Handelns; aber es ist immer eine konkrete, *gerichtete* Hoffnung, kein naives Optimismusprinzip. In Kalifornien blühen seit Jahrzehnten zahlreiche Subkulturen, die diesen Motor weiter aufrüsten wollen – bis hin zu teilweise sektenartigen Bewegungen etwa innerhalb der „Transhumanisten", die den Menschen der Zukunft von allen physischen Schwächen, inklusive Sterblichkeit, befreien wollen. Das Treppchen dorthin: Personalisierbare Technologien als Katalysatoren der menschlichen Möglichkeiten. Das Silicon Valley entwickelt sie.

Bevor wir diese Weltsicht genauer im 20. und frühen 21. Jahrhundert verorten, ein kurzer Blick auf das hiesige, *europäische* Story-Board. Das aktuelle Erzählschema: Silicon Valley steht hier für eine postideologische Vision des globalen Managements („Die Weltregierung", so ein SPIEGEL-Titel im Februar 2015, vgl. Schulz 2015). Es ist fasziniert von Systemen und Netzwerken aller Art; seine Perspektive ist „kybernetisch", also auf globale Steuerung ausgerichtet. Gesellschaft wird an die Natur via Technik maximal angeglichen – der Computer dient dafür als Modell. Die Firmenimperien von Facebook, Apple, Alphabet-Google, Twitter machen Milliarden mit dem Versprechen, mit der Digitalisierung der Menschheit Fortschritt zu bringen: Das Leben nicht nur einfacher, schöner und komfortabler zu machen, sondern auch für jeden teilbar (Sharing), so das Versprechen. Wobei sich der ursprüngliche Claim von Google, „don't be evil", zwar freundlich anhöre, das eigentliche Motiv dahinter jedoch verberge: Monopolstellung anzustreben, Plattform-Kapitalismus zu etablieren und die global-wirtschaftliche Macht an sich zu reißen. Prominente Kritiker wie Evgeny Morozov und Jaron Lanier, Friedenspreisträger 2014, sind exemplarische Stichwortgeber dieser europäisch-deutschen Rezeption. Hinter den Verheißungen stünde eine auf totale Dominanz und maximale Kapitalisierbarkeit basierende Ideologie. Selbstoptimierung, Fitness, Wellness und individuelle Freiheit: Alles Marketinggerede. Die Mittelschicht würde durch die Expansion der Digitalisierung abgeschliffen. Am Ende träfe es alle Branchen – Handwerk, Transport, Büroarbeit, Gesundheit. Dafür stehen Google-Brille, Google-Streetview, Google-Earth, das Betriebssystem Android, fahrerlose Autos, intelligente Haussteuerung, Versicherungspolicen, Nanopartikel im Blut als Krebs-Frühwarner, Kontaktlinsen mit Bluttestfunktion und so weiter – ganz abgesehen von den Datenmengen, die hier gesammelt werden. Fazit: In hiesiger Lesart erscheint die kalifornisch-digitale Revolution als nahezu metaphysisches Projekt. *This is how our story goes.* Ist das aber die ganze „Wahrheit"?

Wir unterbreiten einen Gegenvorschlag. Wir gehen davon aus, dass ein zentraler Impuls für das kalifornische Denken von den Zäsuren ausgeht, die sich in den Naturwissenschaften in der ersten Hälfte des vorigen Jahrhunderts ereignet haben: Quantenphysikalische Wende, Relativitätstheorie, der Schock der Atombombe (gleichermaßen Faszination und Erschrecken darüber, zu was Menschen per Technik imstande sind), der erste Flug zum Mond, Entdeckungen von immer neuen Himmelskörpern, die Idee von Multiversen oder die Viele-Welten-Theorie von Hugh Everett. Präsident Obama bestätigte in seiner Amtszeit die Mars-Mission: Ab 2030 soll der Nachbarplanet besiedelt werden. Die Perspektive des kalifornischen Denkens ist nicht nur die ganze Erde, sondern auch das Darüberhinausgehen; das alte amerikanische *across the border.* „Die Welt ist nicht genug" – Ziel: Eine Gesellschaft real werden zu lassen, wie sie die Gründerväter Amerikas einst imaginiert haben.

Die USA sind, jedenfalls qua Selbstverständnis, die globale Speerspitze einer solchen Zukunft in kosmischen Dimensionen. In dieser Art denkende Menschen vertrauen auf die Kraft des Positiven im Zeichen einer scheinbar unbegrenzten Pluralität und Individualität. Freiheit ist etwas, das nicht hergestellt werden muss (etwa durch Politik), sondern das *erkannt* und dann *praktiziert* werden kann. Zuallererst geht es um die richtige Sichtweise. Den Leuten von Google ist zum Beispiel völlig unverständlich, warum Europäer sich derartig skrupulös um die Sicherheit ihrer Daten sorgen. Genauer: Rätselhaft ist ihnen die Haltung dahinter – denn Daten- und Sicherheitsprobleme, deren Existenz niemand bestreitet, lassen sich doch durch weiteren technologischen Fortschritt und Verbesserungen beheben! Alle sind herzlich eingeladen, daran mitzuwirken – die *Smart Creatives* sind geborene Netzwerker. Wo liegt das Problem? Es sind diese zumeist unterschätzten *kulturellen Disparitäten*, aus deren Fundamenten zwei sehr unterschiedliche ökonomische Leitbilder entstanden sind – inmitten einer gemeinsamen westlich-abendländischen Tradition. Sie haben immense Auswirkungen auf das jeweilige Verständnis von Innovation: Wenn Innovation von der Zukunft aus in den Blick genommen wird, wird sie auch konsequent von ihr aus beurteilt (USA) – und nicht an vergangenen oder gegenwärtigen Zuständen (Europa), die kontinuierlich verbessert und dadurch quasi automatisch allmählich überwunden werden.

Popkulturelle und zeitgeistige Flankierungen

Die popkulturelle Gegenkultur der 1960er und 1970er Jahre ist ein beispielhaft-symbolischer Kristallisationspunkt des kalifornischen Denkens. Deren Anhänger erscheinen in Selbstbeschreibungen und Songs oft als Angehörige höherer Wesen. Dabei geht es um einen neuen Menschentypus; eine höhere Menschenform. Joni Mitchell etwa besingt in „Woodstock" die Hippies als „Kinder Gottes" auf dem Weg in ein neues Eden; Jefferson Airplane versteht sie als „Crown of Creation". Tim Buckley („Goodby and Hello") schwärmt vom neuen Menschen, die Rolling Stones besingen das „Exil". Insbesondere David Bowie hat sich eine Reihe von Verkörperungen solcher neuen Menschen ausgedacht, etwa auf *Ziggy Stardust* (vgl. Abb. 2.1). Auf *Hunky Dory* findet sich eine Hymne an die „hübschen Dinger" unklarer Geschlechtszuordnung, die in der Forderung gipfelt, dem „homo superior" Platz zu machen („All You Pretty Things" 1972).

Abb. 2.1 David Bowie alias Ziggy Stardust in den frühen 1970ern. (Quelle: Ziggy Stardust Era David Bowie in LA, Getty Image, Michael Ochs Archives)

Vor allem die Popkultur sorgte für eine kulturelle Synchronisierung des US-amerikanischen planetarischen Bewusstseins. Bob Dylan besingt „Planet Waves". Die Byrds beschäftigen sich intensiv mit dem technischen Fortschritt und seinen psychischen Auswirkungen; als zentrale Klanginspirationen benennt ihr Leader Roger McQuinn Düsenflugzeuge. Psychisches und physisches Hochgestimmt-Sein verschmelzen („Eight Miles High" 1966). Der für die künstlerischen Avantgarden des frühen 20. Jahrhunderts so wichtigen vierten Dimension setzten sie eine fünfte entgegen („5D" 1966). Einerseits lebten die Menschen auf unserem Planeten in einem geradezu unbegrenzten Innenraum, dem Raumschiff Erde, und müssten den Blick nach innen richten („Mind Gardens" 1967). Die Beatles sehen das ähnlich („The Inner Light" 1968). Andererseits sei die Aufmerksamkeit auf die andere, äußere Seite des planetarischen Zeitalters zu lenken, mit der sich Pink Floyd im instrumentalen „Interstellar Overdrive" beschäftigten. Die erste Internetgeneration argumentierte später

2.1 Kalifornisches Unternehmertum

ähnlich: Die vorhandenen positiven Energien gelte es, um Willen maximaler individueller Freiheit allumfassend zusammenzuführen. The Greatful Dead brachten in vielerlei Hinsicht die hymnische Feier des kalifornischen Gedankens in „Estimated Prophet" auf den Punkt:

California, preaching on the burning shore
California, I'll be knocking on the golden door
Like an angel, standing in a shaft of light
Rising up to paradise, I know I'm gonna shine.

Bereits die frühen amerikanischen Pragmatisten spielten um die Jahrhundertwende ebenfalls mit extraterrestrischen Gedanken. „Ich glaube durchaus nicht", schreibt William James 1907, „dass unsere menschliche Erfahrung die höchste Form der Erfahrung ist, die es in der Welt gibt. Ich glaube vielmehr, dass wir zu dem Ganzen der Welt etwa in derselben Beziehung stehen wie unsere Schoßhunde und unsere Zimmerkatzen zu dem Ganzen des menschlichen Lebens. Diese unsere Lieblinge bewohnen unsere Salons und unsere Bibliothekszimmer. Sie nehmen an Szenen teil, von deren Bedeutung sie keine Ahnung haben. Sie sind nur Tangenten zu den Kurven des Lebens, deren Anfang und Ende, deren Form ganz außerhalb ihres Bereichs liegt. Ebenso sind wir selbst Tangenten zu den Kurven des höheren Lebens" (James 1994, S. 192 f.).

Ein planetarisches Mindset gehört zur Identität des amerikanischen Denkens wie Goethe und Schiller zur Identität der deutschen Kultur. Was sich daran jeweils verändert, sind die zeitdiagnostischen Einfärbungen. So machte die Kunstwissenschaftlerin Elizabeth Kessler auf die visuellen Parallelen zwischen den spektakulären Bildern des Hubble-Teleskops zur amerikanischen Landschaftsmalerei im 19. Jahrhundert aufmerksam. Die Teleskopaufnahmen sind selbstverständlich nachbearbeitet, stammen aus monochromen Daten und sind im Original farblos. Für die Nachfärbung am Computer existieren jedoch „Vorlagen": Soziokulturelle Prägungen archetypischer Art, Erinnerungen aus dem kollektiven Unbewussten Amerikas, wie sie etwa in der Tradition der Hudson River School oder von Malern wie Albert Bierstadt und Thomas Moran aufgehoben sind. Abbildung 2.2 zeigt den Vergleich eines Hubble-Fotos mit einem Bild aus dieser Tradition. Die Hubble-

Abb. 2.2 „Drei Säulen der Schöpfung" (Hubble-Teleskop, Adler-Nebel) im Vergleich mit „Cliffs of the Upper Colorado River, Wyoming Territory" von Thomas Moran (1837–1926). (Quellen: NASA, ESA/Hubble and the Hubble Heritage Team; Traditional Fine Arts Organisation, Inc. (2010))

Fotos präsentieren als Artefakte ein konkretes amerikanisches Weltbild, ohne dass sich hier sinnvoll von Manipulation sprechen ließe: Hubble spiegelt aus Sicht der Amerikaner letztlich nur die irdische Heimat im unendlichen Universum wider. Diese Fotos sind *konsistent* – und gerade deshalb so faszinierend.

Jede technologische „Disruption", welche die menschliche Reichweite in mobiler, kommunikativer oder geistiger Hinsicht erweitert, treibt die amerikanische Vision an – genauso wie uns Europäer im Gegenteil „Rückschläge", wie eine weltweite Finanzkrise, zu einer erneuten Rückversicherung unserer Wurzeln und kulturellen Fundamente führen. Kulturen „wachsen" und verdichten sich gerade in Krisen. Für eine globale Wirtschaft könnte diese Einsicht erhebliche (auch wirtschaftspolitische) Konsequenzen haben.

Kalifornisch „funktionierende" Unternehmen stehen für eine gesellschaftliche Zukunft, aus der heraus Produkte und Dienstleistungen entwickelt werden, die genau in diese Zukunft führen. Möglich wird das durch maximal selbstermächtigte Individuen; die Gadgets dafür kommen aus dem Valley. Diese Technologien sind vor allem eines: persönlich. Sie sind Krücken, Brückenköpfe; für die Zukunft, *an deren Stelle sich die Valley-Unternehmen setzen:* Diese Firmen *sind* diese Zukunft, sie sind ihre Erfüllungsgehilfen; sie setzen sie um. Trotz und entgegen steigender Komplexität soll das Individuum mit diesen Produkten sein Leben selbst steuern – durch Verankerungen, zu denen technische Geräte verhelfen oder beitragen. Genauer: Sie liefern Sinn für den eigenen Platz auf diesem Planeten. Es sind Werkzeuge für die Verwandlung in vernetzte Individuen, die ein eigenes und zugleich gemeinsames Verständnis der Gesellschaft teilen. Diese Menschen sind alle eins – User und Netzwerk-Communities gehören einem bestimmten Stamm an, der durch den Gebrauch dieser Geräte und durch bestimmte Konsummuster diese Einheit verkörpert. Kleine Änderungen an einem selbst können so einen gigantischen Effekt für das Ganze haben – die privateste Umgebung des Einzelnen ist potenziell gleich die ganze Welt: Mit Hilfe von persönlicher Transformation, technologisch gestützt.

Die Gesellschaft nimmt man durch die damit einhergehenden Innovationen „automatisch" mit: Diesem Denken aus der alten, antiken Tradition der praktischen Philosophie ist unvorstellbar, die Entfaltung produktiver Kräfte *ohne die höheren Ziele gemeinschaftlicher Gesinnung* erreichen zu können. Der Fluchtpunkt ist genuin „kommunitär", vollzieht sich in Gemeinschaften Gleichgesinnter. Im Hort der von diesem Ansatz insbesondere *ökonomisch* Überzeugten, im Valley, werden mittels der Produktion von Wirtschaftsgütern, die in direkter Linie zur sozialen Utopie führen, im Grunde kulturelle Ressourcen alloziert, die erst den „wahren" Reichtum ermöglichen: Die Vollendung des individuellen Selbst im Weltganzen. In dieser Ökonomie berühren sich Endliches und Unendliches.

Ganz anschaulich wird das nicht nur in der eigensinnigen „Einfärbung" kultureller Artefakte, etwa der Hubble-Fotos. Ein weiteres beispielgebendes Bild dieser Absicht voranzukommen ist etwa auch die Idee der Staatsgründung auf künstlichen Inseln im Meer, wo dann mit Gesellschaft experimentiert werden soll („Seasteading", vgl. Abb. 2.3). Randolph Hencken, Leiter des privaten kalifornischen Seasteading Institute, plant die Besiedlung der Ozeane und präzisiert, er würde das Wort Utopie dafür eher nicht benutzen. Was sie machten, sei real. Man wisse, man könne es schaffen. In die gleiche Richtung gehende Überlegungen: In den Wohngemeinschaften San Franciscos zerbricht man sich anlässlich

2.1 Kalifornisches Unternehmertum

Abb. 2.3 Illustration des Seasteading, eines neuen Staates auf dem Meer. (Quelle: DeltaSync, NL)

kommender Flüchtlingsströme und Wasserknappheit die Köpfe über die herrschaftsfreie Gestaltung des Weltraums. Wie errichtet man im Falle einer Mondbesiedlung dort eine funktionierende Demokratie? Auf Diskussionsabenden mit Titeln wie „Regierungsformen auf dem Mond" werden Schwarmintelligenz, Online-Abstimmungen, ein staatliches Wikipedia und generationsübergreifende Räte erwogen (Bauer 2014).

Vom Zeitmodell her betrachtet, funktioniert Innovation à la California Dreaming durch *Backcasting*. Silicon-Valley-Unternehmen antezipieren eine Gesellschaft, die ihnen lebenswert erscheint; und für deren Erschaffung sie ihre ganze Kraft, Energie, Mühe und Zeit einsetzen wollen. Es ist die uramerikanische Gesellschaft; eine Vision, die unmittelbar aus dem Amerikanischen Traum geboren ist. Innovationen werden von diesem Horizont aus „rückwärts" entwickelt. Man imaginiert sich an den zukünftigen Zeitpunkt, entwickelt von dort aus rückblickend die Mittel, die nötig „waren", um dorthin zu gelangen – und zollt auf diese Weise, also dadurch, dass man letztlich den alten Amerikanischen Traum realisiert, denen Respekt, die ihn seit der Amerikanischen Revolution 1776 geträumt haben.

> Was hat mich angetrieben? Ich denke, die meisten kreativen Menschen wollen ihre Anerkennung dafür zum Ausdruck bringen, dass es ihnen möglich war, die Arbeit anderer, die vor uns waren, zu nutzen. Ich habe weder die Sprache noch die Mathematik, die ich beide verwende, erfunden. Ich stelle mein Essen kaum selbst her, meine Kleidung überhaupt nicht. Alles, was ich tue, hängt von anderen Vertretern unserer Spezies ab und von den Schultern, auf denen wir stehen. Und viele von uns wollen etwas beitragen und unserer Spezies etwas zurückgeben. Das heißt, man versucht etwas auf die Art und Weise auszudrücken, die die meisten von uns beherrschen – weil wir keine Songs wie die von Bob Dylan oder Theaterstücke wie die von Tom Stoppard schreiben können. Wir versuchen, mit den Talenten, die wir besitzen, unsere tief sitzenden Gefühle zum Ausdruck zu bringen, unsere Anerkennung für alle Beiträge vor uns zu zeigen und dem Fließen etwas hinzuzufügen. Das hat mich angetrieben. (Jobs nach Isaacson 2011, S. 665)

Hierzulande werden solche Erklärungen oft als ein universales, kulturell indifferentes Unternehmer-Ethos deklariert („,verantwortungsbewusste Unternehmer ticken so"); manchmal auch als metaphysische Selbstüberhöhung von Ego-Shootern. Das lässt sich auch anders beobachten. Ob man das kalifornische Zukunftsbild sachlich teilt oder nicht, ist nur die eine Seite. Ob man bereit ist, die amerikanische Haltung der eigenen Geschichte und den eigenen Leistungen gegenüber in diesem Zukunftsbild zunächst einmal prinzipiell anzuerkennen, ist eine andere. Um das ökonomische Denken dieses Landes zu verstehen, ist Letzteres unumgänglich. Und es ist geboten: Denn das amerikanische Verständnis von Innovation und Entrepreneurship steht *deswegen* oben auf dem Entdeckungs- und Erneuerungstreppchen der globalen Wirtschaftswelt:

- Erst die Vision einer Welt, auf der es keinen Quadratzentimeter Land mehr gibt, der nicht ans Internet angeschlossen wäre; die Vorstellung einer *connected world,* des „interplanetaren Internets", führt zu der Idee, Heißluftballons, Drohnen oder anderes Fluggerät in die obere Atmosphäre zu schicken, um so eine weltumfassende Verbindung herzustellen (Google, Titan Aerospace, Facebook, Aquila).
- Erst die Vorstellung, dass IT-Gadgets persönliche Assistenten sind, die dem Einzelnen zu Halt, Sinn, spirituellem Wert und einem Anker in der Welt verhelfen, führt zu neuartigen, anspruchsvollen Vorstellungen von Usability: Bedienbarkeiten, die – zu Ende gedacht – allein durch Hirnströme gelenkt werden. Themen wie Telepathie oder Teleportation sind daher quasinatürliche ökonomische Handlungsfelder dieses Leitbildes. (Steve Jobs erfand erst eine radikal vereinfachte Benutzeroberfläche, danach die neuartige Haptik des Wischens und zuletzt das Sprachmodul Siri.)
- Erst die Faszination von den Möglichkeiten der Computeranimation lässt virtuelle Erlebniswelten zu einem Magneten kalifornisch denkender Investoren werden. Die Vorstellung davon, welche fiktiven Welten und „Immersionen" – das komplette Eintauchen in eine andere Wirklichkeit – damit denkmöglich werden, ist der Antrieb zum Expandieren. (Steve Jobs investierte 1986 zehn Millionen Dollar, um Pixar Inc., ein kalifornisches Trickfilm-Studio, zu kaufen, das mit *Toy Story* 1995 den ersten, mit einem Sonder-Oscar ausgezeichneten, vollständig computeranimierten Kinofilm produzierte. *Findet Nemo, Die Unglaublichen – The Incredibles* und viele andere folgten.)
- Und erst die daran anknüpfende Vorstellung, in Zukunft virtuell und trotzdem in „allumfassender Authentizität" mit weißen Haien zu schwimmen, den Mount Everest ohne Sauerstoff zu erklimmen und Harry Potter nicht nur zu lesen, sondern ihn in Hogwarts zu begleiten, veranlasste Google gemeinsam mit anderen Geldgebern zu einer Investition von 542 Mio. Dollar für eine Firma, die 2014, zur Zeit des Erwerbs, kein einziges Produkt auf dem Markt hatte und keine Umsätze erzielte. *Magic Leap* wurde damit auf einen Schlag zwei Milliarden Dollar wert. Der Attraktor: „Cinematische Realität". Angeblich projiziert die Datenbrille von *Magic Leap* Bilder direkt ins Auge, um virtuelle Objekte in die reale Welt einzublenden. (Die deutsche Presse belächelte bei diesem Deal „blumige Visionen" und Investoren, die „den Verstand verloren haben", vgl. Kuhn 2014. Die Käufer hingegen lächelten nur verzückt, als sie amerikanischen Journalisten von ihren Erlebnissen beim Eintauchen in einen anderen Kosmos erzählten.)

Zwischen diesen beiden Perspektiven liegen ganz real Welten. Nicht ohne Grund heißen im Valley Innovationsvorhaben *Moonshots*.

Hierzulande erfolgen Reaktionen auf dieses Wertgefüge inzwischen fast ausschließlich in Form von Verschwörungstheorien, Misstrauen, Verachtung und Angst. Selbstverständlich ist dieses Denken Europäern fremd. Unser hiesiges Credo lautet: „Zukunft durch Herkunft". Wir sind *Forecaster*. Unsere Wiege sind das alte Griechenland und Rom; wir stehen auf viel älteren Schultern, deren Identität und Bedeutung wir Modernen bis heute ausdeuten. Die Identität Europas liegt in dieser beständigen Selbstvergewisserung – die fundierende Identität Amerikas dagegen in der Verheißung. Aus unserer Haltung heraus wurde in Europa vor 230 Jahren die Aufklärung geboren; mit einem zwar ebenfalls emphatischen Fortschrittsbegriff, der jedoch immer auf der Grundlage dessen, *was wir bereits geschafft haben* und *woher wir kommen,* unter achtsamer, verantwortungsbewusster Wahrung dieser Errungenschaften, Zukunft generiert. Der den Blick nicht abzuwenden bereit ist etwa von denjenigen, die zu den Verlierern gehören. Debatten um Gerechtigkeit und Fairness prägen unseren zeitgenössischen philosophischen Diskurs, „Kritik" wird seit jeher großgeschrieben (was uns das vielzitierte Bedenkenträgerimage eingetragen hat), und insbesondere den Deutschen attestiert die Sozialforschung seit vielen Jahren ein ausgeprägtes Gespür für Belange von Ausgleich, Balance und Hilfsbereitschaft.

Dieses genuin europäische Fortschrittsverständnis formten die Begründer der Neuen Welt um und radikalisierten es. Das kalifornische Zeit- und Denkmodell funktioniert anders – trägt jedoch nicht das Etikett „Americans Only"! Nutzen kann es jeder; die Semantik, mit der man es füllt, ist unbestimmt und offen.

> **Zusammengefasst**
>
> *Kalifornisches Unternehmertum fußt auf einer alteuropäischen Vorstellung von Ökonomie: Produktion bedeutet die romantisch-dynamische Ökonomie eines weltumfassenden, kulturbildenden Produktivgeistes. Alloziert werden letztlich kulturelle Ressourcen. Durch neuartige Produkte erschafft man eine andere Welt („oeconomia divina").*
>
> Die USA entwerfen Innovationen aus dem heraus, *was sie sich als eine bessere, wünschenswerte Zukunft vorstellen.* Während man in Kalifornien die Fantasie spielen lässt, sich *crazy things* ausdenkt, um das Land quasi noch einmal (diesmal aber richtig) zu gründen und damit zugleich den Vordenkern des amerikanischen Traums Respekt zu zollen, zerbrechen sich Europäer den Kopf über Planung: Wie sie mit vorhandenen Mitteln, auf der Plattform des Heute, auf kalkulierbarem und realistischem Wege neue Dinge erfinden können, *ohne die Vergangenheit zu entwerten* oder das Erreichte zu gefährden. Dazu haben wir ein anderes Innovationsmodell als die Amerikaner ersonnen: Deutschland beispielsweise ist nicht nur das Land der Dichter und Denker, sondern „erfindet" weltmeisterlich. Erfindungen sind aber Kreationen aus dem Nichts, sie ankern weder im Gestern noch im Morgen. Wir sind insbesondere wegen unserer Erfindungen führend im Export, haben einen hervorragenden Maschinenbau und Ingenieure, um die wir weltweit beneidet werden. *Made in Germany* ist ein Qualitätsmerkmal: Beste Materialien, moderne Technologie, perfekte Verarbeitung; Produkte und Dienstleistun-

gen für höchste Ansprüche. Wir erfinden an der Grenze unserer eigenen Ambition, *am Optimum* – nicht entlang kollektiv gesetzter Antezipationen und soziokulturell aufgeladener Erwartungen.

Die beiden Mindsets lassen sich kaum vergleichen. Im Kern geht es dabei jedenfalls bei beiden nicht um Ökonomie, sondern um Gesellschaft: Um unterschiedliche Vorstellungen von zum Beispiel Freiheit und Selbstverwirklichung auf der einen Seite, und um Frieden, Sicherheit und Nachhaltigkeit auf der anderen Seite. Was uns hier interessiert, ist die Frage, wie man diese beiden – kulturell zusammenhängenden! – Gesellschaftsleitbilder ökonomisch besser in Einklang bringen und maximieren kann. Denn natürlich sind sie anschlussfähig. In Realo passiert jedoch derzeit das Gegenteil. In zeitdiagnostischer Perspektive: Die Gesellschaftsleitbilder entfernen sich voneinander. Das gegenseitige Verständnis hat in den letzten Jahren erheblich gelitten, nicht nur aufgrund diverser Polit- und „Spy"-Skandale, sondern auch deswegen, weil öffentlich wirksame Vermittler beider Mentalitäten, „Translatoren", nicht in Sicht sind. Dass mit jedem heranflatternden „Schwarzen Schwan", wie die Zukunftsforschung Störereignisse nennt (Taleb 2010), diese beiden Kulturen weiter auseinanderdriften, ist jedoch kein Schicksal. Dies geschieht, *weil* insbesondere Katastrophen oder Störfälle gemäß des je eigenen kulturellen „Navigators" bewältigt werden, und sich darüber der je eigene Standpunkt immer weiter verdichtet und bestätigt. Kulturen steuern sich selbst – zumindest dann, wenn diese und deren Entwicklung nicht reflektiert, gedanklich-kontrollierend begleitet und in Kenntnis dieser Zusammenhänge praktisch gestaltet werden. Und können daher – trotz Globalisierung – auseinanderdriften. Dass diese bislang völlig ungesteuerte Entwicklung in einer Weltwirtschaft für irgendeine Seite klug und nützlich wäre, lässt sich kaum behaupten. Was ließe sich hingegen erreichen, wenn wir lernen könnten, mit unterschiedlichen sozioökonomischen Mustern zu spielen? Sie zu importieren, zu exportieren, abzuwandeln oder zu kombinieren? Wenn wir nicht mehr Gefangene unserer Mindsets wären, sondern deren Dirigenten und Jongleure? Erst *das* entspräche, unternehmenspraktisch gesprochen, einer wahrhaft globalen Ökonomie. Davon sind wir weit entfernt.

Um diese Unternehmenspraxis geht es im Folgenden. Die wirtschaftswissenschaftliche Grundfrage von Mr. Towne in Erinnerung haltend, betrachten wir konkret an Beispielen aus dem kalifornischen Wirtschaftsuniversum Blaupausen in Sachen Kommunikation, Urteilen und Entscheiden, die dort unternehmerisch angewendet werden – unter vollständigem Fehlen jedweden „Konzepts", jedweder „Grundlagentheorie" und basalen „Strategie". Dort wird Zukunft gemacht, gestaltet, praktiziert.

Diese *Hands-on*-Mentalität in Sachen *doing futures* basiert auf drei semantischen Bausteinen, die sich von der europäischen Zukunftsbewältigung fundamental unterscheiden:
1. „Objektive" Kriterien für eine gute oder bessere Zukunft gibt es nicht.
2. Das Einzige, was es gibt, ist das Wissen um den eigenen Standpunkt und die eigene Identität. Nur hieraus können valide Kriterien für Richtung und Planung geschöpft werden.

3. Um es in Anlehnung an Loriot zu sagen: Ein ökonomisches Leben mit Prognostik ist möglich, aber sinnlos. Soll heißen: Menschen bewältigen ihre Welt – auch die künftige – sozial: durch Kommunikation und Handeln, nicht durch das sture Abarbeiten von Plänen und Vorhersagen. Sie entwerfen, *antezipieren*, erkunden ihre Möglichkeiten (ausdenken, vorstellen, erwarten, hoffen, wünschen, fürchten) und handeln entsprechend. Das Geheimnis „guter" Zukunftsentscheidungen scheint irgendwo dort zu liegen: Bei der kommunikativen Erkundung von Möglichkeitsräumen.

Diese sozialen Hebel sind so allgemein-anthropologisch, dass sie für ganz verschiedene Kulturen und Ökonomien unternehmerisch taugen; und ihnen weder eine amerikanische noch anderweitige kulturelle Abhängigkeit anhaftet. In den USA werden diese Hebel bedient, „einfach so". Im Land der Denker sind *wir* gut darin, Praktiken konzeptionell auf den Punkt zu bringen – auch dann, wenn es um Latentes, Implizites und Hintergründiges geht. Nach der soziokulturellen Spurensuche nun also zum praktischen Kern einer „explorativen", die Zukunft erkundenden und gestaltenden Entscheidungstheorie.

2.2 Entscheiden als Selbstverbesserung

▶ Entscheiden bündelt organisationstypische Sichtweisen, Urteile über die soziale Umwelt und die eigene Positionierung in ihr.

Studien über erfolgreiche Unternehmen konzentrieren sich häufig auf deren Produktspezifika, Geschäftsmodelle oder operative Stärken: Apples welterobernde, ästhetisch durchgestylte Usability und Steve Jobs Charisma, „kundenspezifische Massenproduktion" aus Japan, Amazons logistische Stärke, qualitativ hochwertige Produkte und Verarbeitungstechniken aus Deutschland. Doch sind Produkte, Geschäftsmodelle oder operative Stärken nicht allein die entscheidenden Faktoren, welche die erfolgreichsten Firmen auszeichnen – derlei lässt sich einkaufen oder nachahmen. Was sich hingegen nicht so leicht kopieren lässt, ist eine Organisation, in der entschlussfreudige Dialoge geführt werden; in der qualifizierte Meinungsvielfalt und leidenschaftliche Auseinandersetzungen um beste Lösungen vorherrschen – genauso wie effektive Kontrollen und Feedbacks über den jeweils eigenen unternehmerischen Weg. Diese Leistungen beruhen weitgehend auf *Führung* sowie der *Qualität des Dialogs* der Unternehmensleitung, durch welche die Kommunikation auf den nachfolgenden Ebenen geprägt wird. Dabei geht es gerade nicht um komplizierte Entscheidungsregeln, sondern um eine einfache, gleichwohl sehr rigide Form der Kommunikationsführung, die jeder versteht und nach denen jeder zu handeln hat. Diese Art und Weise der internen Verständigung bietet auch in instabilen und ungewissen Zeiten verlässliche Entscheidungsrahmen, ohne Entscheidungen regelhaft vorfestzulegen.

Zukunftsentscheidungen sind dadurch gekennzeichnet, dass das Ergebnis nur teilweise beeinflusst werden kann; und dass der Entscheider zudem nur dann erfolgreich ist, wenn er besser abschneidet als die Konkurrenz. Wie diese entscheidet, ist unbekannt. Andere können das Ergebnis erheblich mit beeinflussen, und auch deshalb ist offen, wohin die eigene Entscheidung letzten Endes führen wird. Wenn wir zumindest aber *auch* Einfluss nehmen können auf das Ergebnis, ist ein starker Glaube an sich selbst, an die eigene Position oder die eigene Art und Weise des Handelns von entscheidender Bedeutung. Und wenn Konkurrenten übertroffen werden sollen, ist dieses Selbstbewusstsein unverzichtbar: Nur wer es schafft, einen Grad an interner kollektiver Entschlossenheit und Motivation aufzubringen (den man, extern betrachtet, durchaus als übertrieben ansehen könnte), ist in der Lage, sich durchzusetzen. Bedeutet das nun, die Welt gleich aus den Angeln heben zu wollen? Schauen wir uns Vorbilder an.

2.2.1 Tiefenkompetenz: Deep Play

Entscheidungsräume

Praktisch jeden Tag schaute Steve Jobs im „Studio" vorbei. Wenn er hereinkam, hatte er in diesem Raum sofort den Überblick über die Tische und sah das ganze Spektrum an Produkten, die bei Apple gerade in Planung waren. Er setzte sich an einen Tisch, spielte mit verschiedenen Modellen herum, wog sie in der Hand und äußerte sich dazu, welches ihm am besten gefiel. Danach schaute er an anderen Tischen vorbei, in welche Richtung es ging. So sah er, wo die Firma gerade Energie investierte und wie die Dinge miteinander verbunden waren. Und es gab ihm die Möglichkeit, Fragen zu stellen. „Ist das hier wirklich sinnvoll?" Er konnte die Dinge und ihr Verhältnis zueinander betrachten und im Zusammenhang bewerten. Indem er die Modelle auf diesen Tischen betrachtete, „sah er drei Jahre in die Zukunft", wie ein Mitarbeiter sagt: Er konnte angeblich direkt erspüren, ob und wie sie in die Perspektive von Apple hineinpassten, das in Entwicklung befindliche Design befühlen und begreifen.

Wenn Steve Jobs hereinkam, blickten die Designer nur kurz auf, kümmerten sich aber nicht weiter um ihn. Ging es um etwas Spezielles, wurde ein verantwortlicher Mitarbeiter gerufen. Manchmal bat er auch den COO oder den Marketingleiter hinzu. Der Designprozess bestand zum großen Teil aus diesem Hin und Her beim Rundgang um die Tische. Hier ging es ruhig und gemächlich zu; keine komplexen Zeichnungen, keine formellen Entwurfsprüfungen, keine festen Zeitpunkte für wichtige Entscheidungen. „Es überrascht mich immer wieder, wenn wir ein Modell bauen und dann schließlich merken, dass es Müll ist, obwohl es als CAD-Rendering wirklich toll aussah." „Entscheidungen trafen wir aus der Situation heraus. Und weil wir das jeden Tag immer wieder tun und niemals blödsinnige Präsentationen veranstalten, entstehen bei uns auch keine größeren Meinungsverschiedenheiten" (Jony Ive, Leiter der Designabteilung, nach Isaacson 2011, S. 405 f.).

2.2 Entscheiden als Selbstverbesserung

Steve Jobs beschreibt in einem Interview (Jobs 2012) genauer, wie Entscheidungen bei Apple zustande kamen. Er nennt es „Steine schleifen". Dabei geht es nicht um geniale Ideen, die danach „einfach nur noch" umgesetzt würden. Das „Magische" sei der Prozess insgesamt (zwischen Idee und Umsetzung unterscheidet er gar nicht): Die Idee wird beständig verändert. Keine Idee bleibt, wie sie war; sie wird dauernd umgemodelt. Als er klein war, gab es einen alten Witwer in seiner Straße, der eine Schleiftrommel hatte. Sie bestand aus einem Motor, einer Kaffeemühle und einem Riemen. Einmal holten die beiden Steine hinterm Haus, hässliche Dinger, steckten sie mit etwas Flüssigkeit und Schleifpulver in die Büchse und starteten den Motor. Das Ding machte einen Mords-Radau. Am nächsten Tag kam Jobs wieder; sie machten die Büchse auf und heraus fielen wunderschöne, polierte Steine. Genau so ginge es zu, wenn ein Team hart an etwas arbeitet, wofür es brennt: „Eine Gruppe von talentierten Leuten, die sich aneinander reiben, sich streiten, Krach machen und sich und ihre Ideen gegenseitig abschleifen, und heraus kommen diese wunderschönen polierten Steine."

Von „zivilisierter Auseinandersetzung" und deutscher Konsenskultur ist das weit entfernt. Das Team erkundet und reflektiert sich: seine Ideen und Möglichkeiten inmitten seines Umfeldes und in Beziehung zu ihm und gewinnt dadurch die Maßstäbe für seine Entscheidungen. Ein „Entscheidungsraum" ist ein operativ gekrümmter Raum, in dem Handeln auf die Handelnden zurückwirkt: Aktionen auf Akteure, Arbeiten auf Arbeiter, Kommunikationen auf Kommunizierende, Gedanken auf Denker, Gefühle auf Fühlende. Das, was man denkt, sagt, macht, hat direkte Konsequenzen für die Folgeaktion. In solchen Dialogen geht es nicht um Normvorgaben, Strategien, Gebote oder Imperative (oder geniale Ideen), sondern um Orientierung der Anwesenden in einem bestimmten Meinungs- und Wertefeld – um Orientierungen *aneinander*. Und in diesem Miteinander wird der Orientierungsrahmen gesetzt. Dabei ist die konventionelle Grundannahme außer Kraft gesetzt, dass der Moment der Entscheidungsfindung gekommen ist, wenn jemand eine brillante Idee hat. Interessanterweise ist diese in „Entscheidungsräumen" (hier konzeptionell gemeint) nebensächlich. Die Umsetzung gilt als integraler Bestandteil der Entscheidung und nicht als etwas davon Abgetrenntes, das hinterher geschieht. Die Entstehung der Idee und der Entscheidungsraum sind nicht separiert vom anschließenden Tun – dies illustriert in seltener sinnlicher Prägnanz das Studio von Apple.

Jede Entscheidung, die getroffen wird, qualifiziert die Handelnden für die nächste Entscheidung im selben Entscheidungsraum, also im gleichen organisationalen Kontext; und zwar so, dass *die Qualifikation der Entscheider für die nächste Entscheidung mindestens erhalten, möglichst aber verbessert wird*. Entscheiden muss Selbstverbesserung *gewährleisten*, nicht bloß ermöglichen. Das ist die Grundlage von Exzellenz – und Aufgabe von Führung. Dabei geht es weder um „Fortschritt" noch um kumulatives Wissen oder Ähnliches, sondern eher um eine Art Verdichtung oder auch um ständige Verschiebungen; um ein Spiel mit den eigenen Kriterien und Maßstäben. Um sie ringt man im Team, keineswegs zimperlich. Dabei wird zum einen Implizites – das, was die Gruppe meint, was sie empfindet und glaubt, was richtig, wichtig oder nützlich, was gerade „das Beste" ist, was immer dies auch sei –, in der Auseinandersetzung explizit herausgearbeitet. „Eingefaltete"

Phänomene, die noch nicht klar erkennbar sind, die zum Beispiel aufgrund des frühen Entwicklungsstadiums eines Produkts sich eher andeuten als dass sie schon deutlich gemacht oder benannt werden könnten, werden in der Diskussion „exploriert": verständlicher, klarer. Und teilweise generiert der tiefenkompetente Meinungsstreit sogar Sichtweisen, die es vorher nicht gab. Man kommt gemeinsam auf Perspektiven, *die den Einzelnen nicht möglich sind*; das ist die eigentliche Schlagkraft dieser Kommunikationsweise.

Allmählich erhellt sich damit die *Richtung*, die das Ganze nimmt. Die Gruppe ist oft selbst verblüfft, was im Kommunikationsprozess entsteht. Je höher der Explikationsgrad, desto tiefer die mögliche, ja unumgängliche Befremdlichkeit des neu erworbenen Wissens (Innovativität). Statt um „Wissenszuwachs" geht es darum, das vorhandene kognitive („eingefaltete") Kapital des Unternehmens zu „entfalten", dessen Tiefenkompetenz zu heben, zu fokussieren und anzureichern. Bekanntes wird in profilreichere Details aufgespalten – man könnte von der Fortsetzung des geistig Vorhandenen mit anderen Mitteln sprechen. Dabei entsteht quasi „nebenbei" Neuheit; oft schlicht im Sinne höherer Explizitheit. Man erarbeitet sich systematisch einen bewussten Zugang zur Tiefenkompetenz des eigenen Unternehmens. „Gutes" Entscheiden ist *Deep Play*.

Lässt man kurz die üblichen Entscheidungsriten in hiesigen Wirtschaftsunternehmen Revue passieren (Entscheidungsbedarf klären und definieren, Meinungsbildung anstoßen und befristen, Entscheidungsvorlage erstellen, Gremienentscheid, Umsetzung – das Meiste davon, mitunter auch alles, in sauber aufgeteilten, getrennten Expertenkulturen), wird klar, wie gravierend die Unterschiede sind. Qualifizierte Meinungen, die Entscheidungsgrundlagen, bilden sich im kalifornischen Modell aus dem Dialog heraus und sind niemals Bearbeitungen oder Prüfungen von Vorgaben. Sie entstehen überhaupt erst in einem solchen pluralen Raum. Eine „Basis" dafür (Daten, Rechnungen, CAD-Zeichnungen oder Anderes) ist nicht meinungsbildend in diesem Sinne. Solche Sachinformationen können Bausteine sein, Rahmengebungen; aber Entscheidungen selbst orientieren sich nicht an ihnen. Eine exzellenzfähige Entscheidungskultur übt sich gerade darin, vermeintliche Ziele oder Normen, die von *außen* kommen (Wettbewerber, Marktdaten, Marktforschung beziehungsweise das, „was die Kunden sagen"), auszuschließen, systematisch zu verweigern: Indem ein eigener, nur in diesem Unternehmen möglicher Handlungshorizont exploriert wird. Das Motiv dahinter ist nicht Trotz oder Renitenz („mia san mia"), sondern die *prinzipielle Ablehnung universaler Geltungsansprüche als Maximen für unternehmensspezifisches ökonomisches Handeln.* (Im ökonomischen Bereich stehen beispielsweise Branchendaten, „Benchmarks", Marktstudien oder aktuelle Forschungslagen für universal gültige Standards.) Darum, etwas *besser* zu machen als alle anderen, ist schließlich der Auftrag des Unternehmens! Steve Jobs, Jack Welch, Ricardo Semler, Louis Gerstner Jr. und viele andere Unternehmer, die für dieses Entscheidungsverständnis Pate stehen, haben Datenlagen und Faktenwissen als Fundament in strategischen, entscheidungsrelevanten Situationen aktiv diskreditiert.

Entscheidungskiller

Louis V. Gerstner Jr., CEO von IBM von 1993 bis 2002, berichtet über sein erstes Board-Meeting bei IBM. Das Unternehmen steckte 1993 noch nicht in der Krise, schlitterte aber gerade hinein; deswegen hatte man ihn geholt. Er spazierte von einem zum anderen, schüttelte jedem Board-Mitglied die Hand und stellte sich vor. Da er wusste, dass zwei Mitglieder mit seiner Wahl zum CEO nicht einverstanden waren, fragte er sich, wer diese beiden wohl sein mochten – nichts davon war spürbar. Das Meeting hatte einen breiten Themenfokus. Es ging zunächst um eine Präsentation über Lagerhaltungskosten und die Genehmigung für eine 440 Mio.-Dollar Akquisition („falls der Direktor meinte, es gäbe eine Krise, hielt er sie jedenfalls freundlichst von mir fern"). Danach ging es um Finanzen; die Margen für Hardware waren empfindlich eingebrochen und die Situation verschlechterte sich rasant. Im Fokus stand die Prüfung eines neuen Finanzplans. Es war offensichtlich, dass die Unsicherheit der Prognosen hoch war. Das Meeting endete. Es gab freundliche Abschiede mit „Viel Glück!" und „Schön, dass Sie hier waren!", alle verschwanden.

Danach traf sich Gerster mit John Akers, seinem Vorgänger. Die beiden hatten ein vertrautes Verhältnis zueinander und sprachen über das Meeting. Gerstner wunderte sich, wie Akers derart kritisch sein und gleichzeitig an den Personen im Board festhalten konnte. „As I look back at my notes, it is clear he understood most, if not all, of the Business issues we tackled over the ensuring years. What's striking from my notes is the *absence of any mention of culture, teamwork, customer, or leadership* – the elements that turned out to be the toughest challenges at IBM. […] I went home with a deepening sense of fear. Could I pull this off?" (Gerstner 2003, S. 27 f.)

Gerstner erzählt hier eines von zahlreichen Beispielen, wie durch Totschweigen, Unehrlichkeit und mangelnde Konsequenz (also schlechter oder fehlender Führung) falsche Entscheidungen zustande kommen – „falsch" deshalb und in genau dem Sinne, weil sie wegen unausgesprochener, nicht explorierter (Vor-)Urteile entweder nicht ausgeführt werden oder unternehmerisch verheerende Wirkung haben. Diese Art der Meeting-Kultur geht zurück auf eine Fehlsteuerung persönlicher Interaktionen, aus denen eigentlich Bewertungen und Entscheidungsmaßstäbe erwachsen sollten. Ohne emotionale Verpflichtung können Menschen, die einen Plan ausführen sollen, nicht entschlossen vorgehen und keine sinnvollen Entscheidungen treffen. Und diese emotionale Verpflichtung entsteht nur in der kontrovers geführten Auseinandersetzung um die Sache. In ihr wird das erzeugt, was sich alle Führungskräfte heute wünschen: Commitment. Diese gefühlsmäßige Bindung (leger, als soziologische Eselsbrücke übersetzt: dieses „Komm-mit-Mensch!") an eine Unternehmung ist kein rationales Lippen- beziehungsweise Loyalitätsbekenntnis dem Vorgesetzten gegenüber, sich einzubringen; keine freiwillige Selbstverordnung, der brav entsprochen würde; keine Gefolgschaft, sondern eine innere Überzeugung; eine Haltung, die normativ und emotional bindet.

Fehlgesteuerte Interaktionen bei den führenden Verantwortlichen sind meist symptomatisch für die Art und Weise, wie Entscheidungen im Unternehmen insgesamt gefällt werden. Es sind die Manager, die eine Kultur der Unentschlossenheit oder schlechter Entscheidungen erzeugen. Eine positive Entscheidungskultur lässt sich leichter beobachtend erkennen als beschreibend definieren (daher greifen wir auf Beispiele zurück). Sie fordert Kreativität, Präzisierung und verhilft vermeintlich zerstückelten und unzusammenhängenden Ideen zu Kohärenz. Sie deckt Spannungen auf, provoziert sie, spitzt sie zu – aber löst sie dann auch auf, und zwar dadurch, dass jeder relevante Gesichtspunkt zur Sprache gebracht wird. Ein solcher Dialog ist eher ein intellektueller Austausch (also eine gemeinsame Suche nach der – zu genau diesem Zeitpunkt – situativ angemessenen „Wahrheit", kein Wettstreit). Genau deswegen fühlen sich die Beteiligten dem Ergebnis emotional verpflichtet. Eine solche Kommunikation ist nicht förmlich (weil Förmlichkeit Ehrlichkeit und Emotionalität unterdrückt). Sie ist ehrlich, aber nicht im moralischen Sinne, sondern charakterisiert durch die Bereitschaft, das meist Unausgesprochene auszusprechen, mangelnde Tatkraft aufzudecken und Konflikte an die Oberfläche zu bringen, die den vermeintlichen Konsens untergraben (das, was Gerstner beim Board-Meeting vermisst hat). Das Fehlen genau dieser organisationalen Kompetenz, des *Deep Play*, lässt Gerstner an einem Erfolg zweifeln. Ehrlichkeit bedeutet, dass Menschen *ihre* Meinungen offenbaren und nicht das, was ihrer Meinung nach von ihnen erwartet wird. Sie trägt dazu bei, innere Abwehrhaltungen aufzulösen und zu unterbinden, die dann aufkommen, wenn Menschen Dingen zustimmen, an die sie sich keinesfalls halten wollen. Und zuletzt verhindert sie kostspieliges und produktivitätsminderndes Umwerfen und Dauerneubewerten von Entscheidungen.

> **Praxishinweis: Darum geht es**
> Um *Deep Play*, also die Erzeugung von Tiefenkompetenz, im Unternehmen umzusetzen, müssen a) fehlgesteuerte Interaktionen systematisch verhindert und b) Kommunikationsformen mit explorativem Potenzial, also ein erkundender Meinungsaustausch, aktiv gefördert werden. Dazu können Unternehmen
> 1. Diskussionskiller sanktionieren. Für *Deep Play* brauchen Sie Führungsinstrumente zur Eindämmung individueller Macht, taktischer Rede und nichtssagender Rhetorik: eine „nivellierte" Kommunikation. Unverbindliche Positionswechsel in Meetings; Zurückhalten von kritischen Informationen; strategisch inszenierte (angeblich „alternativlose") Einseitigkeiten machtvoller Führungskräfte, die ihre Position durchsetzen wollen; Dauerredner, Abschweifer, Spaltpilze und heimliche Lügner – all das sind Diskussionskiller, die *Deep Play* verunmöglichen. In Unternehmen bleibt häufig unverstanden oder sogar verdeckt, dass es dabei mitnichten um fehlendes Moderations-Know-how oder schlechte Verhandlungsführung geht („Machen Sie doch mal einen Kommunikationskurs!"). Zudem ist vielen Führungskräften dieses Klein-Klein im Team des Eingriffs gar nicht wert („Wir sind für Strategie zuständig"). Und wenn das Problem bis in die Führungsspitze reicht, greift unternehmensweit das Prinzip Wittgenstein (wovon man nicht sprechen kann, darüber muss man schweigen). Das mag nach Konsenskultur aussehen, jedoch: Hier sind Totengräber einer innovations- und exzellenzfähigen Unternehmenskultur am Werk.

2. die scheinbar natürliche, starke Verknüpfung einer Idee mit ihrem Erfinder lockern. Damit die Organisation Ideen an ihrer eigenen Tiefenkompetenz (und nicht etwa an dem, was ihr Erfinder damit meint) messen kann, muss eine Idee sofort in die „Verfügungsgewalt" der Organisation übergehen. Erst dann kann die Führungsebene anfangen, „Steine zu schleifen", denn der Schliff erfolgt durch die *Organisation* und deren Perspektive, nicht durch den Erfinder. In Sachen Kreativität und Innovationsgeist ist zwar jeder Einzelne gefordert, aber die Innovativität der Organisation entsteht gerade nicht aus der Summe vieler Einzelideen (also durch möglichst viele Genies im eigenen Haus oder ergiebige Kreativitäts-Workshops), sondern aus dem Resultat einer innovativen, tiefenkompetent verbundenen Mitarbeiterschaft – genauer: aus dem System ihres kommunikativen Miteinanders. *Das muss aber erklärt, explizit herausgestellt werden*; denn gerade in europäischen Unternehmenskulturen zählt traditionell die kreative Individualleistung, und eine Zurücknahme von deren Honorierung versteht zunächst keiner – vorprogrammierte Frustration. Die Exzellenz des Einzelnen hat sich *kollektiv* zu erweisen; das muss gezeigt und dorthin muss geführt werden. (Anmerkung: Ein solcher Wechsel hat immense Folgen für Personalbewertung und -Controlling.)
3. ihr Verständnis von Weiterbildung überdenken und ändern. Traditionell ist damit entweder eine Zusatzbefähigung des Einzelnen gemeint (Social Skills, Fachtraining) oder eine Ergänzung technischen oder ökonomischen Fachwissens (Know-how-Zuwachs). Im hiesigen Zusammenhang meint Weiterbildung etwas völlig anderes, nämlich die Mitarbeiter zunehmend zu befähigen, in Einklang mit der speziellen Kultur ihres Unternehmens zu agieren, also die *Vermittlung der eigenen Tiefenkompetenz*. Das geht nicht mittels Stoffvermittlung, schon gar nicht durch Externe, wohl aber durch einen speziellen Typ von Übungen: mittels einer zur Routine werdenden, geführten Bearbeitung interner Probleme. Regelmäßig aktuelle Schwierigkeiten im Führungskreis diskutieren und lösen (!) lassen, auch unter Zeitdruck. Eigene (!) Fallstudien bearbeiten. Anlässe schaffen, zu denen sich die Mitarbeiter immer wieder mit den Eigenarten, den ganz speziellen Problemen ihres Unternehmens auseinandersetzen müssen, aber auch mit den ureigenen Sichtweisen und Stärken konfrontiert werden, die nicht kopierbar sind und die Organisation ausmachen. Das Ziel: Sich intensiv mit den Eigenheiten der Organisation zu befassen, diese zu erkennen, sie proaktiv voraus- und mitbedenken zu können, wenn etwas Neues gewagt wird, und sich dadurch zwei Dinge zu erarbeiten: Schnelligkeit und Sicherheit im Handeln unter den jeweils eigenen Bedingungen von Ungewissheit.

2.2.2 Meinungsstreit: Straight Talk

Eine solche Form der Wirtschaftsorganisation hat eines gemein mit anderen säkularen Formen des Zusammenlebens in einer freiheitlichen Demokratie: Sie erfordert ein erhebliches Maß an Toleranz („keep cool"). Die Unternehmenskommunikation basiert auf Meinungen und dem Streit um beste Lösungen; und dabei muss man sich oft mit, gelinde formuliert, äußerst kuriosen Beiträgen herumschlagen. Insbesondere die Offenheit für Auseinandersetzungen, geradezu das Heraufbeschwören von Konflikten, das die hier präsentierten Vorbilder zelebrieren, ist irritierend. Das Ringen um die beste Lösung ist ihnen einerseits Zeichen einer gesunden Unternehmenskultur, andererseits – und das ist wichtiger – bietet die offene Auseinandersetzung um das beste Resultat den Verantwortlichen die Gelegenheit, den von ihnen propagierten Diskussionsstil zu demonstrieren und die Maßstäbe, über die diskutiert wird, *zu beeinflussen*. Die *Führungs*kraft zeigt die Kriterien auf, denen die Unternehmensentwicklung folgen soll; und der Meinungsstreit ist das Instrument dafür.

Wirklichkeit definieren

Führungskräfte müssen deutlich machen, wie sie die Wirklichkeit verstehen und diese danach formen. Die Mitarbeiter von Apple nannten die spezielle Art, die Steve Jobs praktizierte, „Reality Distortion Field" (nach einer „Star Trek"-Episode, in der Aliens sich durch reine Willenskraft eine neue Welt erschafften). Jobs war in der Lage, jeden von fast allem zu überzeugen; mehr noch: Mithilfe seines *Reality Distortion Fields* konnte er, laut Mitarbeitern, „die Realität *wirklich* verändern". Es bestand aus einer verwirrenden Mischung aus charismatischer Rhetorik, unbeugsamem Willen und der Bereitschaft, die Fakten jederzeit so zu verdrehen, wie er sie brauchte. (Fakten zählen wenig, manchmal nichts; zu diesem Konstruktivismus kommen wir noch genauer.) Wenn er mit einem Argument nicht weiterkam, wechselte er zu einem anderen. Manchmal überrumpelte er seine Mitarbeiter, indem er schlagartig die Position eines anderen zu seiner eigenen machte und abstritt, jemals anders gedacht zu haben. „Wenn du ihm von einer neuen Idee erzählst, sagt er dir meistens, er halte sie für Blödsinn. Wenn er sie aber eigentlich gut findet, kommt er eine Woche später zu dir und schlägt sie dir vor, als sei es seine eigene" (Andy Hertzfeld, Teammitglied). „Wies ich ihn darauf hin: ‚Steve, das habe ich dir doch letzte Woche vorgeschlagen', erwiderte er nur ungeduldig: ‚Ja, ja, ja' und redete einfach weiter" (Bruce Horn, Programmierer).

Man könnte meinen, das seien prägnante Beispiele für Jobs Skrupellosigkeit, Arroganz oder mangelndes Einfühlungsvermögen; beziehungsweise dafür, dass er dazu neigte, schlichtweg zu lügen. Aber trifft das den Kern? Er behauptete Dinge, ohne sich darum zu kümmern, ob sie „objektiv" stimmten. Er ignorierte absichtlich die Realität. Er verschaffte sich, paradox formuliert, einen realen Zugang zu einer irrealen Welt. Und er tat dies aus rein praktischen Motiven. Seine Realitätsverzerrungen führten zu unrealistischen Voraussagen, zum Beispiel über die benötigte Entwicklungszeit eines Produkts. Alle (außer ihm?) wussten, dass das eigentlich unrealistisch war, aber irgendwie realisierte er es dann doch. Einige beschrieben den Zustand im *Reality Distortion*

Field als „wie hypnotisiert"; eine „sich selbst erfüllende Verzerrung" (self-fulfilling distortion). „Wir schafften das Unmögliche, weil wir gar nicht bemerkten, dass es unmöglich war" (Debi Coleman, Teammitglied).

Gemäß der altdeutschen Weisheit: „Was uns nicht umbringt, macht uns nur härter" wurden diejenigen, die Steve Jobs mental nicht ruinierte, dadurch stärker. Sie arbeiteten besser. „Sein Verhalten kann einen emotional fertigmachen, aber wenn man es überlebt, funktioniert es" (Joanna Hoffman, Teammitglied). Debi Coleman erhielt 1983 einen Apple-internen Preis für Leute, die sich Jobs gegenüber am besten behaupteten. „Ich hatte gelernt, dass man für seine Überzeugungen einstehen muss, um von Steve respektiert zu werden. Seitdem befördert er mich", sagt sie dazu. Hertzfeld ergänzt: „Es ging nie darum, [...] möglichst viel Profit herauszuholen; es ging um das Bestmögliche oder darum, noch ein bisschen besser zu sein". Dazu passt: Privat wie beruflich umfasste der innere Kreis von Steve Jobs Freunden und Kollegen viele starke Persönlichkeiten, aber kaum Schmeichler (Hertzfeld et al. in Isaacson 2011, S. 145–151).

Die „Wahrheit" oder das, was „wirklich" ist (zum Beispiel, was im Umfeld des Unternehmens passiert), hat Unternehmer wie Jobs nie sonderlich interessiert. Seine Schimpftiraden über Marktforschung sind legendär. Diese Einstellung wird allerdings in aller Regel dem extraordinären „Genie" Steve Jobs und seiner speziellen Persönlichkeit zugeschrieben und nicht dem – genuin kalifornisch-amerikanischen – Unternehmensleitbild, das hier zur Geltung kommt. Ihm ging es stets darum, jeweils das Beste zu tun; und das hat nichts mit dem gemein, was andere „die wahre Wirklichkeit" nennen. Apples Wirklichkeit definiert ausschließlich das Apple-Team – auf eine ganz spezielle, unnachahmliche Weise: Im *Deep Play* und in *Straight Talks* (letzterer Begriff entstammt einer Notiz von Louis V. Gerstner, IBM, der dem gleichen Mindset anhing). Dabei ist unerheblich, wer genau was wann gesagt hat. Das, was „wirklich" ist, ist hier radikal organisationspraktisch gemeint *(was wir am Ende tatsächlich realisieren, und zwar im bestmöglichen Sinn)* und unvermeidlich gebunden an Ort, Zeit und Menschen, die es betrifft. Es ist radikal subjektiv. Nur auf dieser Basis lässt sich Zukunft überhaupt entscheiden, denn nur so wird das, was man anpeilt, überhaupt in einem *praxisrelevanten* Sinne wahrscheinlich.

Realität entsteht im Abschleifen der eigenen Steine – denn andere Steine existieren im eigenen Sinn- und Entscheidungsraum nicht, daher sind jene schlichtweg irreal (=irrelevant). Was also abgeschliffen wird, ist im Grunde die sich dauernd aufdrängende Orientierung am Außen. Polierte Steine sind das, was herauskommt, wenn man die verstaubte, ergraute, normale beziehungsweise sich fortwährend „normalisierende" Außenschicht abhobelt, die eigene Tiefenkompetenz zum Vorschein bringt und damit das allgemeingültige Da-Draußen ignoriert und einfach „schlechte Realität" (Hegel) sein lässt.

> **Praxishinweis: Darum geht es**
> *Straight Talks* sind Kommunikationen, die soziale Dissonanzen fördern und zelebrieren. Die Kontroversen kommunikativ „ausbreiten": Weil man weiß, welche

entscheidende Bedeutung sie besitzen (nämlich Katalysator zu sein für radikale Innovation und Exzellenz). Dafür muss das Unternehmen die – gerade in Europa extrem normierten – Konsensmuster aufbrechen. Solche Auf- und Unterbrecher gibt es in sanfter und rabiater Form:

1. Die Selbstzensur abstellen (Voraussetzung). Wenn die Führungsebene bei Entscheidungen mit hoher Tragweite frühzeitig mit eigenen Ansichten vorprescht, muss sich niemand wundern, wenn es anschließend nicht mehr zu Meinungsverschiedenheiten kommt. Und wenn in der Vergangenheit abweichende Positionen sanktioniert wurden, ist, um aufrichtige Gespräche zu initiieren, ein glaubwürdiger Kulturwechsel vonnöten. Für *Straight Talks* muss häufig das Organisationsgedächtnis bearbeitet und gefiltert werden; man kann nicht per Knopfdruck auf Dissonanz „umstellen".

2. Bei Abschlüssen, Vorschlägen, Entscheidungen oder Projektbeendigungen Fragen stellen nach Alternativen, Risiken, präzisen Instrumenten für die Umsetzung, möglichen Nebeneffekten: den Konsens konstruktiv aufbrechen (sanfte Variante). Denn Dissonanz *direkt* zu prämieren ist riskant: Bei den betroffenen Mitarbeitern entsteht in unserer Soziokultur sonst der fälschliche Eindruck, es gehe lediglich darum, Konsens radikal durch Dissens zu ersetzen – „Dissens ist jetzt der neue Konsens". Das aber ist nicht das, was Unternehmen für *Straight Talks* brauchen.

3. Die Teammitglieder „primen" (massive Variante). Damit ist jene Kunst gemeint, mit der bestimmte Gedanken oder Assoziationen in einem Menschen geweckt und dadurch seine Verhaltensweisen beeinflusst werden können. (Das *Reality Distortion Field*, das Jobs aufzubauen wusste, ist ein solches Priming-Instrument – womit er demonstrierte: „Ich mache das Unmögliche möglich; und genau das erwarte ich auch von euch.") In innovativen Unternehmen ist die Leitlinie nicht, vernünftig miteinander auszukommen (allerdings ist sie das in vielen deutschen Unternehmen; zumindest oberflächlich). Vielmehr geht es darum, womöglich voreilige Meinungskonvergenzen systematisch infrage zu stellen, kritisch zu sein, Einsprüche zu formulieren, Alternativen einzubringen; dazu muss man anspornen, das muss man vorleben, zeigen, loben, belohnen – und aushalten! Jobs hat es brachial durchgesetzt, was nicht jedermanns Sache ist. (Ganz zu schweigen vom Thema „Gender Role".)

2.2.3 Umfeldkompetenz

Welchen Stellenwert haben Informationen aus dem Umfeld des Unternehmens für die Entscheidungsfindung? Es gehört inzwischen zu den nahezu unverrückbaren Glaubenssätzen des modernen Managements, dass die Organisation durch Beobachten und periodisch praktiziertem Scannen externer Veränderungen Aufschlüsse über die Erfordernisse

2.2 Entscheiden als Selbstverbesserung

des internen Wandels entwickeln soll. Laut diesen Überlegungen muss die Organisation unbedingt „in-tune" bleiben zu ihren Umfeldern, was bedeutet: Sie „muss" sich mit entwickeln und Schritt halten; sie muss, gemäß des externen Wandels, *lernen* – und zwar nicht nur hierarchisch „oben", sondern überall und stetig; sie muss ihr Wissen durch äußere Anstöße erweitern und organisieren, muss Feedbackschleifen verankern und noch vieles Andere (Argyris und Schön 2008; Senge 2008 und andere mehr).

Entscheidungshandeln im hiesigen Kontext meint etwas anderes. Ein Signal aus der Außenwelt (Trend, Monitoring- oder Datenanalyse-Ergebnis) wird nur dann wahrgenommen, wenn es relevant ist für die eigene Wirklichkeits*konstruktion*; wenn es etwas illustriert, etwas besonders betont oder in anderem, interessanten Licht erscheinen lässt; wenn es anschließt an das, *was intern ohnehin gedacht und diskutiert wird*, was im Inneren der Organisation wichtig ist und um das im Entscheidungsteam gestritten wird. Mit anderen Worten: Wenn es für das eigene System Sinn macht. *Wenn es dazu passt.* Der Startpunkt ist also kein beobachtbares Phänomen irgendwo in der Welt, sondern ein vorhandener Bewertungsmaßstab innerhalb des organisationalen Systems. Daher sollte oberste Priorität für jede Organisation sein, sich Klarheit über das eigene Entscheidungsprofil, das heißt die zentralen Urteilskriterien zu verschaffen (diese aber auch fortwährend nachzujustieren und vital zu halten), um Wandlungsphänomene der *eigenen* Leitperspektive gemäß einordnen zu können.

Unternehmen solchen Typs sind deshalb keine Anhänger von Trends (lieber setzen sie selbst welche). Wenn sie überhaupt mit ihnen arbeiten, erforschen sie mit Trends, Prognosen und Marktdaten nicht die Realität, sondern *ihre eigenen Vorstellungen davon*: Es sind Sonden in die eigene Organisations-„Seele", nicht mehr. Eine fast vollständige Passung zwischen Innen und Außen ist daher zumeist Zufall. So funktioniert Komplexitätsbewältigung: Alles, was nicht zu uns passt, wird nicht weiter verfolgt. Aber: Dieser Filter wird via Führung penibel und äußerst rigide überprüft, und zwar andauernd. Eine solche Organisation legt sich *kontrolliert* (zu dieser Art von Kontrolle vgl. Abschn. 2.4) eine eigens getönte Brille zu, mit der sie die Welt betrachtet, und durch die das meiste von außen gar nicht eindringt. Die im konventionellen Managementdiskurs so zentrale Unterscheidung zwischen Innen und Außen wird damit aufgehoben: Die „ganze Welt" wird im Innenraum der Organisation konstruiert. (Systemtheoretiker sprechen hier vom Paradox der „Offenheit durch Geschlossenheit".)

Die Garantie, dass eine solche Organisation mit diesem Prinzip nicht den Anschluss an die reale Außenwelt verliert, sich in verschrobene Binnenfantasien versteigt und ihre Wettbewerbsfähigkeit riskiert (wofür es auch zahlreiche Beispiele gibt; siehe die Schicksale von Kodak, Quelle oder der extrem späte Einstieg in den E-Commerce bei Metro oder Mediamarkt), liegt in einem speziellen Grundverständnis von Entscheiden, Handeln und den handelnden Akteuren: Das Unternehmen versteht und nutzt seine Mitarbeiter prinzipiell als Mitglieder einer konkreten, spezifischen Gesellschaft. Dies meint keine Banalität: Wirtschaft wird hier nicht als eine besondere, von der Gesellschaft *abgetrennte* Sphäre verstanden, sondern Gesellschaft ist deren natürliche *Grundlage* (ein „sozialwissenschaftlich" grundiertes Verständnis von Ökonomie – eben eine romantisch-dynamische

Ökonomie eines weltumfassenden, kulturbildenden Handelsgeistes, vgl. Abschn. 2.1). Die Garantie, dass sich die Organisation nicht in der eigenen Weltsicht verliert, sind *ihre Mitglieder.*

Am Tisch im Studio von Steve Jobs sitzen keine umweltsensiblen „Monaden", keine Mars-Menschen, sondern Mitarbeiter aus Fleisch und Blut der globalisierten Gesellschaft. Sie kommen aus unterschiedlichen Kulturen, aus dem amerikanischen „Melting-Pot", haben Familien, Kinder, Hobbies, Freunde, Bekannte und Interessen, sind engagiert in politischen, gesellschaftlichen Gruppierungen oder in Vereinen: Teilhaber an ganz unterschiedlichen sozialen Systemen, deren Kenntnis sie in die Organisation einbringen. Und *nur, wenn sie das auch aktiv tun,* hat die Organisation eine Chance zu überleben (nicht, weil die Organisation ein besonders gutes Controlling macht; nicht, weil sie einen besonders klugen CEO aus Harvard einstellt; nicht, weil sie das beste Data-Mining implementiert; auch nicht, weil sie effektive Wirtschaftsspionage betreibt; auch nicht, weil sie über das ausgefuchsteste Wissensmanagement verfügt, durchgängig 360-Grad-Feedbacks initiiert oder neumodisch Paradoxien liebt und sich immer bewusst hält, wie viel sie *nicht* weiß und ganzheitlich denkt…). Die Organisationsmitglieder garantieren die Überlebensfähigkeit der Organisation dadurch, dass sie sie resonanzfähig, also aufnahmebereit halten für die Belange der Gesellschaft, *diese sozialen Impulse aktiv und selbständig in die Organisation hineintragen und dabei in Organisationssinn übersetzen: intern verstehbar machen.* Die Maximallinien dieser Belange, so utopisch sie in der Gegenwart auch anmuten mögen, heißen „Moonshots" – und sind gesellschaftlicher Herkunft, keine Ergebnisse aus internen Kreativ-Workshops. Moonshots steigern und maximieren lediglich *bereits vorhandene* soziale Ideen. Die Organisation „erfindet" sie also nicht; der unternehmerische Beitrag ist lediglich das Weiterdenken, die Übersteigerung ins utopisch Konkrete. Sie stehen für Mitarbeiterideen aus verschiedenen sozialen Teilbereichen bezüglich dessen, was grundsätzlich noch möglich, für andere Menschen nützlich, kulturell attraktiv und unternehmerisch für die Organisation lohnend sein könnte. Was aus all dem, was draußen von Interesse ist, nur zu dieser Organisation passt. In Kalifornien verdichten sich Unternehmen, die diese Möglichkeiten systematisch sammeln und sich ihnen *ökonomisch* widmen.

Das maßgebliche Kapital des Mitarbeiters ist demnach auch nicht in erster Linie sein sachliches Wissen, sein Know-how, die fachliche Expertise (zum Vergleich beider Modelle von Umfeldkompetenz vgl. Abb. 2.4). Google etwa betont, neuen Mitarbeitern die nötigen Spezialkenntnisse betriebsintern auch selbst vermitteln zu können. Auf den MBA einer angesehenen Business School reagiert das Unternehmen daher skeptisch. Gesucht werden stattdessen Leute mit Profil, Ecken, Kanten und Eigenwilligkeit: Mit erkennbaren Neigungen, Vorlieben, Talenten, besonderen Interessen. Genau das kann die Organisation nicht selbst hervorbringen; hierfür ist sie auf die soziale „Einbettung" ihrer Mitarbeiter angewiesen, auf genuin gesellschaftliche Ressourcen – sie sind der Humus der Organisation. Exzellenzfähige Unternehmen bestehen aus Mitarbeitern mit der Fähigkeit, sich hochgradig flexibel und anpassungsfähig *in unterschiedlichen sozialen Systemen* zu bewegen: Sich in kooperative Zusammenhänge einzufügen, schnell diverse Vokabulare und Mindsets zu erfassen, diese parallel zu halten und mit ihnen zu spielen, sie mitzugestalten und

2.2 Entscheiden als Selbstverbesserung

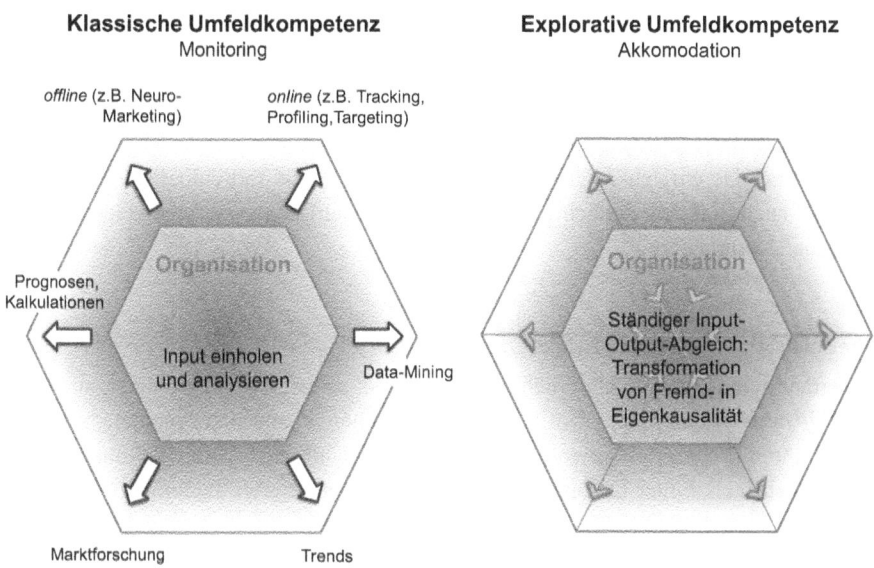

Abb. 2.4 Umfeldkompetenz im Vergleich

zu verändern. Wenn sie das in einer Tätigkeit bereits „geübt" und unter Beweis gestellt haben, sind sie für die Organisation attraktiv; ganz gleich, in welchem Sektor das war. Der Grund: Deren organisationale Transferfähigkeit, soziale Belange in ökonomische umzuwandeln. Die Organisation braucht Mitglieder, welche die Gesellschaft, ihre Bedürfnisse, ihre Nöte und Wünsche – „die" Umwelt – in die Organisation tragen; mit anderen Worten sozial kompetente Wesen. Mit der hiesigen Parodie, den sogenannten „Social Skills", hat das wenig zu tun. Mitarbeiter sind die internen Stellvertreter, „Übersetzer", „Diplomaten", „Translatoren" (Schimank 1992) der Umwelt ins wirtschaftliche System; Transmissionsriemen für das Leben „da draußen" und den externen Bedarf. Wenn der Modebegriff der Partizipation unternehmerisch überhaupt Sinn macht, dann diesen: Sich als an der Gesellschaft partizipierender Einzelner in die Organisation engagiert einzubringen (aber nicht, rein formalistisch, an Entscheidungen beteiligt zu werden. Die hier beobachteten Unternehmer haben dieses Missverständnis geradezu verachtet).

Diese groben Linien definieren auch den HR-Bereich, also die Einstellungspolitik. Wie verhält sich jemand, wie beteiligt er sich an Kommunikationen? Die Antworten darauf sind einstellungsrelevant und ausschlaggebend – nicht formale Zeugnisse. Denn in Dialogen im Entscheidungsraum spielt beinahe alles Gesellschaftliche eine Rolle: Vorlieben, Neigungen, Interessen, Macht, Ehre, Ruhm, Neid, besondere Begabungen, moralische Überzeugungen, Zuneigungen, Abneigungen, Gefühle aller Art. Die Organisation *braucht* diesen gesellschaftlichen Humus. Die Fähigkeit der Mitarbeiter, über dieses soziokulturelle Know-how die Organisation ans gesellschaftliche Ganze – Europäer würden sagen: ans Gemeinwohl – anzuschließen, definiert Umfeldkompetenz. Solange die Individualismen und mitunter kruden subjektiven Ideen der Menschen nicht ins Private abgeschoben („das interessiert uns hier nicht"), sondern gefordert und ökonomisch eingebunden werden, funktioniert das wirtschaftliche Organisationssystem. Die Individualismen sind der Brückenkopf nach draußen, der echte Innovationen (an der Grenze zwischen Gesellschaft und Wirtschaft) katalysiert.

> **Fallbeispiel: Strategiebildung bei der Daimler AG (1)**
>
> Zur Verdeutlichung sei ein Unternehmensbeispiel skizziert, das, im Kontrast, auch das *wirtschaftswissenschaftliche* Profil der kalifornischen Position beleuchtet. Seit den 1970er Jahren wechselten sowohl Führungspersonal als auch Strategiekonzepte bei Daimler mehrfach. Unter Edzard Reuter wurde ein „integrierter Technologiekonzern" geschaffen; unter Jürgen Schrempp – ganz im Gegenteil – auf das Kerngeschäft Automobilität fokussiert; und heute, unter Dieter Zetsche, gelten operative Optimierung und Shareholder Value als wichtige Orientierungen. Die Definition des strategischen Korridors ist eine typische Zukunftsentscheidung; und im Fall der Daimler AG lässt sich sagen, dass dreimal hintereinander die konzeptionelle Ausrichtung fundamental geändert wurde. Ist das mit Blick auf unsere Perspektive, beziehungsweise die Frage nach Umweltkompetenz, nun strategisch gut oder schlecht?
>
> Eine klassisch ökonomietheoretische Position, die unserer europäischen Perspektive nahesteht, nutzt *vorhandene Theoriemodelle* zur Kontrolle, ob die jeweiligen Handlungsschemata objektiv „zur situativen Notwendigkeit (!) [passen]", wie der Wirtschaftswissenschaftler Scholz (2014, S. 42) betont. Mit anderen Worten: Ausgehend von der theoretischen Trennung von deskriptiver Darstellung und normativem Ratschlag überprüft der Ökonom paradigmengemäß – ganz „sauber" – das Verhältnis von Theorie und Praxis, ausgehend von der Theorie, wissenschaftlich ausgewiesenen Lehrmeinungen. Entspricht das Handeln den einschlägigen Konzepten? Mit welchem Ergebnis? Und was lässt sich daraus folgern oder empfehlen? Gemäß der instruktiven Analyse von Scholz können beispielsweise erstens der Transaktionskostenansatz, zweitens verhaltenswissenschaftliche Modelle („Darwinismus" und „Opportunismus") und drittens organisch systemische Ansätze als Prüfsteine dienen, um die Angemessenheit des Handelns zu bewerten; mit positivem Befund. Nach deskriptiver Darstellung des Wirtschaftstheoretikers wurde alles richtig gemacht – und deshalb lautet sein normativer Ratschlag: Weiter so! Schließlich „korrespondiert das Verhalten von Daimler strikt mit den Empfehlungen der drei Modelle" und daher [!] der situativen Notwendigkeit. Hervorgehoben wird insbesondere, „dass sie sich zueinander stimmig verhalten, sich also in ihrer Aussage und in ihrer Implikation nicht widersprechen und somit tatsächlich alle gleichzeitig – und verstärkend – realisierbar sind" (Scholz 2014, S. 42). Nicht nur wurden die eigenen theoretischen Prämissen bestätigt, sondern die Ergebnis-

2.2 Entscheiden als Selbstverbesserung

se sind auch noch kohärent, „objektiv" *und* lassen Handlungsempfehlungen zu. Mehr geht nicht.

Die Zirkularität solcher „Wissenschaft" soll hier nicht thematisiert werden (vgl. etwa Feyerabend 1986; Rorty 1987 und viele andere). Hier geht es in praktischer Blickrichtung lediglich um die Frage: Ist ein solches Wissenschaftsverständnis alternativlos? Und: Hätte eine Alternative praktische Vorteile? Die bisher beobachteten amerikanischen Unternehmen stehen zumindest praktisch ganz woanders – und dem sollte dann doch auch ein anderes Wissenschaftsverständnis entsprechen. Die bisher skizzierte Daimler-Sicht: Das Unternehmen orientiert sich an etablierten, ökonomischen Maßstäben, wie an den Herausforderungen durch den globalen Markt (Reuter), an unternehmerischer Effektivität und Effizienz (Schrempp) oder an Unternehmenswert und Interessengruppen (Zetsche). Für diese wirtschaftlichen Orientierungen existieren diverse wissenschaftlich erforschte Modelle; und da nicht alles gleichzeitig machbar ist und berücksichtigt werden kann, postulieren Ökonomen, dass man sich für ein gut belegtes Modell daher entscheiden müsse, jedenfalls keine „wilden" Hypothesen aufstellen solle, und sich an dem orientieren möge, was *die Situation gerade* erfordert (was draußen hat sich verändert?). Die Handlungserfordernisse gehen damit zurück auf *feststehende Theorien* und *Erklärungsmodelle* (1) sowie auf konkrete wirtschaftliche Ereignisse oder Gegebenheiten, also *sich verändernde Umfeldbedingungen* (2) wie etwa Globalisierung, steigenden Effizienzdruck oder Ähnliches. Man erstellt für (2) eine Präferenzliste (was ist am wichtigsten?), entscheidet sich mit deren Hilfe und fängt an.

Unsere Beobachtung von Unternehmer-Vorbildern legt nahe zu prüfen, ob dieses (klassische) Entscheidungsmodell stimmig ist. Sinnvoll ist es ja nur dann, wenn sich logisch ausschließen lässt, dass gleiche unternehmerische Ergebnisse unterschiedliche Ursachen haben können; oder dass gleiche Ursachen oder Ereignisse in einem Unternehmen zu ganz verschiedenen Folgen führen. Sollte man nicht annehmen, dass in heutigen dynamischen, unsicheren, komplexen, also „volatilen" Entscheidungssituationen so etwas – also: derselbe Output bei verschiedenartigen Ursachen; unterschiedliche Unternehmensperformance bei gleichen Beweggründen – an der Tagesordnung ist? In der Wirtschaftswissenschaft wird das jedoch nicht überall so gesehen. Beispielsweise lässt sich nach dem Sinn einer Präferenzliste fragen: Ist es überhaupt möglich, Regionalisierungs- beziehungsweise Globalisierungseffekte gegenüber Effektivität- und Effizienzerwägungen oder gegenüber Stakeholder-/Shareholder-Perspektiven und andere Differenzen abzuwägen und auszuspielen? Mit was ist zu rechtfertigen, dass aktuell etwa „Optimierung" der „Expansion" vorgezogen wird? Zur Erinnerung: Entscheidungskriterien sollen in der Wirtschaftswissenschaft möglichst objektiv sein. Daher wird eine Anzahl an Alternativen festgelegt, den einzelnen Optionen werden Präferenzwerte zugeordnet und gemäß Optimierungskriterium und Maximierungsvorschrift wird versucht, die Entscheidung nach „rationalen" Gesichtspunkten bestmöglich zu fällen. Das verstandesmäßig regelhafte Abwägen in klassischen Entscheidungsprozessen relationiert und operationalisiert also solch unterschiedliche Faktoren wie interne Ineffizienz, Kostendruck, Innovationsbedarf, sich verändernde Motive der Kunden,

Marktwandel, Expansionserfordernisse, technologische Disruptionen und anderes mehr – und postuliert, diesen Warenkorb gefüllt mit Äpfeln, Birnen, Litschis, Cranberries und Durians auf einen Nenner bringen, also vergleichen, bewerten und in eine Wertigkeitsrangfolge bringen zu können. Ist das womöglich wahre Entrepreneurship?

Eher scheint wohl, dass dies alles ziemlich unübersichtlich ist, manchmal paradox – und dass vielleicht auch *alles gleichzeitig* stimmt: Die Globalisierung schreitet voran und im selben Zuge bilden sich extreme Lokalkolorits und Sondermärkte (Koinzidenz von „Globalisierung nimmt zu" und „Globalisierung nimmt ab"). Praktisch-konkret ist das bemerkenswert „unscharf" und alles andere als objektiv definierbar; rational im herkömmlichen Sinne ist es auch nicht; und für das traditionelle zweiwertige (entweder-oder) Weltbild ist es im Grunde nicht anschlussfähig.

Was für einen Sinn soll es machen, sich zwischen all dem zu entscheiden? Entscheiden könnte man indes auch anhand eines feststehenden, hinsichtlich dieser vielen Differenzierungen externen Maßstabs; nämlich wenn man weiß, wie man selber tickt und was man sucht oder benötigt: *Wofür Daimler steht*. Wenn man einen internen, standpunktartigen Urteilsmaßstab hätte für das, was Neues passieren soll. Für was also steht die wirtschaftliche Organisation Daimler? Für ein Produkt: Maschinen auf Rädern? Für spezialisierte IT: intelligente Mobilitätssysteme? Für ein soziokulturelles Mindset: die technologische Maximierung der menschlichen, künftig womöglich der gesellschaftlichen Fähigkeit, mobil zu sein, sich „im Raum" zu bewegen (was immer das heißen mag – in Bezug auf offline/online, physisch/psychisch oder anderes)? Für milieuspezifische „Refeudalisierungen" von Status (High End für „ältere Herren" oder Oberschichten in aufstrebenden Ländern)? Nota bene: Diese Optionen sind nicht polemisch gemeint. Aus externer Perspektive lässt sich das nicht beurteilen. Mit Blick auf die Strategiegeschichte dieses Konzerns liegt allerdings der Verdacht nahe: Das Führungspersonal war dazu auch nicht immer in der Lage – und experimentierte mit strategischen Konzepten. Und insofern, also *wenn der eigene Standpunkt nicht geklärt ist*, mögen die zahlreichen klassischen ökonomischen, empirisch „validierten" Erklärungsmodelle immerhin als probate Mittel und hilfreiche Auswege dienen. Mit Blick auf zeitgemäße Komplexitätsanforderungen und gutes Entscheiden in Langfristperspektive erweisen sich diese Auswege aber womöglich immer häufiger als „Last Exits". Zeitgemäße Entscheidungstheorie sieht anders aus. (Wir kommen auf dieses Beispiel zurück, vgl. Abschn. 3.2.4.)

Organisationen können somit ganz grundlegend als Systeme verstanden werden, deren Ordnung darin besteht, dass deren Elemente zum Erfolg des Systems beitragen (Alsleben und Wehrstedt 1966, S. 38). Das meint jedoch keine mathematische Mengenlehre. Der Soziologe Luhmann präzisiert deshalb Organisationen als Systeme der Transformation von „Können in Kommunikation" (Luhmann 2011, S. 317): Aufgrund ihrer Ressourcen und mithilfe von Führung befördern Organisationen die Fähigkeiten der einzelnen Mitglieder *entlang ihres eigenen organisationalen Sinns*. In wohl definierten Verfahren des Zusammenkommens, Redens und Handelns – funktional gesprochen: in hochspezifischen Entscheidungsprozessen – ermöglichen sie Ergebnisse gemeinsamer Praxis, die einem Einzelnen nicht möglich wären. Sie maximieren das gemeinschaftliche Können. (Neben dem sozialen Labor Apple ist die amerikanische TV-Krankenhausserie Dr. House ein anderes anschauliches Beispiel dieses Modells kollektiv produktiven Gemeinschaftshandelns unter rigider Führung: Das Team ist Grundlage und Bedingung der Möglichkeit scheinbar genialer Einfälle des Meisters – die aber eben keine Geniestreiche sind, sondern Nutzungen und Umformungen des Team-Inputs. Dr. House „surft" auf den menschlichen Problemen seiner Mitarbeiter. Wenn keine Konflikte da sind, provoziert er welche, spielt Leute gegeneinander aus und intrigiert – damit seine Stabsmitglieder die persönlichen Konfrontationen auch auf fachlicher Ebene fortsetzen, und stets, aufgrund von Konkurrenz und Selbstbehauptung, andere Ideen als ihre Kontrahenten generieren: Konfliktuöses, „asoziales" Verhalten als Mittelbeschaffung für radikale Innovation. Nochmals: Man muss das nicht gut finden, aber man sollte es verstehen – zumindest dann, wenn diese Form der Ökonomie Weltgeltung erlangt.)

> **Stellenwert von Organisationen**
>
> „Corporations, as distinct organizations of our society, do certain things better than all other parts of our society. Most important, they know how to plan, manage resources, communicate to constituencies, and conduct many other productive activities that are also required by nearly all nonprofit organizations. Skills in these areas are very important to charitable organizations, but such skills are rarely found in sufficient quantities to allow the emergence of successful, self-renewing organizations", so der Ex-IBM-Chef Gerstner (2003, S. 273).

Fähigkeiten dieser Art sind die Basis von Exzellenz – extrem selten und sicher kontrovers. Derart geführte Organisationen können in der Tendenz diktatorisch sein, hierarchisch-demokratisch oder netzwerkartig agil; der kulturelle Stil ist vom Mechanismus unabhängig. In jedem Fall gilt: Organisationen können mit diesen Fähigkeiten zu Katalysatoren der sozialen Evolution werden. Sie sind eine Erfindung von Menschen, um ihre Fähigkeiten gemeinschaftlich zu maximieren. „Moonshots" kann es nur organisiert geben – allein wird es keiner zum Mond oder Mars schaffen. Eine Organisation, die das verstanden und verinnerlicht hat, orientiert sich strikt an den eigenen Kompetenzen und dem damit verbundenen Potenzial, nicht an der „Wirklichkeit", dem „Trend", der „Rationalität" oder anderem: also an der Komplexitätseskalation „draußen". Denn all das bedeutet für das wirtschaftliche System – *ohne* Selbstselektion der Informationen und eigene Maßstäbe – lediglich „Rauschen".

> **Stimmen zu Umfeldkompetenz**
>
> Steve Jobs: „Hört auf, eure Kunden zu befragen. Kunden wissen gar nicht, was sie wollen – ihr müsst es ihnen *zeigen!*"

Ein McKinsey-Berater der frühen Tage zu Zeiten des Gründers Marvin Bower: „Wir lernen nicht von unseren Klienten. Ihre Standards sind nicht hoch genug. Wir lernen von den anderen McKinsey-Partnern."

Ein deutscher Silicon-Valley-Besucher 2013: „Leidenschaftliche Ingenieure oder Naturwissenschaftler [...] interessieren sich weniger für Wirtschaft. Das Produkt als solches fasziniert sie. Sie wollen die optimale Lösung schaffen. Sie verlieben sich in ein Thema. Sie können sich gar nicht vorstellen, etwas anderes zu machen. Sie denken vom Produkt her, nicht vom Finanzergebnis. [...] Überzeugungstäter, die voller Verachtung auf die Wall Street schauen, aus ihrer Sicht ein Symbol einer betriebswirtschaftlich gesteuerten Welt. Sie glauben, die Menschen dort hätten keine echte Aufgabe und keinen inneren Auftrag. Mit solchen Leuten wollen sie möglichst wenig zu tun haben. [...] In den Augen vieler Besucher aus Deutschland hat dieser Technikerkult etwas Bizarres. Wer passt denn auf, dass mit dem Geld kein Unfug geschieht?, lautet eine oft gestellte Frage. Deutsche sind irritiert, wenn der Kaufmann, der für Ordnung sorgt, nicht zum Top-Team gehört. Auf solche Fragen reagieren kalifornische Gründer regelmäßig mit Kopfschütteln. [...] ‚Erst, wenn wir unser Geld für unvernünftige Dinge ausgeben, kommt etwas Vernünftiges heraus', sagen sie. [...] Steve Jobs ist von seinen Aktionären bei Apple sogar einmal gefeuert worden, weil er zu viel Geld für etwas Unvernünftiges ausgegeben hat – es war der Macintosh, später einer der größten Erfolge des Unternehmens." (Keese 2014, S. 103 f.)

Im Zukunftsforschungslabor „Google[X]" liegt der Fokus nicht auf Machbarkeit oder Rendite, sondern dezidiert auf dem Entdecken des Fantastischen, Unglaublichen, das es unternehmerisch zu realisieren gilt. Umwelt, beziehungsweise die relevanten Umfelder des Unternehmens, werden *intern exploriert* und *definiert*, aus eigener Sicht bestimmt – und nicht gemessen oder „gemonitort". Sie sind dezisionistische Setzungen, an denen sich die eigene Zentralperspektive fortan orientiert. Bei Steve Jobs oder dem japanischen Ausnahme-Unternehmer Matsushita, unter anderem Gründer von Panasonic, waren das die Kunden – und zwar nicht, was diese sagen oder wollen, sondern was sie *aus Sicht der Experten* im Unternehmen *brauchen;* ihre Bedürfnisse und das, was ihnen helfen würde. Genau das zeigen solche Unternehmen erstmalig, als Pioniere, auf. Die Motivation bei beiden war, durch ökonomisches Handeln etwas zu einer besseren Gesellschaft beizutragen.

Stellenwert von Gesellschaft

Steve Jobs: „Es geht darum, dass Apple versucht, das Richtige für seine Nutzer zu tun". – „Wir machen [diese Dinge], weil wir großartige Produkte herstellen wollen, weil wir den User ernst und wichtig nehmen und weil wir die Verantwortung für die gesamte Erfahrung übernehmen wollen, statt solchen Mist zu produzieren, wie es andere tun". – „[Andere Menschen] sind damit beschäftigt, dasjenige so gut wie möglich zu machen, was sie eben gerade tun. Und sie wollen, dass wir das Unsere so gut wie möglich tun.

Ihr Leben ist übervoll, und sie haben anderes zu tun, als darüber nachzudenken, wie sie ihre Computer und ihre Geräte integrieren" (Jobs nach Isaacson 2011, S. 606/657). Konosuke Matsushita: „Verkaufe den Kunden keine Produkte, die ihnen gefallen. Verkaufe ihnen Produkte, die einen Nutzen für sie haben werden." – „Nicht lieferfähig zu sein, ist ein Zeichen von Achtlosigkeit. In diesem Fall musst du dich bei deinem Kunden entschuldigen. Bitte ihn um seine Adresse und sage ihm, dass du das Produkt unverzüglich liefern wirst." Und: Die Unfähigkeit, Gewinne zu erzielen, ist „eine Art von Verbrechen gegen die Gesellschaft. Wir nehmen das Kapital der Gesellschaft, wir nehmen die Menschen und wir nehmen die Rohstoffe. Wenn wir keinen guten Gewinn erzielen, verschwenden wir wertvolle Ressourcen, die anderswo besser eingesetzt werden könnten". Der japanische Unternehmer Konosuke Matsushita war sich sicher, dass die japanische Ökonomie gegenüber dem Westen gewinnen würde; „daran ist wenig zu ändern, denn die Gründe für euer Versagen liegen in eurem Wesen". Aus seiner Sicht hat der Westen das Prinzip „Unternehmen" schlicht nicht verstanden (Kotter 1997).

Dabei kann „Umwelt" ganz Unterschiedliches bedeuten. Für Steve Jobs und Konosuke Matsushita war „Umwelt" allein der Kunde, und mit diesem die Gesellschaft. Für Jack Welch hingegen, 1981 bis 2001 CEO von General Electric, leben in der „Umwelt" die Investoren. Scheinbar steht er unserem Leitbild näher; es geht bei ihm in erster Linie um Leistung, ums Gewinnen: um das, was den Shareholder Value steigert. Aber: Gewinnen habe „im Grunde überhaupt nichts mit dem Markt zu tun. […] Für uns bedeutet gewinnen so etwas wie eine persönliche Reise. Es geht deshalb um Sie als Individuum, das sich ein Ziel gesteckt hat und alles daran setzt, dieses zu erreichen" (Welch und Welch 2007, S. 244). Wer die soziokulturellen Wurzeln des kalifornischen Denkens nicht kennt, wird solche Sätze als PR abtun; als Augenwischerei und rhetorische Feigenblätter für teilweise brutale Methoden unternehmerischer Gewinnmaximierung. Jack Welch gehört jedoch zu denen, die das kalifornische Mindset tatsächlich lebten – brachiale Führungsmethoden hin oder her. Einige wollten eine Familie gründen, andere ein Obdachlosenheim aufbauen oder Flüchtlingen helfen – beim Gewinnen zähle einzig und allein, das Ziel zu erreichen, das man sich selbst gesetzt hat. „Das Herzstück beim Gewinnen ist […], dass man etwas aus seinem Leben macht. Es geht um Fortschritt und Bedeutung. Darum, etwas zu erreichen" – lediglich eine andere Formulierung für den Sinn, den auch Jobs und Matsushita ihrem Wirken beilegen.

Immer wird hier ein bestimmter Blickwinkel ausgewiesen, der unter sich ständig verändernden Bedingungen aufrechterhalten werden muss. Dieser Blickwinkel ist kontingent – abhängig von den Menschen in der Organisation, von den zeitlichen Umständen, von Ressourcen und anderem. Es gibt für ihn kein „besser" oder „schlechter". Mal ist es der Kunde, mal der Wettbewerb, mal eine Technologie, aber: Er selbst verändert sich nicht. Er wird kontrolliert und geschützt. Als Steve Jobs Mitte der 1990er Jahre Apple von außen beobachtete und den Niedergang sah, kommentierte er, Apple liege im Sterben: Das Unternehmen verlöre seine Achse. Diese lässt sich in der unternehmerischen Praxis kaum in Regeln fassen, nur an Beispielen beschreiben. Für Ricardo Semler, Geschäftsführer und

Mehrheitseigner von Semco, einem diversifizierten brasilianischen Unternehmen, gilt als Zentralperspektive wieder etwas anderes, nämlich Entbürokratisierung und eine radikale Demokratisierung aller Prozesse. Er begründet seine Ausrichtung mit dem Hinweis, die Mitarbeiter würden erst so anfangen, „to make more decisions on their own, decisions they are usually *better qualified* to make than their supervisors". In solch einem System seien die Treiber Motivation und echtes Interesse, nicht Routinen und Vorgesetzte. Er möchte von seinen Leuten, dass sie selbst den besten Pfad finden, ihren Job zu machen. Der einzige Weg, glaubwürdig zu machen, dass die Meinung eines jeden Mitarbeiters zählt, sei, jede Abteilung so klein zu halten, dass die Leute verstehen, was vor sich geht und sich einbringen können. Steve Jobs predigte das gleiche Prinzip – er habe Apple bis zum Schluss geführt wie ein Start-up. Semler erzählt seinen Mitarbeitern, „that a turtle may live for hundred of years because it is well protected by its shell, but it only moves forward when it sticks out its head" (Semler 1995, S. 97 f.). Die Mitarbeiter müssen sich auch *trauen*, ihre Meinung zu vertreten, und selbst entscheiden.

So unterschiedlich diese strategischen Fixpunkte auch sein mögen, die Prinzipien des *Deep Play* und *Straight Talk* gelten für alle von uns beobachteten Vorbilder. Immer hängt die konkrete Ausformung an der Gründerpersönlichkeit oder am CEO; und immer braucht es dafür Mitarbeiter als Transmissionsriemen zur Umwelt. Das konkrete, je spezifische unternehmerische Prinzip wird durch Führung gesetzt, und zwar wesentlich durch die Definition dessen, was „Umwelt" im speziellen, subjektiven Sinne für die Organisation bedeutet.

> **Praxishinweis: Darum geht es**
> Unsere präsentierten Vorbild-Unternehmer definieren indirekt das genormte universalistische Verständnis von Strategie um. Im konventionellen Managementdiskurs ist Strategie ein *semantisch entleerter* Begriff. Er bezeichnet einen dem Militär entlehnten Formalismus, nämlich den strukturierten Weg, seine ökonomischen Ziele nach nachvollziehbaren, allgemeingültigen Prinzipien – Schritt-für-Schritt – zu erreichen. In unseren exemplarischen Beschreibungen ist das anders: Das Unternehmensziel wird an der eigenen, nicht kopierbaren Perspektive und Bewertung des gesellschaftlichen Umfeldes gewonnen und daran geschärft (nicht etwa an semantisch leeren, wirtschaftlichen Kennzahlen); das ist der Kern von „Umfeldkompetenz". Und das Unternehmen als Organisation mit seiner ganz speziellen Identität ist es dann, das einen eigenen, einzigartigen, „subjektiven" Weg entwickelt, dieses Ziel zu erreichen. Dieser Weg kann also nicht universell gültig sein. Unternehmerisch strategisch handeln bedeutet in diesem Paradigma somit, das *soziale* Unternehmensziel kontinuierlich in die Organisation einzuarbeiten und *damit* ökonomisch zu qualifizieren. Bei Steve Jobs und Jack Welch wird deutlich, wie skrupellos das mitunter vor sich geht, und wie – aus unserer Perspektive – antieuropäisch ein solcher Führungskurs ausfallen kann. Was nicht zwingend so sein muss. Alternativen, die besser zu uns passen:

2.2 Entscheiden als Selbstverbesserung

1. Dass das Ansehen unserer wirtschaftlichen Leader und das Vertrauen in sie nach 2008 katastrophale Werte erreicht haben, ist bekannt; und es ist offensichtlich, dass in der Sozialorientierung unserer Führungskräfte etwas falsch läuft. Unternehmen, die Umfeldkompetenz ausbilden wollen, sollten sich dieses Ziel nicht durch modische Leadership-Programme vernebeln lassen („auf zu mehr Integrität, individuellem Verantwortungsbewusstsein, Kommunikations- und Verhandlungsgeschick, persönlicher Entscheidungsstärke…!") und stattdessen die übliche vereinseitigte Auffassung von „Social Skills" in Richtung individueller Persönlichkeitsbildung meiden. Diese verstärkt nämlich still und leise die Sinnentleerung von *Sozial*kompetenz. Verantwortlich oder nachhaltig handeln lässt sich schon rein logisch betrachtet nur in einem gesellschaftlichen Kontext, in konkreten Situationen; man kann nicht „für sich" das Prinzip üben. (Kinder lernen auch nicht Brustschwimmen auf dem Bauch auf einem Hocker.)
2. Stattdessen hilft, Ideen, Entdeckungen und Erfindungen dadurch „vorzubereiten", dass man ein unternehmerisches Spinnennetz in die Gesellschaft hinein webt. Das geht, wie beschrieben, ganz allgemein und umfassend durch die Mitarbeiter. Es geht aber auch spezifischer über die Kunden (sie zum Beispiel auf Anomalien, unübliche Produktnutzungen und andere Gelegenheiten hin zu beobachten, die Sprungbretter für Innovationen sein könnten). Und es geht sogar rein intern durch Techniken und Methoden des situativen „sozialen Lernens" (in den letzten Jahren wurden dafür interessante IT-Tools entwickelt, vgl. etwa Pentland 2012).
3. Ein auch in Europa aktuelles Beispiel: Die Sharing-Economy ist der Versuch, mit einem *sozialen* Wirtschaftsverständnis zu experimentieren. Grundprinzip: Man tauscht das zu erwerbende Gut nicht gegen Geld, sondern gegen ein anderes Gut oder eine andere Dienstleistung. Gesellschaftliches Ziel: Durch wirtschaftliches Handeln weniger die Kapitalrendite zu erhöhen als den Nutzen für die Akteure. Eine bisherige Lernkurve dieser Szene: Das Prinzip funktioniert gut in Regionen und Milieus, die per se aufgeschlossen gegenüber einer Alternative zur kapitalistischen Geldwirtschaft sind; etwa jungen, urbanen Umfeldern. Unbefriedigend läuft es hingegen in ländlichen Regionen, wo die meisten lieber „besitzen statt nutzen". Oder in etablierten Management-1.0-Kulturen, in denen es den Führungskräften immer noch ums dauerhafte „Haben-statt-Sein" geht – Manager dort wollen verkaufen, nicht teilen. (Eine logisch konsequente Lektion, denn hier entstammt das strategische Ziel des Unternehmens ja ausschließlich der regelhaft begriffenen Wirtschaft, nicht der Gesamtgesellschaft.) Das Sharing-Konzept ist instruktiv und birgt viele Potenziale, ist aber bislang konzeptionell unterentwickelt: Es entstammt eben dem amerikanischen Ökonomieleitbild und wird hierzulande unkontrolliert und unreflektiert unserer Ökonomie übergestülpt.

Zusammengefasst

Gehaltvolles Entscheiden im kalifornischen Sinn bringt bei jedem einzelnen zu fällenden Urteil die Identität und einzigartige Sichtweise der Organisation zur Geltung und Anwendung.

Gemäß dem hier präsentierten Unternehmensleitbild fallen in Organisationen strategisch bedeutsame Entscheidungen – Zukunftsentscheidungen – über das Aufspüren und Maximieren von Tiefenkompetenz. Über das Entfalten und Erkunden der Überzeugungen und impliziten Werte, die der Organisation ihre Identität, ihre spezifische Sinnorientierung geben (Geschmack, Shareholder Value, Partizipation, Nachhaltigkeit oder Anderes). Eine solche Organisation exploriert ihr Handeln in internen und dissonanten Kommunikationen. Dieses kontinuierliche Arbeiten am eigenen „Navigator" (hier als Prinzip gemeint, als eine Art Kompass) ist nicht kopierbar und die Basis für Exzellenz. Die mit eben diesem Ziel geführten Auseinandersetzungen sind anstrengend, konfliktträchtig und voraussetzungsvoll: Auf Führungs- und auf Mitarbeiterseite. Sie bündeln ganz verschiedene Sichtweisen und Wertungen aus der Organisation in Richtung Tiefenkompetenz. Umfeldinformationen im Sinne von Zahlen, Daten und Fakten sind dafür nachrangig (Mittel zum Zweck). Aus ihnen wird nicht gelernt; die Organisation lernt vielmehr aus der Transformation von externem Wissen, das die Mitarbeiter individuell „filtern", aktiv in die Organisation einbringen sowie in internes Können und Wollen übersetzen und damit passfähig machen.

Damit sind es die Menschen in der Organisation, die dafür sorgen, dass sich das Unternehmen fortwährend an den Wandel in den sozialen Umfeldern anpasst – und weder Prognosen noch Monitorings noch herausragende Führungskräfte. Die Auswahl „der Besten" für eine Unternehmensorganisation hat daher wenig mit Expertise und Fachkompetenz zu tun, sondern mit einem sehr speziellen Verständnis von sozialer Kompetenz. „Die Besten" können sich mühelos zwischen unterschiedlichen sozialen Welten bewegen und diese miteinander verbinden, sie in Beziehung setzen. Es sind Menschen, die gelernt haben, sich vom eigenen jeweilig situativen Kontext zu distanzieren, zu „desengagieren", um jeden Kontext mühelos in eine Nutzenfunktion zu bringen für das, *was man selbst – hier: die Organisation – eigentlich will.*

Zum Vergleich und zur Verdeutlichung: Üblicherweise, das heißt in der zumeist vertretenen Business-School-Auffassung, geht es in einer Wirtschaftsorganisation um die klassischen ökonomischen Ziele wie etwa das Erreichen bestimmter Kennzahlen, Wachstum oder Produktivität. Für das kalifornische Unternehmen sind das lediglich formal-quantifizierende Hüllen: Diejenigen Größen, an denen die Organisation messen und kontrollieren kann, ob man mit seiner Form des Unternehmertums Umsatz und Profit erzielt; ob der eingeschlagene Weg ökonomisch produktiv ist. *Aber nicht, ob der eingeschlagene Weg richtig, das heißt dem Unternehmen auch angemessen ist!* Das *können* diese Messinstrumente und -daten nicht ausweisen; dafür wurden sie aber auch nicht geschaffen. Und man würde sie ganz grundlegend fehlinterpretieren, wollte man ihnen diesen Anspruch aufoktroyieren – ein fundamentales Missverständnis einer sozial gehaltvollen, das heißt gesellschaftlich ausgerichtete Ökonomie. Ohne eine

Kontrolle der Fakten kann man zwar nicht unternehmerisch handeln. Aber wer sich vom Controlling die unternehmerischen Handlungsmaximen diktieren lässt, macht ein Hilfsmittel zum eigentlichen Subjekt des ökonomischen Prozesses – auf diese Formel lässt sich kalifornisches ökonomisches Denken an dieser Stelle vorläufig bringen.

Also: Kein konventioneller „Kreativitätsprozess". Stattdessen Entscheiden in dem Sinne, dass das dem je eigenen System speziell Mögliche (weil es *nur das* kann und will) vom allgemein als möglich Nahegelegten, also von dem, was als normal gilt, entschieden wird: geschieden von der Norm und alledem, was ein Jedermann sagt. Also: Keine Orientierung an „universalen Maßstäben" oder an der Pseudo-Aussagekraft von Kennzahlen. Stattdessen Führung als diejenige Aufgabe, welche die – insbesondere in Großunternehmen populäre – entlastend komfortable Verlagerung der Verantwortung in probate Routinen verhindert; das Abgleiten ins ewig wiederkehrend Gewohnte konterkariert (auch, wenn genau dies als professionelle Prozessarchitektur oder Strategie hingestellt wird); die Degeneration zur alltäglichen Normpraxis systematisch unterbindet. Und ausdrücklich: Kein Powerpoint, keine Entscheidungsvorlagen, keine Auswahl aus starr vorkonfektionierten x Optionen beziehungsweise Gremien-Händel, kein Hinzuziehen von Inhaltsexperten oder Prozessberatern, kein ungerichtetes Informationeneinholen, kein Entscheiden auf Basis von Excel-Sheets oder Zahlenkolonnen. All diese Hilfsmittel sind höchstens Kommunikationsprothesen, die keinesfalls einen Eigenwert beanspruchen dürfen. Sie sind situativ und fallweise tolerierbar, prinzipiell jedoch für die Unternehmensentwicklung nicht ausschlaggebend.

2.3 Entscheiden als Selbstbindung

▶ „Nur wer sich ändert, bleibt sich treu": Entscheiden als Organisation vom Werden zu dem, der man im besten Fall sein könnte.

Erfolg bedeutet, dass Unternehmen ihr Potenzial entfalten und stetig die Aktivitäten weiterentwickeln, mit denen ihr System das Fortbestehen gewährleisten kann („Autopoiesis"). Schlicht ausgedrückt: Ein Unternehmen existiert nicht, um Autos oder Möbel zu bauen, Dienstleistungen anzubieten oder Infrastruktur aufzubauen, sondern es baut Autos oder Möbel, bietet Dienstleistungen an oder baut Infrastrukturen auf, um „leben" zu können. Unternehmen, die es schaffen, lange am Markt zu bleiben, beschreiben sich rückblickend nicht in ökonomischen Begriffen, sondern im Rahmen ihrer Evolution: Was sie – zu unterschiedlichen Zeiten, unter verschiedenen, teilweise existenzgefährdenden Bedingungen – *gemacht* haben. Eine Wirtschaftsorganisation ist ein Komplex von Menschen, die mittels einer Selbstdefinition (einer bestimmten Zwecksetzung, die gemäß den Werten und Orientierungen der Gruppe ökonomisch realisiert wird) den Fortbestand des Systems sichert. Was für Tiere der Schwarm oder das Rudel ist, ist für Menschen ein gemeinschaftlicher Zusammenhang; in unterschiedlichen sozialen Bereichen spezifisch organisiert, zum Beispiel eine Familie, eine religiöse Institution oder eben ein Wirtschaftsunternehmen. Menschen schließen sich zum einen zusammen, um effektiver arbeiten zu können (Arbeitsteilung), aber auch, um sich mit Hilfe von Organisation Möglichkeiten für ein wahrscheinlicheres und besseres Überleben zu erschließen (Kooperation). Erfolgreiche – und in jedem Fall exzellente – Unternehmen *setzen* eine solche Identität; nicht in Leitbildern oder Visionen, sondern durch die *Praxis von Führung*.

2.3.1 Autologie

Dass Werte, Orientierungen, kurz: die Kultur einer Organisation für ihr Überleben entscheidend sind, war und ist weitverbreitete gängige Überzeugung vieler Unternehmer. Kontrovers ist allerdings, was das praktisch bedeutet. Thomas Watson Jr., der Sohn des Gründers von IBM, schrieb 1963 darüber („A Business and Its Beliefs"), weil er die Zeit kommen sah, dass sich IBM in eine unbewegliche Organisation verwandeln würde, die nicht mehr imstande sei, sich zu verändern – so formulierte er es gegenüber dem Experten für „Lernende Organisationen" Chris Argyris, der gerade eine IBM-Studie anfertigte. Watson war der Ansicht, dass aus der jeweiligen Unternehmenskultur Wettbewerbsvorteile entspringen; und sich die jeweilige Kultur nur aufrechterhalten ließe, wenn ein solides Fundament aus explizit formulierten, fixen Werten vorhanden sei. Das unbeirrbare Festhalten an diesen normativen Positionen sei für den wirtschaftlichen Erfolg entscheidend: „Um den Herausforderungen einer sich wandelnden Welt gewachsen zu sein, muss ein Unternehmen bereit sein, alles an sich zu ändern – mit Ausnahme seiner Überzeugungen. Die einzige heilige Kuh in einem Unternehmen sollte jene grundlegende Philosophie sein, die es seiner Tätigkeit zu Grunde gelegt hat" (Watson nach Crainer 2000, S. 176). Auf den Punkt gebracht: Watson predigt das Prinzip „Bollwerk". Kultur und Werte als Festung, die man gegen alle Angriffe zu verteidigen hat; andernfalls vergesse man sich selbst – bei Strafe des Untergangs.

Ist das nicht die gleiche Position, die Steve Jobs, wie zuvor beschrieben, vertritt, wenn er fordert, dass ein bestimmter Blickwinkel auszuweisen ist, der auch unter sich ständig verändernden Bedingungen aufrechterhalten werden müsse, und der sich nicht verändern darf; ansonsten verlöre das Unternehmen seine Achse? Ganz im Gegenteil: Watson markiert vielmehr dasjenige Verständnis von Entwicklung und Selbstbindung, das unsere exemplarisch beobachteten unternehmerischen Vorbilder *nicht* teilen, und wogegen sie sich mit aller Kraft stemmen. (Unter anderem aufgrund dieses Grundverständnisses von Unternehmensidentität war IBM der Lieblingsgegner von Apple unter Steve Jobs.) Nirgendwo lässt sich ein Hinweis finden, dass Louis V. Gerstner, Jack Welch oder Steve Jobs die Grundüberzeugungen und Werte ihrer Organisationen in einem Firmenhandbuch fixiert hätten. Sie haben zwar durchaus darauf beharrt, dass es einen Fixpunkt im Unternehmen geben müsse, aber das sollte die generelle Entwicklungsperspektive, der Blickwinkel oder Kompass sein; und sie installierten *ganz im Kontrast* zu Watson hochgradig kreativ, geradezu neurotisch und besessen Entscheidungsprozesse, die die jeweils geltenden einzelnen Grundüberzeugungen und Werte kontinuierlich abwandeln, schleifen, anpassen, modellieren, jedenfalls stören sollten (zum Beispiel in internen Arbeitsgruppen mit dem Auftrag to „destroy our business"; vgl. Abschn. 3.2.2). In geschützten Kommunikationsräumen wurde radikal und systematisch irritiert. Steve Jobs zuvor beschriebener destruktiver und identitätszersetzender Führungsstil zielte auf eine permanente „Kulturrevolution" in der Organisation und den ständig konsequenten Umsturz der gerade aktuellen Wertebasis: Organisationsinterne Innovationen und „Schöpferische Zerstörung" aus Überlebensinstinkt. Was die präsentierten Vorbildunternehmer auf keinen Fall akzeptierten, waren explizit ausformulierte Norm- oder Gebotetafeln – gerade sie sind es nämlich, die ihrer Meinung nach zu einer verkrusteten, leblosen Organisation führen. Paradox ausgedrückt: Die ständige Selbsttransformation der Gruppenidentität *als* Identitätsmanagement. Und kalifornische Unternehmer sind der Auffassung, dass durch genau diese Art des von der Gesellschaft entrückten, autologischen, das heißt in sich selbst drehenden (dauerrevolutionierenden) Weiterentwickelns der Gruppenzusammenhang immer weiter gestärkt werde – und bezeichnen ihre Teams daher häufig auch als „Mafia" oder „Sekte".

Verschworene Gemeinschaft

Peter Thiel, PayPal-Gründer: „Von Beginn an stellte ich mir PayPal als verschworene Gemeinschaft vor und nicht als Drehtür. Mir war klar, dass enge Beziehungen uns nicht nur zufriedener und erfolgreicher machen würden, sondern dass sie uns auch in der Zeit nach (!) PayPal weiterhelfen würden. Also stellten wir Leute ein, die gern miteinander arbeiten würden. Natürlich mussten sie gut sein, aber vor allem sollte es ihnen Spaß machen, ausgerechnet mit uns zusammenzuarbeiten. Und das war die Geburt der PayPal-Mafia. […] In besonders verschworenen Gemeinschaften verbringen die Angehörigen ihre Zeit nur noch miteinander. Sie vergessen ihre Familien und den Rest der Welt. Der Lohn ist ein starkes Zugehörigkeitsgefühl und der Zugang zu ‚Geheimwissen', das anderen verschlossen bleibt. Solche Gemeinschaften bezeichnen wir meist als Sekten. […] Machen Sie sich keine Sorgen, wenn konventionelle Standesvertreter Ihr Unternehmen nicht verstehen. Freuen Sie sich lieber, wenn Sie als Sekte bezeichnet werden. Oder eben als Mafia." (Thiel 2014, S. 119/123)

Steve Jobs: „Der Zune [Microsofts Antwort auf Apples iPod] war beschissen, weil die Leute bei Microsoft nicht besonders viel für Musik oder Kunst übrig haben, anders als wir. Wir haben uns durchgesetzt, weil wir Musik lieben (!). Wir haben den iPod für uns gemacht (!), und wenn man etwas für sich macht oder für den besten Freund oder die Familie, dann produziert man keinen Schrott. Wenn man nicht wirklich mit dem Herzen dabei ist, gibt man sich schneller zufrieden, hängt nicht noch ein Wochenende für die Arbeit dran und akzeptiert das Erreichte einfach." (Jobs nach Isaacson 2011, S. 481)

In einer Welt, in der das Lamento über Kontingenz, Komplexitätszumutungen und mangelnde Work-Life-Balance zum Standard gehört, erscheint eine derartige Sichtweise kurios. Wieso sollten sich Beschäftigte in Zeiten, in denen es hoch turbulent zugeht, zu einer verschworenen Gemeinschaft zusammenschließen und an eine Art Sektenideologie binden? Und wieso sollte dieses bedingungslose Commitment der Teammitglieder ausgerechnet dadurch hergestellt werden, dass eine geradezu identitätszersetzende Führung jeglichen Minimalkonsens der Gruppe ständig in Frage stellt (während man anderswo den scheinbar einzigen Ankerpunkt moderner Organisationen verzweifelt und mit allen Mitteln zu bewahren sucht: die als kleinsten gemeinsamen Nenner mühsam erreichte Verständigung in der Führungsetage über Lagebewertung und die interne Entscheidungsbasis)? Diese anscheinend unlogische Rezeptur widerspricht fast allen derzeit als allgemeingültig erachteten Positionen ökonomischen Handlungswissens.

Auch viele aktuelle Wissenschaftspositionen lässt sie hinter sich; soll doch eine „lernende Organisation" gerade Abschied nehmen von dominanten Führungspersönlichkeiten, die mit ihrem Eigensinn die Unternehmen permanent umstürzen, während diese angeblich doch weitaus besser via Selbstorganisation gediehen. Folglich wird seit Langem schon ein „postheroisches" Management (Baecker 1994) gefordert – und das hier exemplarisch beobachtete Unternehmertum als eine im Aussterben begriffene Spezies betrachtet. Die Zukunft liege in Partizipation und Management durch Viele: Eine/r oder wenige könnten die mittlerweile entstandene Komplexität nicht mehr bewältigen und wirtschaftliche Systeme daher auch nicht steuern, also befriedigend führen (siehe etwa *Ashby's Law:* das Steuerungssystem erfordere „requisite variety", um das zu steuernde System beherrschen zu können; transformationale Führung; agile Methoden und anderes mehr). Komplexitätsbewältigung auf „postheroisch" verlagert Führung in die Schwarmintelligenz – und hofft das Beste.

Die Mafiosi aus dem Silicon Valley sehen das – wie beschrieben – praktisch anders. Mit ihrer Forderung nach reflexiver „Autologie" (radikaler, aber immer wieder rückversicherter Bezugnahme auf sich selbst) plädieren sie nur scheinbar für ein Paradox, das sich mit Bezug auf deren Basis und Perspektive leicht auflösen lässt. Die Selbstbindung, die sie ins Zentrum ihrer Unternehmung rücken, stellt nämlich nur im Theoriehimmel eine *Reduktion* des eigenen Möglichkeitshorizontes dar. Es ist genau diese nicht notwendige, freiwillige, anscheinend unnötige Beschränkung des eigenen Handlungsradius, die zumeist grundlegend missverstanden (und kritisiert) wird: Selbstbindung verenge doch erheblich die eigenen Horizonte, und das unter immer dynamischer werdenden Umfeldbedingungen – müsse nicht das Blickfeld im Gegenteil erweitert, angereichert und ausgedehnt werden? Dass Selbstbindung unflexibel machen kann, trifft nur auf einem sehr abstrakten, *für die Praxis irrelevanten* Niveau zu. Selbstbindung fokussiert vielmehr die *Wahrnehmung* einer Situation, sie definiert einen *eigenen Erwartungshorizont*, sie justiert die Zentralperspektive der Organisation – nicht die praktische Bewältigung! Sie bestimmt und begrenzt die Sicht auf die Welt, lässt Einzelentscheidungen über Instrumente sowie die Art und Weise, wie der eigene Erwartungshorizont praktisch eingeholt werden soll, aber offen. Sie hat den Status einer *Meta-Regel* des Entscheidens, nicht einer Entscheidungsregel.

2.3 Entscheiden als Selbstbindung

Das bedeutet: Der Options*verzicht* auf der Wahrnehmungsebene eröffnet zahlreiche *neue* Perspektiven auf der Entscheidungs- und Handlungsebene. Die bewusste, freiwillige Einschränkung von Möglichkeiten auf der Ebene des Zur-Kenntnis-Nehmens (wir beachten nur „unsere" Wirklichkeit und Sicht der Dinge) schärft den Blick für neue, bisher nicht gesehene Möglichkeiten für das konkrete, partikulare Handeln *im eigenen Korridor*. Bisher nicht beobachtet wurden sie deshalb, weil nur die Organisationsmitglieder sie überhaupt entdecken können – in intimer Kenntnis des Sinns, in dem die eigene Organisation operiert, und in ihrer identitär speziellen, subjektiven Perspektive. Die *Mitarbeiter* muss man deshalb fragen: Sie geradewegs dazu zwingen, ihre Sicht beizusteuern. Eine interne Komplexitätsreduktion von Sinn, präzise justiert in Richtung auf diejenige Sinnorientierung, auf der die Organisation surft, *bereichert* die Vielfalt an Handlungsmöglichkeiten: Selbstbindung im Meta-Sinne lässt zwar *jede* praktische Entscheidung zu, restringiert aber die Bearbeitung eines Problems durch die Vorgabe und Definition eines Verständnishorizontes. Es darf zwar grundsätzlich alles gemacht werden, aber nur im organisationseigenen Rahmen. Selbstbindung ist *die* Bedingung der Möglichkeit, in unbeobachtbar gewordenen Umfeldern (globale Gesellschaft und Wirtschaft) überhaupt noch sinnhaft und zielbewusst handeln zu können – nämlich auf Basis eigener, von den chaotischen Umfeldern unabhängiger Maßstäbe. Und dazu braucht es rigide Führung.[2]

Beispiel: Ein Unternehmen, zu dessen Selbstverständnis Nachhaltigkeit gehört, kann keine Produkte herstellen oder anbieten, welche die Umwelt nachhaltig schädigen. Dieses Selbstverständnis hat jedoch, mit Blick auf das hier im Zentrum stehende Verständnis von Unternehmertum, eine Filterfunktion als Meta-Regel nur *für den zeitlichen „Throughput" der internen Debatte*, nicht für Objekte (zum Beispiel Produkte) oder Diskussionsinhalte. Ein „dreckiges" Objekt könnte es, aufgrund des allgemein geteilten Selbstverständnisses, gar nicht geben und bräuchte daher auch nicht nachträglich aus der Produktpalette herausgefiltert werden; weil es, aufgrund des Selbstverständnisses der Organisation im Entscheidungsraum, gar nicht erst zur Entscheidung stehen könnte.[3] Um eine solche Selbstbindung im Unternehmen in entsprechender Tiefe und Breite zu verankern, sind stetige, intensive Auseinandersetzungen darüber erforderlich, wie das Unternehmen die Welt sieht. Wenn die Meta-Regel nicht permanent bearbeitet und weiterentwickelt wird (*das* ist organisationales Lernen und muss hartnäckig immer neu vollzogen werden: das Fluide-Halten der Meta-Regel), erstarrt sie.

Gerstner beschreibt für IBM in eindrucksvoller Präzision, dass und wie genau diese Situation tatsächlich eintrat; woran sie sich zeigte, und was daran unternehmerisch verheerend war. Er seziert, wie etwa der identitär tief verwurzelte (von Watson fixierte und in „A Business and Its Beliefs" explizit formulierte) „Belief *Respect for the individual*", also der altehrwürdige Unternehmenswert, jedem Einzelnen grundsätzlich Respekt zu zollen und Wertschätzung entgegenzubringen, zu der Ausredeformel verkam, als Mitarbeiter bei IBM sein Leben lang *per se* Respekt zu verdienen; irgendeiner Anstrengung dafür bedurfte es in den Augen der Mitarbeiter nicht mehr. Oder wie der „Belief *Superior customer service*", also die Unternehmensregel, dass der Kunde bei IBM grundsätzlich erstklassig bedient werde, zu dem Verhaltensmuster degenerierte, dem Kunden möglichst schnell *das jeweils neueste System zu verkaufen*. So interpretierten die Mitarbeiter „superior" um: in einen administrativen Ablauf, wie Gerstner (2003, S. 184–187) schreibt, „like going through the motions in a marriage that has long since lost its passion". Als Gerstner kam, war der Unternehmensnavigator bereits ausgeschaltet, die Meta-Regel vergessen und die Organisation erstarrt in Riten, Mustern, Werten und *Beliefs* – aus dem Firmenhandbuch von Thomas Watson. Deutlich wird daran der Unterschied zwischen praktisch-wirtschaftlichem und theoretisch-ökonomischem Ethos: Ein geistig-wertvolles Fundament, in Stein gemeißelt in irgendwelchen Normen, Betriebshandbüchern oder Leitbildern, nützt in Krisensituationen *praktisch* nichts. Führungskunst ist vielmehr die Dauerbelebung des praxisrelevanten Unternehmenskompasses: Die kontinuierliche Energetisierung der Betriebsseele (in *Straight Talks*). Sie hat zu jedem Zeitpunkt, in jeder Situation, bei jedem Mitarbeiter gegenwärtig und wahrnehmbar zu sein und sollte stetig unter Spannung gehalten werden. Wer sie durchleuchtet hat, weiß als Führungskraft, was zu tun ist, wenn die Seele einmal schwächelt – jedes „Motivationstraining" kommt dann zu spät.

Es gibt Unternehmen, die mit einem radikal selbstbezüglichen Ansatz mehr als dreihundert Jahre alt geworden sind – Benchmarks für ein Unternehmertum, das mittels einer extrem elaborierten Form der Selbstbindung alle kritischen Phasen überstanden hat. Beispiel dafür ist der japanische Mischkonzern Mitsui (laut einer Arbeitsgruppe von Royal Dutch Shell, paraphrasiert nach Geus 1998, S. 175–180).

Selbstbindung via Gruppenkodex

Der japanische Gründer Takatoshi Mitsui entwickelte in den ersten Jahren seines Unternehmens im 17. Jahrhundert einen umfassenden Regel- und Richtlinienkatalog mit Prinzipien wie: Wer die Macht im Unternehmen habe, müsse freundlich zu den Untergebenen sein; leitende Angestellte hätten vor allem über die Geschäfte des Hauses zu wachen; Silberrücklagen sollten hauptsächlich ältere Mitarbeiter absichern; Spekulationen sowie neue, unbekannte Geschäftsunternehmungen seien strengstens verboten; und so weiter. Das Entscheidende daran war aber für Mitsui das dahinter stehende praktische Ethos: „Vergiss nie, dass du ein Kaufmann bist – Personen in öffentlichen Ämtern haben andere Interessen als wir."

Mitsui hinterließ eine Unternehmung, die um diese Selbstdefinition kreiste: Eine organisatorische Struktur rund um eine Gruppe von Mitarbeitern, welche die bestimmte kaufmännische Ethik teilt. Die Geschäftszweige waren nachrangig; den Kern des Unternehmens bildete ihr Gruppenselbstverständnis. Mitsui war zunächst im Tuchgeschäft, dann im Geldverleih und schließlich im Bergbau und in der Fertigung tätig. Neben bemerkenswerten Erfolgen gab es existenzbedrohende Krisenphasen, wie die Zwangsauflösung von 1945 auf Betreiben von US-Präsident Harry S. Truman: Die großen Industrie- und Bankkonzerne der Holding wurden in viele Kleinunternehmen aufgespalten sowie das Vermögen durch eine drastische Vermögenssteuer erheblich reduziert. Doch 1952, nach Ende der US-Besatzung Japans, organisierten die Führungs-

2.3 Entscheiden als Selbstbindung

kräfte der Einzelorganisationen umgehend regelmäßige Gruppen-Meetings und schlossen die Teilunternehmen 1959 unter dem Namen Mitsui-Bussan wieder zusammen. Heute umfasst die Unternehmensgruppe sechs verschiedene Geschäftsbereiche, 147 Büros in 66 Ländern, über 48.000 Mitarbeiter und bildet öffentlich und detailliert seine strategischen Vorhaben bis 2020 ab. In regelmäßigen Abständen berichtet der CEO im Netz über den Stand der Zukunftsprojekte. Was das Unternehmen über die Jahrhunderte zusammenhielt, sind nicht die laufend wechselnden Tätigkeiten, sondern das Grundverständnis der Organisation: Ihre ureigene Perspektive, in der sie ihre Weltsicht und sich selbst eingebettet sieht. Daran orientiert sich das Unternehmen, wie die Darstellung nahelegt, bis heute.

Unternehmen wie Mitsui handeln selbstreferenziell, autologisch: Sie vergleichgültigen das Außen, je exzellenter sie sind, desto radikaler. In der Konfrontation mit sich selbst schaffen sie einen Existenzrahmen, der in der Umwelt unter modernen, säkularen Bedingungen so nicht mehr existiert. Überleben und Wachsen werden unter diesen Bedingungen zu einer Frage (beziehungsweise zum Ergebnis) von Selbsttransformation, allerdings auf Basis einer stetig gleichbleibenden Prämisse: In der beständigen Arbeit an uns selbst. Damit entwickeln wir eigenständig die Garantie, nicht Bedingungen ausgesetzt zu sein, durch welche die Informationen, die wir bereits besitzen (Unternehmensgeschichte, wie es bisher gelungen ist zu überleben, das organisationale Gedächtnis – das heißt unsere Erfahrung), wirkungslos würden. *Straight Talks* und *Deep Play* richten ständig neu den eigenen Navigator auf sich verändernde Umfeldbedingungen aus. Die Organisation emanzipiert sich von externer Komplexität.

> **Praxishinweis: Darum geht es**
> Ein Unternehmen konsequent um die eigene Selbstbindung herum aufzubauen und zu entwickeln ist hohe Kunst, anspruchsvoll und voraussetzungsreich. Man sieht es daran, dass Unternehmen mit 300jähriger Geschichte kaum existieren. Der Fachbegriff für diese Kompetenz lautet *Metakognition:* Das Unternehmen muss es schaffen, es zur Gewohnheit werden zu lassen, sich selbst zu beobachten und kognitiv zu kontrollieren, wie es entscheidet (nämlich bei Zukunftsentscheidungen grundsätzlich nach Maßgabe des eigenen „Navigators").
> 1. Die Mitarbeiter binden sich kollektiv, als Mitarbeiterschaft, nur dann ans Unternehmen (also bei bedeutenden Entscheidungen im Organisationssinne „selbst"), wenn sie auf einen überzeugenden Auftrag eingeschworen werden, der über ihren „9-to-5-Job" deutlich hinausgeht. Die Tatsache, dass „hier alle" Ärzte oder Ingenieure sind, reicht dafür nicht aus. Was ist der über das Ökonomische hinausreichende Auftrag Ihrer Organisation, die solchen Einsatz lohnt?
> 2. Unternehmen, die zu diesem Zweck das selbstbindende Thema oder Prinzip ausschließlich qua Leitbild, Mission-Statement oder Unternehmenshandbuch vorgeben, laufen Gefahr, die Selbstbindung sogar zu *unterminieren*: Sie sorgen nämlich dafür, dass sich alle sehr genau darüber im Klaren sind, dass ein bestimmter

Standpunkt der „richtige" ist (dies ist das Gegenteil einer praktisch selbstgebundenen Organisation). Menschen, die diesen Standpunkt anzweifeln – die Dissonanz erzeugen –, werden schnell als schwierig oder Außenseiter abgestempelt. Leitbilder sind, was eine ergebnisoffene Bearbeitung des organisationalen Sinns betrifft, häufig Disabler, keine Enabler. Der „Inhalt" einer funktionierenden, handlungstreibenden und intrinsisch motivierenden Selbstbindung ist niemals ein konkretes feststehendes Ziel, sondern eine Richtung oder eine, in mindestens einer Sinndimension, notwendig (!) vage Vision. Die Vagheit – das Faszinosum einer teil*offenen* Zukunft – erzeugt trotz Richtungsvorgabe überhaupt erst einen Bedeutungsüberhang, der inspiriert; einen semantischen Unschärfegewinn, der in *Straight Talks* immer wieder nachjustiert werden kann und muss. Ein fix definierendes, das heißt falsch konkretistisches Leitbild ist demgegenüber praktisch leblos. An ihm gibt es nichts zu deuten, kreativ weiterzuspinnen oder umzujustieren. Man hat ihm schlicht zu folgen, Punkt. Es fordert Gefolgschaft, kein Engagement.

Beispiel: Die Selbstbindung von Google lautet *nicht* „überall auf der Erde Internetverbindungen schaffen", sondern in etwa: „Menschen überall und jederzeit den Zugang zum virtuellen Netz ermöglichen". Das sind grundverschiedene Dinge. Weder ist klar, was in 200 Jahren „Menschen" sind, noch was „überall" bedeutet, noch was das „Netz" dann darstellt. Auch unter völlig veränderten Rahmenbedingungen beansprucht Google den ersten Platz unter denjenigen, die Netzzugang verschaffen. Dieser Navigator bleibt also trotz visionärer Vagheit immer eichbar und einer Nachjustierung zwingend bedürftig: Das ist antezipative Präzision. Die Richtung ist exakt definiert, die sozioökonomische Praxis jedoch weitgehend unbestimmt. Ist Ihre Organisation antezipativ – statt prognostisch oder normativ – präzise?

3. Mitarbeiter binden sich außerdem nur dann kollektiv an „sich", das heißt an die eigene Organisation, wenn jeder weiß, dass er mit individuellem Hoheitswissen nichts zu gewinnen hat (sonst kämpft jeder lieber für sich); dass nur durch die Gruppenleistung jeder profitiert. Hier ankert ein fulminantes Fehlurteil, das die Managementdebatte über Jahre blockiert hat: Der Beurteilungsmaßstab „Kollektiv", „Gruppe" oder „Team" bedeutet nicht, dass beispielsweise das Wissen jedes Einzelnen *geteilt* werden müsste, dadurch für die Gruppe „nutzbar" und Gruppenleistung, etwa Innovationskraft, über diesen Weg erst möglich gemacht werden müsste. Unter anderem diese kuriose Deutung – ein technokratischer Fehlschluss – prägte die Geburtsstunde von „Wissensmanagement". Um nicht missverstanden zu werden: Das strukturierte und gebündelte Zur-Verfügung-Stellen von organisationsinternem Know-how ist zweifellos eine gute Idee und ein potenzieller Wettbewerbsvorteil. Aber: Mit autologischem Organisationshandeln, mit einer bewussten und engagierten Selbstbindung der Organisationsmitglieder an ihr Kollektiv, hat das nichts zu tun. Ein solches Engagement erreicht

> man nicht durch Wissensmanagement im Sinne einer Verteilung von Wissen. Die Kohäsion einer Gruppe (Selbstbindung) hat vielmehr immer einen identitätsbezogenen Charakter und etwas damit zu tun, wie sie sich als Gemeinschaft selbst versteht. Und ein gemeinschaftliches Team versteht sich selbst nicht dadurch besser, dass alle auf dem neuesten Stand der Produkttests sind, die letzte Studie gelesen haben oder die Projektergebnisse aller Kollegen kennen. (Das ist Sozialtechnologie.) Wird Ihre Organisation „kommunitär", das heißt in einer kollektiven *Haltung* geführt?

2.3.2 Lernen und Temporalisieren

Gelernt wird in einer solchen Organisation also gerade nicht durch Kenntnisnahme dessen, was in den Umfeldern passiert; und auch nicht durch die reine Anhäufung von Wissen. Wie genau wird Wandel dann aber bewältigt?

Einen Aspekt haben wir bereits beleuchtet: Die Indienstnahme der sozialen Kompetenz eines jeden Mitarbeiters. An diesem Mechanismus lässt sich auch ablesen, wie Lernen in diesem Konzept funktioniert. Der Lernpsychologe Jean Piaget (2014) unterscheidet zwei Formen des Lernens: *Assimilation* und *Akkommodation*. Mit Assimilieren werden fast alle Menschen groß: Am Anfang stehen die Eltern, später die Lehrer und lehren etwas, und wir „lernen" es, das heißt, *wir machen es nach* und wenden es an. Lernen erfolgt hier im Modell von Greifen und Begreifen: Der Lernende ahmt die Strukturen und Denkwege nach, die der Lehrende vorgibt. Fakten werden *assimiliert*; in den eigenen Handlungsfundus „hineingenommen". Prüfungen aller Art funktionieren nach diesem Prinzip: Der Lernende muss nachweisen, dass er eine bestimmte Denkungsart „aufgenommen" hat. Auch beim sogenannten problemlösenden Denken geht der Weg in dieser Art: Die Denkstruktur wird zwar auf einen anderen Kontext angewandt, aber es bleibt trotzdem dieselbe Denkstruktur, die genutzt wird.

Akkommodation meint etwas anderes. Im Prozess des Lernens werden die inneren Strukturen von Überzeugungen, Ideen und Einstellungen *überprüft* und gegebenenfalls *verändert*: Denn man muss den Kontext einer Sache *mit berücksichtigen*, sonst macht die Regel mitunter wenig Sinn. Man wendet Erlerntes auf eine Umwelt an, auf die, wie man oft feststellt, das Erlernte nicht passt; und fängt an zu verschieben, zu verdichten, zu variieren. Exzellenzfähige Unternehmen lernen primär auf diese Art: Sie reagieren auf Wandel in den Umfeldern so, dass sie anfangen, ihre inneren Denkstrukturen zu verändern. Sie nehmen kaum etwas „herein" (assimilieren), denn Denkmuster und Perspektive werden autologisch, innen festgelegt. Sondern sie inszenieren in solchen Situationen interne Meinungsmärkte – Dissonanz – und entscheiden auf ihrer Basis oft neu, anders. Das hat nichts mit Change-Management zu tun: Man baut die Organisation nicht nach veränderter, vorgegebener Maßgabe um, sondern *nach interner Beurteilung, gemäß überprüfter eigener Selbstbindung, wird anders entschieden*.

Überzogen formuliert: Wenn es solche internen Meinungsmärkte nicht gäbe, würde die Organisation nichts lernen. Man lernt nicht von irgendwelchen Ereignissen, so die Überzeugung hier (denn wo sollte man da anfangen oder aufhören?), sondern aus dem, was diese Ereignisse in einem selbst verändern – kognitiv kontrolliert! Man lernt reflexiv. Wenn etwa der Zinssatz steigt, verfügt eine Bank über eine Vielzahl von Instrumenten, daraus Schlüsse zu ziehen und entsprechend zu handeln. Der Bankleiter wird den Anstieg womöglich spielend bewältigen und seine Entscheidungen über Einlagen, Darlehenstransaktionen und Geldmarktoperationen entsprechend anpassen (Assimilation). Für eine Immobilienfirma mit hohem Anteil an Fremdkapital hat dieser Wandel jedoch eine völlig andere Bedeutung. Sie muss umdenken. Diese Organisation wird ihre Entscheidungsregeln ändern, um ihre Selbstbindung beibehalten zu können (zum Beispiel neu über ihre Darlehen verhandeln, einen Teil des Projektportfolios abstoßen, einzelne Projekte hinausschieben, sich einen Merger-Partner suchen oder anderes). Entscheidungen, mit denen man zu einem anderen Verständnis der Situation gelangt, sind dem Akkommodationsmodell zugeordnet. Bei unseren unternehmerischen Beispielen hier fallen nahezu alle Zukunftsentscheidungen in dieses Modell.

Vorteil eines Lernens durch *Assimilation:* Die Entscheidungssicherheit ist hoch. Durch die in die Entscheidungsstruktur eingelassene Beherrschbarkeit dessen, was entschieden wird (alle Optionen – auch, wenn es Kompromisse gibt – liegen auf dem Tisch), erzeugt die Organisation ein hohes Maß an Stabilitäts-, Macht- und Kontrollwahrnehmung. Bei sorgfältiger Abwägung aller realistischen, erfahrungsgesättigten, berechenbaren und in genau diesem Sinne *möglichen* Optionen ist die Entscheidung tragbar und „gut".

Die Nachteile eines Lernens durch Assimilation sind aber ebenso eindeutig:

- Es ist langsam. Es wird zunächst mühsam um neue Ziele gerungen, die „dann" umgesetzt werden. Ziele setzen, dann: denken/kommunizieren/planen/entscheiden, und am Schluss: umsetzen. Alles getrennte und unterschiedliche Phasen, meist in separierten Expertenzirkeln. Und alle brauchen Zeit.
- Die Zahl der Optionen ist durch die Denkstrukturen begrenzt, die vorgegeben sind. Zumeist werden solche Entscheidungen deshalb *ausgehandelt*; dabei wird die Lösung irgendwo zwischen vorher feststehenden Polen der Verhandlungsoptionen liegen. Jenseits dieser vorher fixierten Grenzmarken ist keine Lösung vorgesehen.
- Sie ist prinzipiell gebunden an Erfahrung; an die Vergangenheit also, so, wie es bisher (immer) lief. Die Historie der Unternehmung oder die Auskünfte, die verantwortliche Personen geben, definieren die Optionen. Antezipation oder Simulation spielen keine Rolle. Experimentiert wird durchaus, aber ausschließlich mit „Realitäten".
- Risiko: Es werden unerwünschte Dinge und Ereignisse zu verhindern gesucht, die aus den vorfestgelegten Polen der Verhandlungspositionen abgeleitet sind. Risiken sind hier tatsächlich *manageable*: Wer die Pole kennt, kennt die Risiken.

Demgegenüber ist ein Lernen qua *Akkommodation* kontextsensitiv und flexibel, aber auch ungemütlich. Nicht nur das Ergebnis ist offen, sondern anfangs auch, ob es überhaupt ein Ergebnis geben wird. Die Optionen sind unüberschaubar – einerseits dadurch, dass simu-

2.3 Entscheiden als Selbstbindung

liert und antezipiert wird (sehr vieles ist möglich), andererseits aber auch dadurch, dass die Risiken unübersichtlich werden: Denn in diesem Modell gibt es versteckte Risiken, die im Anfangsstadium nicht erkennbar sind. Und die Sicherheitsanmutung eines solchen Entscheidens ist, zurückhaltend formuliert, gering. Was keinen unserer Vorbildunternehmer davon abhält, seine Organisation genau so zu entwickeln. (Zum Vergleich beider Lernmodelle siehe Abb. 2.5. Mit eigens für akkommodierendes Lernen erfundenen Instrumenten und Methoden beschäftigt sich Kap. 3.)

Die Unterschiede, Stärken und Schwächen beider Konzepte kristallisieren sich in einem Punkt: Dem jeweils veranschlagten Zeitmodell. Assimilierendes Lernen und Entscheiden unterstellt eine hohe *Ähnlichkeit* von Gegenwart und Zukunft: Es gibt Wandel, aber der ist

	Assimilation	**Akkomodation**
Tempo	Langsam: Es braucht Entscheidungszeit und Umsetzungszeit	Langsam oder schnell: Es braucht Zeit, ein Urteil zu fällen (manchmal spontan/intuitiv)
Optionsvielfalt	Festgelegt: Suche die optimale Lösung von x Optionen	Offen: Suche die beste Lösung, die noch niemand kennt
Risikoverständnis	• Annahme: Grundsätzlich sind Risiken beherrschbar • Risiken werden identifiziert und vermieden (intern und extern) • Dadurch hohe Umfeldkomplexität	• Annahme: Externe Risiken unbeherrschbar, interne Risiken beherrschbar • Risiken unvermeidbar, aber zu managen (→ Konzentration auf Internes) • Umfeldkomplexität vernachlässigbar
Instabilität/Kontrolle	Hoher Kontrollbedarf: Risikomanagement bezieht sich auf Externes und Internes	Mäßiger bis niedriger Kontrollbedarf: Externe Risiken werden vernachlässigt, interne Risikotoleranzen autonom festgelegt (was können und wollen wir uns leisten?)
Ergebnisse	• Es gibt immer Entscheidungsergebnisse • Ergebnisvielfalt ist überschaubar	• Ob es Entscheidungsergebnisse gibt, ist offen • Ergebnisvielfalt ist evtl. unüberschaubar
Zeitmodell	Zukunft ergibt sich aus Gegenwart	Zukunft wird gemacht

Abb. 2.5 Entscheiden auf Basis von zwei unterschiedlichen Lernmodellen

a. eine Ausnahme (die Regel ist Stabilität),
b. etwas Unliebsames (Anlass für Angst: etwas zu Vermeidendes und damit das Motiv für Risikomanagement). Und er unterliegt
c. dem Ähnlichkeitsprinzip. Fürs Entscheiden werden *Erfahrungswerte* genutzt, um Wandel zu bewältigen – auf Grundlage der Prämisse, dass die meisten Charakteristika der Gegenwart auch in Zukunft fortbestehen.

Akkommodierendes Lernen und Entscheiden unterstellt eine radikale *Unterschiedlichkeit* von Gegenwart und Zukunft. Wandel ist
a. die Regel,
b. Repräsentant und Spiegelung der Grenzenlosigkeit des Menschenmöglichen (Neugierde, Begeisterung, Leidenschaft, Faszination) und
c. der Inbegriff für Andersartigkeit, Neuheit, Innovation – Moonshots. Dafür braucht es Projektionen von Andersartigkeit: Antezipationen.

Hierbei werden fürs Entscheiden ausschließlich Urteile und Erkenntnisse genutzt, die sich aus dem situativ jeweils betroffenen Expertenkreis für das Problem, den „am Tisch sitzenden" Menschen, herausschälen; andere können diese Spezifika ja nicht beurteilen. Diese Erkenntnisse sind immer Bewertungen und Vorschläge *zur Situation*, nicht so sehr Erfahrungen. Eine erfahrene, ältere Kollegin beispielsweise wird in einem *Straight Talk* wichtige Impulse liefern können, aber ob ihre Erfahrung auch für das Hier und Jetzt alleinig weiterhilft, ist fraglich. Erkenntnisse aus akkommodierendem Lernen integrieren Vieles mehr, verschmelzen Vergangenes, Gegenwärtiges und Zukünftiges – auch Wünsche, Erwartungen, Hoffnungen – zu einer ganz eigenen Mischung, springen zwischen Zeitformen hin und her, temporalisieren. Sie bearbeiten nicht die Gegenwart, sondern eine aus der Gegenwart herausexplorierte *Eigenzeit* (dazu genauer Abschn. 3.1.2). Die an der Entscheidung Beteiligten stehen zeitlich *außerhalb* der Gesellschaft. Zahlreiche Interviews mit Silicon-Valley-Unternehmern bilden genau dies ab: Diese Unternehmen geben vor, sie *seien* die Zukunft (was Journalisten oft zu sarkastischen Kommentaren des Unverständnisses veranlasst – als ob Amerikaner sich mit der Zukunft „verwechselten"); und konstruieren rein zeitlich, antezipatorisch und fiktiv, eine eigene Wirklichkeit. So bewältigen sie Wandel. (Aus der Perspektive des europäischen Wirtschaftsleitbildes ist das unverständlich – uns erscheint das wie „Management by Wolkenkuckucksheim".) Das funktioniert auf Grundlage der beiden Prämissen, dass bisher Geschehenes für die Zukunft meist nicht weiterhilft, und dass andere auch keine besseren Lösungen aus der „Realität" schöpfen können. Daher bemächtigt man sich der Tiefenkompetenz, die man als Organisation selber in sich trägt: Wenn es irgendwo Wettbewerbsvorteile zu heben gibt, dann liegen sie hier.

> **Praxishinweis: Darum geht es**
> Entscheiden auf der Basis von Akkommodieren bedeutet etwas anderes als Entscheiden auf der Basis von Assimilieren. Hier wird anders gelernt. Prüfen Sie, wie

2.3 Entscheiden als Selbstbindung

weit Sie damit gehen wollen – und ob überhaupt.

1. Die Person an der Spitze ist kein Entscheider (das sind die Personen darunter). Sie ist ein Experimentator, Fragensteller, Provokateur. Sie sagt nicht Ja oder Nein, weist keine Ressourcen zu, gibt nicht „Vollgas", stellt weder Mutter der Kompanie noch den motivierenden Zuchtmeister dar, lehnt nichts komplett ab; sondern sie exploriert das „Vielleicht". Unnachgiebig, rigide. In *Deep Plays* und *Straight Talks* fallen Lernen und Entscheiden zusammen, und Führung wie Mitarbeiter müssen zu diesem Verständnis passen. (Ein „entscheidungskräftiger Leader mit *hands-on*-Mentalität und Gestaltungswillen", das aus den USA importierte Klischee aus der Stellenanzeige, passt zu den meisten deutschen Unternehmenskulturen – wenn es denn analog des ursprünglich Gemeinten tatsächlich gelebt würde – wohl kaum.)
2. Experimente in der Organisation sind per se begrüßenswert. Innovative Unternehmen (Beispiel: das Software-Unternehmen Intuit) geben beispielsweise ein experimentelles „Mikromanagement" auf der Basis einiger einfacher Regeln intern frei (nicht genehmigungspflichtig, wenn alle wissen, dass sie an einem Forschungsprojekt teilnehmen; nicht mehr als x Personen in einem Zeitraum von etwa zwei Monaten beteiligt; das Experiment ist klar als solches erkennbar; es werden keine Nutzerdaten gesammelt und keine kommerziellen Transaktionen damit verbunden und anderes mehr). Die Hürden fürs Ausprobieren kreativ und wo irgend möglich senken!
3. Thema Zeit: Es ist ein Missverständnis, dass zum Kreativsein, Lernen oder für gutes Entscheiden mehr Zeit vonnöten wäre. Vonnöten ist vielmehr eine bestimmte Qualität von Zeit, nämlich ungestörte. Das heißt *nicht*: Allein am Schreibtisch, kein Radio und Internet – „das Genie denkt". Akkommodieren bedeutet, Zeiträume zu haben, um vom Blick auf das Gesamtbild zu konkreten Details zu wechseln und umgekehrt. Das passiert, wenn das Denken von einer bestimmten Herausforderung vollkommen absorbiert ist; durch Beobachtung, Gespräche, Experimente – oder auch Reflektieren, durchaus. Die Qualitätsmerkmale von Eigenzeit haben aber nicht Führungskräfte zu bestimmen, sondern einzelne Mitarbeiter für sich. Und Tonnenideologie gilt nicht: Viel hilft nicht viel.

Zusammengefasst

Der Weg zu radikaler Innovation führt über ein explorierendes Heben und Steigern dessen, was man dem Grunde nach, das heißt qua Identität der Organisation, bereits ist.

Die Identität einer Organisation des hier beschriebenen Typs kreist um ihre jeweils spezielle Art und Weise, die Welt zu sehen (Produkte oder Dienstleistungen herzustellen, anzubieten, zu nutzen, etwas mit ihnen anders oder neu zu machen). Die immense

Komplexität in ihren Umfeldern blendet sie so aus. Dadurch kann sie sich ausschließlich auf die Wandlungstendenzen konzentrieren, die für die eigene Perspektive relevant sind (dafür, dass diese Tendenzen im Umfeld auch bemerkt und in die Organisation hineingetragen werden, sorgen die sozial kompetenten, aufmerksamen Organisationsmitglieder). Sie entscheidet autologisch.

Dabei lernt die Organisation durch Akkommodieren. Sie stellt ihre Sicht in Relation zur Umwelt beständig scharf, springt zwischen nah und fern ständig hin und her: Mit Hilfe sozial kompetenter Mitglieder in speziell geführten Kommunikationsprozessen. Die Entscheidung der Führung, sich innerorganisatorisch auf die Weiterentwicklung der eigenen Wahrnehmungsweise (Identität) zu konzentrieren und Lernen „intrinsisch" zu vollziehen, führt dazu, Selbstbindung zum Zentrum von Führung zu machen, sie beständig zu professionalisieren und auch rigide durchzusetzen. Die Mitarbeiter werden auf einen richtungsgebenden Kodex verpflichtet (Geschmack, Börsenwert, eine Kaufmannsethik, Nachhaltigkeit oder Anderes), der zumeist regelrecht zelebriert wird: Steve Jobs hisste zeitweilig eine Piratenflagge vor der Zentrale, Jack Welch feierte jeden noch so kleinen Etappensieg im Unternehmen exzessiv. Das ist inszenierte Selbstbindung: Die eigene Identität wird eigensinnig symbolisch codiert und damit sinnlich erlebbar gemacht. Damit das Unternehmen sich selbst treu bleiben kann, muss es immer wieder vor Augen geführt bekommen, wer es ist, was es leistet, wann es etwas „richtig gut" leistet, und wann etwas „Mist" ist, wie Jobs oft und gerne beschied. Diese Bewertung liefert kein Organisationsmanual. Alles das sind *bewusst gemachte* Lernkurven. Das Management stellt für den eigenen Navigator lediglich Sichtbarkeit her, zwingt alle, sich auf ihn zu verpflichten und webt dadurch unermüdlich am roten Teppich zur Best-Performance. Dorthin kommt nur, wer das wird, was er im Grunde schon ist, vorerst jedoch noch im Status der Unvollkommenheit – Exzellenz als ein unendliches Projekt also, das pedantisch beobachtet, gestaltet und geführt wird.

2.4 Stabilisieren und kontrollieren

▶ Normalisierung von Instabilität ist die neue Stabilität.

In diesem Abschnitt geht es um die Stabilisierung des Unternehmens unter Bedingungen von Ungewissheit. Da wirtschaftliche Organisationen nicht von vornherein darauf programmiert sind, via *Deep Play, Straight Talks* und *Selbstbindung* einen richtungsbeständigen, unbeirrbaren Navigator zu erzeugen, muss die Stabilitätssicherung aktiv hergestellt und gegen Turbulenzen abgeschirmt werden. Unsere herkömmliche Art ökonomischen Handelns praktiziert zumeist etwas anderes: Sie unterliegt dem vordefinierten Zweck, für einen Betrieb und dessen Abläufe Transparenz herzustellen sowie die *ökonomische Performance* zu optimieren (Effektivität, Effizienz). Sie hat also einen technischen Zweck,

2.4 Stabilisieren und kontrollieren

keinen praktischen (praxeologisch qualifizierten). Unternehmen sind bekanntlich in dieser Tradition schon immer – trotz Kunden-, Nachhaltigkeits- oder Wertefokus – in erster Linie auf Profitmaximierung ausgerichtet. Dass dieses Ziel mit „Gemeinwohlorientierung" einhergehen kann, wird wohlwollend akzeptiert und professionell propagiert. Dass es sich dabei allerdings lediglich um Sekundäraspekte handelt, wird in Krisenzeiten deutlich, in denen solche Werte umgehend ans Ende der Präferenzliste rücken. Ökonomische Organisationen müssen – „bei Strafe ihres Untergangs" – erst einmal Überschüsse erzielen, um weiterhin Zahlungen leisten zu können, also um zu überleben. Eine Unternehmung hat nach diesem Axiom daher primär nicht den Zweck, den Shareholder Value zu erhöhen, den Gründer reich oder Kunden froh zu machen, sondern Gewinne zu erzielen. Aber: Sie bildet ein lebendes Ganzes, was bedeutet, dass sie ihren Zweck nur erreichen kann, wenn sie auf ihren eigenen „Gesundheitszustand" und das „Wohlbefinden" ihrer Mitglieder achtet. Und das wiederum bedeutet, dass sie doch nicht *nur* technische Zwecke verfolgen kann.

Insofern könnte es sein, dass die spätestens seit Karl Marx von vielen Kritikern angeprangerte, angeblich gemeinschaftsschädigende Wirkung der kapitalistischen Produktionsweise letztlich darin begründet liegt, dass diese Wirtschaftsformation ausschließlich auf die technische Perspektive reduziert wird. Denn destruktive soziale Folgen haben in erster Linie Unternehmen, die rein wirtschaftlich-technisch, nicht aber praxeologisch ausgerichtet sind beziehungsweise geführt werden; immer dann also, wenn die Organisation zur sozial sinnfreien Zone wird. Im Zentrum des Interesses stehen hier die Ergebnisse ökonomischer Erhebungen – Zahlen, Daten, Fakten –, nicht das Überleben einer Gemeinschaft von Menschen. Zwar sind Messungen, wie schon betont, einschlägig wichtig; die Frage nach Sinn und Zweck ökonomischen Handelns beantworten sie allerdings nicht.

Damit plädieren wir nicht für die klassischen moralischen Positionen, etwa für ein „menschenfreundlicheres" Wirtschaften, eine zivile, reformistische Einhegung der kapitalistischen Geldwirtschaft oder mehr soziale Verantwortung. Hier geht es um etwas anderes: Um den sozial*praktischen* Kern wirtschaftlichen Handelns, den heute vor allem Teile der amerikanischen und asiatischen Unternehmer in den Fokus rücken. Diesem Kern ist ein praktisches Ethos *eingeschrieben* (zurückgehend auf das alteuropäische Leitbild von Ökonomie; aber auch noch die Urväter der modernen Ökonomie, die schottischen Moralphilosophen wie David Hume und Adam Smith, betrachteten Ökonomie immer als im Dienste der Gesellschaft stehend). Das Wirtschaftssystem, rein technokratisch verstanden, wird nicht etwa mit einer ethischen Norm „von außen" konfrontiert. Das ist jedoch der europäische Weg: Beispielsweise gemahnt der Papst die Wirtschaft zur Beachtung christlicher Werte und kritisiert sie, von einem rein äußerlichen Standpunkt aus, schärfer als einige Linke („Diese Wirtschaft tötet!"). Die Implantierung der ethischen Orientierung direkt in die ökonomische Praxis führt zu einem, im Vergleich zu den Europäern, grundverschiedenen Ökonomieleitbild. Im ethischen Diskurs hat sich für das hier Gemeinte der Begriff der *Haltung* eingebürgert: Kalifornisches Unternehmertum steht für eine eigene ökonomische Haltung, für die es in Europa nur wenige Vertreter gibt (wie etwa einen Philip Rosenthal).

Diesen Kern entfalten kalifornische Unternehmen mit eigenen Instrumenten: Sie nutzen dafür ihre pragmatistische Tradition. Dem gehen wir im Folgenden mit Blick auf die Unternehmens*kontrolle* nach. Denn wirtschaftliche Organisationen müssen nicht nur entwickelt, sondern letztlich auch geprüft und einem Controlling unterzogen werden. Statt die Umwelt – beziehungsweise die Wirkungen der Aktivitäten des Unternehmens auf seine Umwelt – zu kontrollieren (Königsweg: Kennzahlen), überprüfen diese Unternehmer maßgeblich die eigene betriebliche Organisation; und zwar daraufhin, sich gegenüber externen Geltungsansprüchen und Normen *zu schützen*, abzuschotten, zu immunisieren. Kontrolle ist eine Art „Verteidigung" der eigenen Sicht der unternehmerischen Dinge (Abschn. 2.4.1). Und statt zu versuchen, einem immer volatileren, dynamischer werdenden Umfeld das Letztmögliche an Stabilität abzutrotzen, konditionieren sie die Organisation auf Instabilität. Der Gedanke dabei: Die schöne heile Welt des überschaubar stabilen Wirtschaftens ist unwiederbringlich Vergangenheit – instabile Zeiten sind normal (Abschn. 2.4.2).

2.4.1 Semantischer Wechsel

Die Aufgabe der Unternehmensstabilisierung sowie der Kontrolle unternehmerischer Aktivitäten wechselt in dem hier präsentierten Unternehmensleitbild ihren Fokus, und zwar grundlegend. Dass die technische Seite stabilisiert werden muss (professionelle Rechnungslegung, Controlling), ist lediglich unabdingbare Voraussetzung, um am Markt zu bestehen. Unternehmerisch interessant ist erst, was danach kommt – die Langfristorientierung der wirtschaftlichen Organisation. Wie sichert diese ihr Überleben; und wenn sie exzellent werden will, auch noch so, dass sie wächst und sich zu der ihr möglichen Höchstform entwickelt? Was ist *dafür* zu stabilisieren und zu kontrollieren? Finanzen und Controlling geraten dafür gar nicht erst ins Visier: Es ist nicht überliefert, dass Steve Jobs, bevor er den iPod oder das iPad entwickelte, erst einmal einen Business-Plan aufgestellt, Benchmarking betrieben und die Margen kalkuliert hätte. Stattdessen entwickelte er mit seinem Team ein Gerät, dass ausschließlich dieses Team „cool" fand (aber selbstverständlich auch nützlich); stellte sich am Schluss vor die Presse und präsentierte ein Produkt, das kein Vorbild hatte, für das keinerlei Marktforschung betrieben worden war und das – bis auf seine Kollegen – niemand kannte und ausprobiert hatte. Mit klassischen Risikomanagementmaßstäben gemessen: Der reine Wahnsinn. Das erste iPad war bekanntlich funktional noch sehr begrenzt und eher passivisch konstruiert – man konnte Bilder ansehen, Musik abspielen und im Netz surfen –, als aktives Arbeitsgerät also untauglich. Insofern war das Risiko eines Flops groß, zumal zunächst niemand wusste, was man damit anstellen sollte. Wurde hier *gar nicht* kontrolliert und stabilisiert?

2.4 Stabilisieren und kontrollieren

Management von Selbstbeobachtung

Es wurde sehr wohl kontrolliert, aber ausschließlich autologisch, wie zuvor bereits beschrieben; selbstbezüglich. Stabilisierung und Kontrolle im Sinne der hier präsentierten Unternehmen beziehen sich niemals auf Unternehmensumfelder (die kann man weder kontrollieren noch stabilisieren), sondern auf interne Strukturbildung.

Jack Welch beispielsweise erfand höchst eigensinnige Mechanismen dafür, die eigene Struktur auf Veränderung zu programmieren. So zwang er seine Führungskräfte dazu, jedes Jahr die schlechtesten Mitarbeiter ihres Bereichs auszusieben; diese wurden ersetzt. Niemand konnte sich sicher fühlen; Strukturverkrustung wurde so unmöglich, Wettbewerb zur internen Norm. Jeder *musste* sich und die anderen mit Blick auf die unternehmensspezifischen Leistungskriterien beobachten – das war der Sinn des Aussiebens. Ein weiteres Beispiel, wie er die Selbstbeobachtung bewusst reflektiert hielt und zusätzlich immer neue Alternativen in die Selbstwahrnehmung einführte, war ein äußerst kreatives Spiel mit Kennzahlen. Er veränderte die Marktdefinition, indem er intern die Kennzahlen kurzerhand neu festsetzte, rein fiktiv: Alle Abteilungen sollten ihre gegenwärtigen Märkte neu definieren, mit der Auflage, dass kein Unternehmensbereich einen Marktanteil von mehr als zehn Prozent haben durfte; die Mitarbeiter waren dadurch gezwungen, eine andere Vorstellung von ihren Geschäften zu entwickeln. Sie sollten wie Start-ups denken. Jack Welch bezeichnet das als „die beste Übung zur Erweiterung des Horizonts".

Seine Tricks sind deshalb so verblüffend, weil sie nicht nur *jenseits* des quantitativen, ökonomisch-technischen Unternehmensleitbildes operieren (dieses also ergänzen), sondern dieses sogar absichtlich unterminieren. Sie nehmen es nicht ernst. Zahlen sind nichts anderes als quantitative Fiktionen: Manchmal sind sie nützlich, manchmal aber auch hinderlich. Wenn sie anfangen zu stören, muss man sie ändern. Diese Idee vermittelten ihm ranghohe Kommandeure der U.S. Army, die damals daran arbeiteten, ihr militärisches Konzept vom Kalten Krieg auf ein Modell umzustellen, das flexibel genug war, in Dutzenden kleiner Auseinandersetzungen in aller Welt erfolgreich zu funktionieren. In einem Meeting bekam er von ihnen „zu hören, dass uns unsere Strategie, in jeder Branche den ersten oder zweiten Rang anzustreben, möglicherweise daran hindere, Wachstumschancen zu nutzen. Der Offizier erklärte, GE verfüge über eine Vielzahl intelligenter Führungskräfte, die stets in der Lage sein würden, ihre Märkte eng genug einzugrenzen, um sich darin problemlos als Nummer eins oder zwei behaupten zu können." Das brachte Welch ins Grübeln. „Wir waren zu Gefangenen unserer Strategie geworden"; man könnte auch sagen, des eigenen Denkens, der eigenen Zielvorgaben, der eigenen Zahlen, der Messinstrumente. GE war der technischen Logik des Wirtschaftens, dem, was viele „ökonomische Rationalität" nennen, auf den Leim gegangen. „Fast 15 Jahre lang hatte ich den Managern die Notwendigkeit eingehämmert, in jeder Branche die Nummer eins oder zwei zu werden. Nun erklärte mir diese Klasse, dass eine meiner grundlegenden Ideen das Unternehmen behindere." (Welch 2001, S. 217 f.). Also definierte er die Marktkennzahlen um. Welch hat, wie alle unsere unternehmerischen Vorbilder, etwas Bemerkenswertes erkannt: Es geht häufig gar nicht darum, an eine vorgeblich universalistische „wahre" Norm zu glauben und genau diese konsequent durchzuhalten; zum Beispiel an Zahlen, Rationalität, eine Strategie, an Beweise, Fakten; sondern seine eigene Weltsicht, den organisationalen „Navigator" *vor solchem Glauben zu schützen* – notfalls gegen die ganze Welt. Genau das muss kontrolliert werden; denn einzig das schafft in ungewissen Umfeldern Stabilität. Da Zahlen oder Rationalität universale Währungen sind, sind sie mit Vorsicht zu genießen. (Für Eliteabsolventen von Business-Schools ist solches Denken und Handeln ein Fall fürs Irrenhaus beziehungsweise den Insolvenzverwalter.)

Steve Jobs hielt es genau so – *deswegen* verachtet er Marktforschung. Diese liefert zwar vermeintlich „richtige" Fakten und Belege; dieses anscheinend „Richtige" ist aber nicht per se dazu qualifiziert, auch *für Apples* Welt hilfreich zu sein. Die in aller Regel mit immensem begründungstheoretischem Aufwand ausgewiesenen universalistischen Geltungsansprüche unserer allgemein anerkannten Normen können für Gemeinschaften oder Organisationen, die einen eigensinnigen, partikularistischen oder kommunitären Blickwinkel als Überlebensprinzip entwickelt und gefunden haben; die sich an eigenen Vorstellungen von Ethik, Exzellenz oder einer speziellen Vision orientieren, um „etwas aus ihrem eigenen Leben zu machen", wie Jack Welch „Gewinnen" definiert, existenzgefährdend sein. Und wenn beide Aspekte nicht zusammenpassen? Sollte dann die eigene Weltsicht geopfert werden (Einsicht in die als objektiv richtig bestimmbare Notwendigkeit) oder nicht doch die Marktforschung? Für Steve Jobs, Pragmatisten und Zukunftsforscher liegt die Antwort auf der Hand – denn was ist schon die Wirklichkeit? Nur das, was wir dafür halten! „Man sieht, was man sieht"; so die, in dieser Hinsicht mitnichten banale, Formel für eine konstruktivistische Haltung von Niklas Luhmann.

Das unermüdliche und oft anstrengende Fördern und Durchdeklinieren von Spitzenleistung und das-können-wir-besser, das Jobs und Welch geradezu manisch durchexerzierten, macht die unternehmensspezifischen Leistungskriterien für alle *sichtbar:* Sie sind damit nicht mehr *un*beobachtbar. Ein rein technischer Zugang zum eigenen Agieren wird so systematisch vereitelt. Falls nötig, werden sogar die „Belege" für den rein technischen Stand der Dinge manipuliert, gefälscht, einfach erfunden. Dieser Mechanismus bedeutet in diesem Mindset Kontrolle – für europäische Wirtschaftswissenschaftler eine absurde „Humpty-Dumpty-Ökonomie" (mit freiem Bezug auf Alice im Wunderland: „,Wenn ich einen Wert verwende', erwiderte Humpty Dumpty ziemlich geringschätzig, ,dann bedeutet er genau, was ich ihn bedeuten lasse, und nichts anderes'. [...] ,Die Frage ist nur [...], wer die Macht hat – und das ist alles'"). Es ist genau dieser Kontrast zwischen radikaler Subjektivität (mitunter frei Erfundenem) und – ausgerechnet – Stabilität und Gewissheit, den die kalifornischen Unternehmer auf eine, für uns Europäer, extrem kontraintuitive Art kurzschließen: Stabilität gewinnt man gerade durch die konservativ-erhaltende, sichernde Kontrolle der subjektiven, mitunter höchst eigenwilligen und für andere kaum nachvollziehbaren Perspektive. Der Sinn von *Deep Plays* und *Straight Talks* liegt in der Erzeugung von bewusstem Zugang zu diesem Mechanismus; zum zwingenden Erfordernis einer andauernden kognitiven Bearbeitung der eigenen Meta-Regel. In solchen Kommunikationen wird nicht geschwatzt und unproduktiv Zeit verschwendet, sondern der eigene Navigator, die Unternehmensseele bearbeitet.

Etabliert hat sich für diesen Zusammenhang die systemtheoretische Formel von der „Beobachtung von Beobachtungen": Zwar wird vordergründig, etwa bei Apple, immer über eine Innovation oder ein Vorprodukt aus dem Studio diskutiert. Gleichzeitig aber beobachtet sich das Team beständig selbst, *wie* es diskutiert, und bemisst dabei jedes Ergebnis am Orientierungspunkt des maximal Besten. Das „Steine-Schleifen", das Jobs beschreibt, wenn er über *Straight Talks* spricht, ist ein Schleifen genau deswegen, weil es die bisher geltenden „normalen" Denk- und Wertungsstrukturen der „Steine" während der Diskussion immer wieder abschleift und verändert und dadurch konsequent in Richtung des eigenen Navigators lenkt (die Steine werden immer mehr zu dem, die sie im Kern – ohne Staubschicht – sind). Und *diese gerichtete Veränderung muss laufend neu initiiert und kontrolliert werden*. Kontrolle funktioniert und existiert für die hier vorgestellten Unternehmer nur in solchen sehr speziell *geführten* Kommunikationszusammenhängen. Veränderungen der Urteilskraft bei den Organisationsmitgliedern dauerhaft zu gewährleisten, und zwar immer innerhalb des eigenen Sinnkorridors, ist Kontrolle: Kontrolle „des" ureigenen Unternehmerischen.

Boundarylessness

Jack Welch entwickelte die Vorstellung vom „grenzenlosen" Unternehmen als einer „Methode", mit der sich GE „von den übrigen Unternehmen der Welt abheben" werde; „zugegebenermaßen nicht gerade eine zurückhaltende Vorstellung", wie er anmerkt. In einem solchen Unternehmen „würden alle Mauern zwischen den Funktionen – Entwicklung, Herstellung, Marketing und anderes – niedergerissen. [...] Ein grenzenloses Unternehmen würde auch die Mauern zur Außenwelt beseitigen, um seine Lieferanten und Abnehmer in einen einzigen Prozess [!] zu integrieren. Es würde die Grenze zwischen den Geschlechtern und ethnischen Gruppen aufheben. Es würde dem Team Vorrang vor dem Einzelnen geben [...] Dies veränderte die Beziehungen zueinander im Unternehmen grundlegend" (Welch 2001, S. 201). Zu Ende gedacht, geht es hier gar nicht mehr um ein Unternehmen, sondern um einen Kosmos; ein eigenes Unternehmensuniversum, eine eigene Welt. Was kontrolliert werden muss, ist folgerichtig die Welt*sicht* – denn die Welt an sich ist nicht kontrollierbar.

Bei Steve Jobs findet man Gleiches. Er hatte alle Teams gleichzeitig im Blick und brachte sie dazu, als ein in sich geschlossenes, flexibles Unternehmen zu arbeiten, das eine einzige Gewinn- und Verlustrechnung aufstellte. „Wir haben hier keine Sparten mit eigenen GuV-Rechnungen, sondern eine GuV-Rechnung für das gesamte Unternehmen", so Tim Cook (nach Isaacson 2011, S. 482). Ziel war die vollständige Integration des gesamten Produkts vom Design über Hardware und Software bis hin zu den Inhalten. Gearbeitet wurde parallel; Jobs nannte das „integrierte Produkte", „deep collaboration" oder „concurrent engineering". Alle Orientierung wurde nach innen gelenkt und auf Ganzheitlichkeit getrimmt. Alle beobachteten alle, und das immer mit Blick auf das Endergebnis. (Vergegenwärtigt man sich den praxeologischen Gehalt dessen, was hier Kollaboration genannt wird, beginnt man zu ahnen, welch erbärmlicher Abklatsch die hiesige Debatte gegenüber der westamerikanischen Ursprungssemantik darstellt. Dies gilt ebenso bezüglich des Buzz Words „Disruption". Die sozioökonomischen Gehalte dieser Kategorien sind hierzulande im Wesentlichen unverstanden.)

Im Prinzip geht es hier um ein dem militärischen Drill ähnliches Erziehungsprogramm: Um eine Dressur zur Metakognition. Die Organisationsmitglieder werden *zur ständigen Reflexion des organisationalen Sinns und ihres eigenen Beitrags dazu gezwungen*; und genau dieser Zwang ist es, der diese Führungsprinzipien für europäische Beobachter mitunter krude, inhuman und brachial wirken lässt. Sie übergehen den einzelnen Menschen. Diesen Unternehmern *ist es egal*, was für Restriktionen und Schwierigkeiten es geben mag; was „eigentlich" und realistischerweise alles erforderlich wäre – es geht immer noch anders, schneller und besser. Ziele und Wohl der Organisation kommen *vor* dem Einzelnen. Die evolutionäre Zugkraft dieser Führung setzt dabei organisational oben an: Nicht im hierarchischen Sinne, sondern am Punkt ihres eigenen Leistungsmaximums, am Bestmöglichen. Die Beeinflussung der Selbstbeobachtung des Unternehmens ist die wichtigste Methode, eine maximal leistungsfähige, die beste Organisation zu bilden, handlungs- und überlebensfähig zu bleiben und dabei immer schlagkräftiger zu werden. An Silicon-Valley-Unternehmen lässt sich dieser Mechanismus in Reinform studieren: Der Hyperindividualismus Kaliforniens ist die Bedingung der Möglichkeit für die Schaffung vieler unternehmerischer Kleinstgesellschaften (als organisierte Sinngemeinschaften verstanden, also „kommunitär") mit eigenwilligen Überzeugungen, die jeweils eine andere, neue Gesamtgesellschaft im Blick haben. Der einzelne Amerikaner steht dabei jedoch „mit Haut und Haar" im Dienst des American Dreams – beziehungsweise der Organisation – und verneigt sich mit seiner Bereitschaft, seinem Einverständnis dazu symbolisch vor denen, die vor ihm diesen Weg bereiteten. Hier schlägt radikaler Individualismus um in ein kollektives Ganzes, das *über die Zeit* mehr und etwas Anderes wird als seine Teile heute sind. Die Gemeinschaft einer Wirtschaftsorganisation ist Wegbereiter einer anderen Gesellschaft – und in genau dieser Rolle versteht sie sich auch. Diese elitäre Rolle ist gewollt, beabsichtigt; sie ist *konzeptionell*. Unternehmen dieses Typs maximieren ihr (völlig fiktives) Potenzial; Maßgabe: Moonshots.

Als zentrale Kategorie steht im Valley für diese Zusammenhänge der Begriff der Singularität. „Unsere Aufgabe besteht darin, auf singuläre Weise Neues zu schaffen, das nicht nur eine andere, sondern eine bessere Zukunft bringt" (Thiel 2014, S. 190). „Singulär" und „besser" müssen jedoch in bestimmter Weise verstanden werden; beides meint hier gerade nicht „einzigartig" und „fortschrittlich". (Genau so wird es allerdings fast immer interpretiert – man eliminiert damit den Sinn des kalifornischen Projekts.) Vielmehr bezeichnet es einen orientierenden, sinngenerierenden Wahrnehmungsfokus auf die eigene ökonomische Potenz („singulär" als: „mein innerstes Noch-Nicht"); sowie eine Vorstellung von der Welt, die nicht stetig auf leisen Sohlen besser wird („Fortschritt"), sondern das Undenkbare denkbar macht und es *dadurch* realisiert (bessere Zukunft als: „eine völlig neue Welt schaffen"). Die Vorstellungen, die wir uns von der Welt machen, wirken auf uns zurück – es war genau diese Einsicht, die Welch bei seiner Diskussion mit den Militärs so verblüffte. Wir orientieren uns vor allem an unseren eigenen Zahlen; daher muss man sie von Zeit zu Zeit ändern, wenn sie anfangen, uns einzuschränken; sie wieder passend machen, „öffnen". „Die Realität" in den Umfeldern gilt es, auf Distanz zu halten; sich fortwährend von ihr zu „desengagieren", wie Luhmann formuliert. Das ist zu lernen, akkommodierend: immer wieder prüfend, ob das eigene Weltbild noch passt; das Desengagement habitualisieren. Diese Haltung ist eine Art Exerzitium und die zentrale, im kalifornischen Denken festgestellte und praktizierte Meta-Regel unternehmerischen Entscheidens. Sie gilt tendenziell eher für Jünger oder Adepten, die durch ein Vorbild an Meisterschaft lernen, als für Absolventen europäischer Bildungsanstalten.[4]

2.4.2 Instabilität normalisieren

Was bedeutet es für das Verständnis von Stabilität, wenn, wie bei Jack Welch, die Kontrollmechanismen so weit gehen (sprich: außer Kraft gesetzt werden), dass vermeintlich unumstößliche, berechenbare und empirisch belegbare Fakten, wie etwa Marktanteile, durch Fiktionen ersetzt werden? Man könnte meinen, hier würde Stabilität *zerstört*. Und in gewissem Sinne stimmt das auch: Solche Stabilität gilt Unternehmern dieses Formats nichts. Wer davon überzeugt ist, dass „die" Realität ein Konstrukt ist, wird jedem skeptisch gegenüber, der die Realität „beweisen" will. Das konsequente Reaktionsmuster: Sich darin zu üben, vermeintlichen externen Realitätsbeweisen zu misstrauen oder sich diesen zu verweigern, als Basis fürs Überleben. Denn solche Belege (Trends, Messungen, Studien, Daten) zu akzeptieren bedeutet, sich auszuliefern; Autonomie, Selbstmächtigkeit und eigene Stärke aufzugeben. Die wichtigste Überlebenschance, die eine Organisation hat, ist in dieser Perspektive jedoch, über ständige Akkommodation die eigene Stärke passend und handhabbar zu entwickeln. Die Umwelt kann das System gar nicht „richtig" beurteilen; sie operiert und beobachtet nach anderen Maßstäben (für einen Vergleich siehe Abb. 2.6).

Noch einmal hervorgehoben: Aus Sicht unserer Vorbildunternehmer darf auf „Wahrheit", „Richtigkeit" oder „Realität" als Autoritäten daher nicht Bezug genommen werden. Wer sich von Derartigem leiten lässt, macht sich in deren Augen lächerlich: Die hier beanspruchte Wirklichkeitsvorstellung ist konstruktivistisch abgeklärt. Die Problemangemessenheit einer Beobachtung von Beobachtungen, also einer metaperspektivischen Kontrolle des unternehmerischen Geschehens, begründet sich dadurch, dass so verhindert wird, dass das Unternehmen in schein-stabilem Normalmodus erstarrt. Die Beobachtung von Beobachtungen hingegen soll laufend Instabilität ins Teamsystem injizieren. Und in den *Straight Talks* wird dieses Außergewöhnliche, dieses „Wir-können-nie-sicher-sein-

	Alte Stabilität	**Neue Stabilität**
Zukunft ...	• ist eine unabänderliche Tatsache; ein nur noch nicht eingetretenes Faktum • bezieht sich auf die Art dieses Faktums (was genau wird kommen? Monitoring)	• ist etwas völlig Neues; ein pluraler Möglichkeitsraum mit vielen Kräften, die in Wechselwirkung stehen • Bezieht sich auf mögliche Ergebnisse der Wechselwirkungen (was tun wir dann? Alternativen vordenken)
Instabilität kann ...	durch möglichst konkrete Vorhersagen verringert/*vermieden* werden	zum Zentrum der Kommunikation gemacht, ‚dauer-bearbeitet' und dadurch *normalisiert* werden
Es gilt:	• Wahrscheinlichkeiten zu definieren und Risiken zu reduzieren • *Ziel*: Stabilität sichern	• Folgen möglicher Entscheidungen und Implikationen für das Handeln abzuleiten • *Ziel*: Im Wandel eine ureigene, dauerhaft flexible Balance erreichen
Zuständig dafür ist ...	• Abteilung (Finanzen, Rechnungswesen o.a.) • Maßgabe: Präzision (Zahlen, Informationen)	• Führung • Maßgabe: Engagement und Involvement der Mitarbeiter (Handeln)
Entscheidungsgrundlagen sind ...	*Sachliches* (Kapitalwert, Ertragskraft, Ressourcen, Wettbewerbsinformationen usw.)	*Soziales* und *Zeitliches* (Kommunikation/*Straight Talks*, Temporalisierungen, die eigenen Erwartungen schärfen)
Wissen der Organisation...	• ist einmal gelernt und abgespeichert; Updates zur Aktualisierung • verändert jeweils einzelne Variablen • bildet genaue, detaillierte Modelle, die jedoch kaum in Handlungen umsetzbar sind	• ist das Ergebnis ständiger interner Neubeschreibungen der Situation und jeweils aktuellen Bedingungen der Organisation („Dauer-Lernen") • verändert Gruppen von Variablen gleichzeitig • bildet Modelle, die nicht valide genug sind, um als Wissensbasis zu dienen, jedoch für Entscheidungen/Handeln brauchbar und nützlich

Abb. 2.6 Alte Stabilität versus neue Stabilität

dass-es-jetzt-gut-genug-ist", *normalisiert*. Die gesamte Organisation konditioniert sich auf Instabilität; sie operiert ständig im instabilen Anormalmodus, angetrieben durch die Quälfrage „Sollte man nicht doch noch dieses oder jenes probieren?". Der hohe Leistungsdruck seitens der Führung ist nichts anderes als eine Intervention in Form von: „*So ist es eben nicht!*" oder „Warum in dieser Art?" – eine kühl-kalkuliert betriebene Dauerinventur der eigenen Standpunkte. Sie stellt die Realität laufend infrage und zwingt dazu, andere Gesichtspunkte einzuführen. Es ist ein kontinuierliches, nicht abreißendes Prozessieren von „Desengagement in Sachen Realität"; ein permanenter Drill in Richtung Perfektion.

Das ist der Unterschied einerseits zum organisationstheoretisch diskutierten „Total Fit" der Organisation (optimales Entscheiden) und andererseits dem „Garbage Can"-Modell (March und Olsen 1976), bei dem, wenn irgendetwas schnell entschieden werden soll, einfach in den Papierkorb gegriffen wird, und dann das zufällig hervorgezogene (also vorher entsorgte) Papier irgendwie von Zauberhand als Entscheidungsvorlage passend gemacht wird. Im hiesigen Modell hält man den Konjunktiv taktisch gegenwärtig: Nicht festlegen (es sei denn auf das eigene Selbstbild)! Nicht blindlings an irgendetwas glauben! Keine Überzeugung ausbilden, dass etwas so „richtig" ginge! Sich von anderen nicht einreden lassen, etwas wäre das Wichtigste oder Neueste! Sondern stets präsent halten (in Umwandlung Kants): Das *Alles ist immer auch anders möglich!* muss alle Teamüberlegungen begleiten. Insofern ist dieses Unternehmertum das erste, das Kontingenz radikal zum Fundament ökonomischen Handelns macht.

Die Mitarbeiter von Google, Facebook, Amazon und Apple jonglieren im Grunde ständig mit Illusionen (Konstruktionen); immerhin aber mit solchen, denen sie ihre Identität verdanken. Das Wissen darum, dass andere auch nichts anderes haben als Illusionen – lediglich anders konstruiert –, macht das Ganze zu einem Spiel, aus dem sich Selbstbewusstsein ziehen lässt. Nahezu alle kalifornischen Organisationen halten sich für eine Elite. Für ihre Art der „Uncertainty Absorption" (Luhmann 2011, S. 183 ff.) legen sich diese Unternehmen auf eine Welt fest, die sie selber konstruiert haben und die sie für „wirklich" halten: Einerseits, weil sie in ihr das eigene, realisierbare Maximum im Keim angelegt sehen, in dem sie tatsächlich letztlich zu dem geworden sind, was ihnen selbst, ihrem Potenzial nach, bereits heute inhärent ist („intrinsische Motivation"). Und andererseits, weil diese Welt das Resultat ihrer eigenen Entscheidungsgeschichte ist; ohne sie gäbe es diese Welt gar nicht (Stolz). „Wir sehen was, was ihr nicht seht!" – *deswegen* fühlen sich diese Unternehmen als elitäre Gemeinschaften. Aus ihrer ganz eigenen, nicht kopierbaren Perspektive ziehen sie Selbstachtung und „Würde"; eine sozial äußerst gehaltvolle, sinngesättigte Unique Selling Proposition.

Diese Weltkonstruktion müssen sie allerdings streng kontrollieren und abschirmen – denn alle wollen reinreden, Alternativen gibt es überall und ökonomische Rechenkünstler aus den Business Schools wissen es eh besser.

Zum Weiterlesen
Eine konzeptionelle *Analyse von „Tiefenkompetenz"*, also von Menschen, die in Unternehmen eine Sache besonders gut können oder praktizieren (Meister ihres Fachs), bei Leonard et al. 2013. Solche

Meisterschaft ist von Menschen, die sie beherrschen, nicht lehrbar; man kann sie ihnen nur abschauen und „Deep Smarts" – zum Beispiel Unternehmer wie Welch, Jobs, Gerstner – bei ihrem Agieren begleiten, sie beobachten und so von ihnen lernen (qua Akkomodieren). Es gibt hier deshalb auch keine Regeln erster Ordnung, die ausformulierbar, anwendbar wären und vorschreiben könnten, *was* man lernen soll; vielmehr geht es (im Sinne von Beobachtung von Beobachtungen) um die bestimmte Art und Weise – um das *„Wie"* –, die Dinge anzugehen; eine besondere Perspektive auf Handlungsformen.

Ein lesenswerter *Anwendungsfall von extremer unternehmerischer Selbstbindung* bei Gulati et al. 2014. Ganz in der Nähe des Kernkraftwerks Fukushima steht die Anlage Daini. 2011 wurde sie ebenfalls von Erdbeben und Tsunami schwer getroffen. In dem Artikel wird beschrieben, wie es der Werksleiter geschafft hat, dass es bei vergleichbaren Bedingungen hier nicht zu einer Kernschmelze kam. Indem er explorierte, überprüfte und diskutierte, was seine Teammitglieder zu wissen glaubten, und dies ständig verschob, erarbeitete er mit ihnen eine gemeinsame Einschätzung der Situation. Auf dieser Grundlage war der Staff in der Lage, mit Hilfe der selbst gewonnenen „informierten" Präferenzen auf neue Wendungen zu reagieren – letztlich erfolgreich. Ein Organisationskrimi.

Ein hörenswertes *Interview mit Steve* Jobs (2012), in dem er seine Art der *Straight Talks* („Steine schleifen") beschreibt, sein „osmotisches" Verständnis von Geschmack erläutert („wir können unsere Art nur verbessern, wenn wir die guten Dinge unter allen verteilen, so dass jeder mit besseren Dingen aufwächst") und auf eindrucksvolle Art sein unternehmerisches Selbstverständnis definiert („ich glaube nicht, dass die besten Leute, mit denen ich gearbeitet habe, mit Computern arbeiteten, weil es Computer sein mussten, sondern weil sie das Medium sind, ein Gefühl weiterzugeben, das man mit anderen teilen möchte".) Der ökonomische Zweck ist egal; was zählt, ist die Haltung: Der Beitrag zum Vorankommen der Gattung.

> **Praxishinweis: Darum geht es**
> Die Organisation muss, um auch unter Bedingungen von Ungewissheit stabil zu bleiben, lernen, sich selbst, also die eigenen Beobachtungen, zu beobachten, um sich auf diesem Weg die eigenen Mechanismen klar zu machen und zu verstehen, nach denen das Unternehmen operiert (denkt, kommuniziert und handelt, beispielsweise Entscheidungen trifft). Genau dazu braucht sie „bewussten Zugang". Den schafft sich ein Unternehmen etwa dadurch,
> 1. dass es sich von ausschließlich quantitativen Wachstumsvorgaben löst. Wenn ökonomisches Wachstum die Folge qualitativen Wachstums sein soll, braucht das Unternehmen eine konkrete Vorstellung davon, wohin es wachsen will. Und zwar nicht auf dem Excel-Sheet (Margenziel), sondern *soziokulturell*. Die Antwort auf diese Frage ist die Projektion des eigenen Navigators in die Zukunft. Henry Ford: „Bezahlbare Autos für die Mittelschicht". Julius Reuter: „Nachrichten schneller als mit Taube und Pferd" übermitteln zu können (Telegraf). Kemmons Wilson: „Billige Hotels von Küste zu Küste, mit deren Hilfe auch Familien durchs ganze Land reisen" können (Holiday Inn). Oder, eine der „Mütter" allen kalifornischen Unternehmertums, ganz unheroisch und selbstbezogen: „Wir wollten unabhängig sein. Das war anfangs das einzige, an das wir dachten" (David Packard von Hewlett-Packard/HP). Zur Bestimmung des

qualitativen Wachstumsziels bedarf es keiner weltstürzenden utopischen Vision, immer aber einer sinngebenden Absicht, die alle „elektrisiert". Wenn diese vorliegt, kann „intrinsische" Motivation entstehen, Voraussetzung für Involvement, Engagement und letztlich Entwicklung. Das Kennen des eigenen qualitativen Wachstumsziels ist der Dreh- und Angelpunkt für „Metakognition": Er liefert die Maßstäbe zur Beurteilung des eigenen Denkens und Handelns.
2. dass es nicht produktorientiert denkt, sondern funktionsorientiert. Ein Unternehmen der Automotive-Branche beispielsweise kann sich ums Verkehrsgeschäft kümmern; sollen andere Autos bauen. Man kann sich der Aufgabe verschreiben, einer Gesellschaft immer und überall Geld zur Verfügung zu stellen; sollen andere mit Kreditkarten verdienen. (American Express akzeptierte während der Weltwirtschaftskrise des letzten Jahrhunderts weiterhin Traveler Checks, obwohl viele Banken geschlossen und ihre Aktiva eingefroren waren. Die Marke AmEx war zuverlässiger als Geld; um an einen solchen Punkt zu gelangen, braucht es funktionsorientiertes, gesellschaftlich sensitives Denken.)
3. dass es sich nicht nur zu disziplinieren weiß in Sachen des eigenen Navigators (eigene Richtung kennen und beibehalten), sondern auch beim Maßhalten; sich also beispielsweise zurückhält in Phasen, in denen das Geschäft gut läuft. Es ist dem Unternehmen nicht förderlich, an die Grenzen der eigenen Kapazitäten zu gehen, sondern sinnvoller, Rentabilität und Firmenkultur beizubehalten. Das berührt Fragen wie: Wann expandieren wir? Wann investieren wir in neue Technologien? Dahinter verbirgt sich die Meta-Regel „Negative Rückkopplung vor positiver Rückkopplung" – also ein vorsichtiges, sozusagen konservatives Handlungsprinzip. Unsere zeitgeistige „Ökonomie der Aufmerksamkeit" suggeriert jedoch das Gegenteil dieser Handlungsmaxime („schnell sein, sonst verliert man den Anschluss"; also klassische Außenorientierung). Was für die kalifornische Haltung bei uns wiederum förderlich ist: Die deutsche Mittelstandskultur und ihre haushalterisch-seriöse Mentalität der „schwäbischen Hausfrau".

Zusammengefasst

In komplexen Umfeldern kann Stabilität nur erzeugt werden durch die Konzentration auf den Eigensinn der Organisation sowie durch das auf-Abstandhalten scheinbar universalistischer Stabilitätsnormen.

Stabilität im Sinne von „zumindest das Wichtigste sicher wissen und dabei die Instabilität kleinhalten können", existiert in diesem unternehmerischen Leitbild nicht: Die Umwelt ist unüberschaubar (was ist „das" Wichtigste?) und Ungewissheit per se nicht erkennbar. Entscheider verpflichten die Organisationsmitglieder daher rigide auf Selbstbeobachtung (Beobachtung von Beobachtungen); das ist ihre Form von unternehmerischer Kontrolle. Sie lassen sich vielerlei Tricks einfallen, damit der sozial*technische* Aspekt nicht dominiert; dass es also in ihrem Unternehmen unmöglich ist, sich (allein) auf „unbestreitbare" Zahlen, „harte" Realitäten oder „unumstößliche" Bedingungen zu berufen, um sich anschließend hinter alternativlosen Entscheidungen verstecken zu können. Universal gültige Maßstäbe sind kein probates Mittel für stabilisierendes Organisationshandeln. Im Extremfall werden Zahlen (zweckdienlich) manipuliert. Das ist zwar eine Notoperation gegen bereits absterbende Organisationsteile, aber zum Überleben des Ganzen manchmal erforderlich, und nur das zählt. Kein Unternehmen erreicht aufgrund guter Zahlen Exzellenz, wohl aber durch gute Produkte und die Vergrößerung des Kundenstammes – was sich letztlich dann auch in den Zahlen niederschlagen wird. Daten sind Ausfluss des eigenen Agierens, also Handlungs*folgen*. Wenn sie zu Handlungs*determinanten* mutieren, sollten sie geändert werden.

Orientierungsmarke für ein Management von Selbstbeobachtung ist die Vision einer vollständig integrierten, autonomen Unternehmenswelt. Allerdings: Die klassische Unterscheidung zwischen Innen und Außen ist hier aufgehoben. Kunden, Lieferanten und wohlmeinende Stakeholder sind Teile dieser Welt. Die bestehende Organisation als Keimzelle übt einen entsprechenden Blick bereits heute ein: Es wird grundsätzlich ganzheitlich bewertet (organisationseinheitliche GuV-Rechnung, „Boundarylessness" als Methode). Und damit der Umgang mit den verschiedenen Ansichten, unterschiedlichen Meinungen und immer neu hinzukommenden Positionen die Organisation nicht zentrifugal auseinandertreibt, wird von der Führung fortwährend Instabilität gezielt erzeugt und psychologisch entdramatisiert. Die Welt „da draußen" ist ungewiss; ein kognitiv kontrolliertes (!) Maß an Instabilität ist daher die Bedingung der Möglichkeit, in solchen Umfeldern überhaupt zu überleben – und daher normal. Präziser: Sie soll normal erscheinen. Ständig mitlaufende Irritationen, andauernder Ansporn, beispielsweise eines „es geht *noch* besser", sind zwar anstrengend, aber die einzige Prophylaxe, um nicht andauernd Notoperationen vornehmen zu müssen. An diesen Irritations- oder Denormalisierungsschmerz muss man sich gewöhnen; dass man ihn aushält und *damit* die Organisation stabilisiert, erzeugt Stolz. Nach Überzeugung solcher Organisationen – nach *amerikanischer* Überzeugung – ist er nicht nur tolerierbar: Er bietet vielmehr ganz neuartige, fantastische gesellschaftliche Potenziale; deshalb nimmt man ihn auf sich. Man kann mit ihm die Welt verändern und eine neue schaffen; eine „Delle ins Universum schlagen" (Jobs).

2.5 Fazit

▶ Ein zeitgemäßes, komplexen Bedingungen globaler Märkte angemessenes Verständnis von unternehmerischem Entscheiden setzt dem ökonomischen Umfeld eine organisationseigene Perspektive an die Welt entgegen und operationalisiert diese durch speziell geführte Kommunikationen.

2.5 Fazit

Ökonomieleitbilder gibt es so viele, wie es menschliche Kulturen gibt. Sie bilden den normativ-konzeptionellen Rahmen für das, was wir jeweils als Sinn und Zweck wirtschaftlichen Handelns beurteilen. Speziell das kalifornische Ökonomieleitbild wurzelt in der Grundüberzeugung, dass Unternehmen letztlich Teile der Gesellschaft sind: Gruppen von Menschen, die Möbel bauen oder Telefonie anbieten, um zu leben (und nicht leben, um Möbel zu bauen oder Telefonie anzubieten). Was auf den ersten Blick nach banaler rhetorischer Floskel klingt, verbirgt ein grundsätzlich anderes, alternatives Wirtschaftskonzept: Es lenkt den Blick primär auf Sozialität, und erst an zweiter Stelle auf Wirtschaft (vgl. Abschn. 2.1). Es unterstellt, dass die soziale Welt (der Markt, die Kunden) immer auch anders sein könnte (Kontingenzannahme) – und sich stetig wandelt: Weil die Umfelder extrem dynamisch geworden und prinzipiell nicht beherrschbar sind. Und dass das einzig Verlässliche, auf das sich unternehmerisch heute noch Bezug nehmen lässt, die eigene Sicht der unternehmerischen Dinge ist. Verlass ist nur auf das, was man selbst bestimmen und beeinflussen kann (eine Binsenweisheit, die aber erst in der hochmodernen Gesellschaft voll zur Geltung kommt). Alles andere wäre Selbstbetrug.

Soweit der Ausgangspunkt. Der wohl populärste Trugschluss dieser Haltung gegenüber lautet: Wenn die Zukunft so unberechenbar und volatil ist wie dargelegt, dann lassen sich strategische Entscheidungen doch erst treffen, wenn zukünftige Entwicklungen tatsächlich und zuverlässig absehbar sind, also solide prognostiziert werden können. Daher müsste man doch die Reaktionsfähigkeit der gesamten Unternehmung auf Umfeldveränderungen gerade erhöhen, verstärkt Data Mining betreiben, intensiver auf die Kunden hören und so weiter, also: Die Komplexität des eigenen Wirtschaftssystems *steigern*, um mit der Komplexitätsexplosion „da draußen" Schritt halten zu können. Bloß: Beim Hase-und-Igel-Rennen kam der Hase immer zu spät – und war am Ende tot (soll heißen: Die Umweltkomplexität lässt sich schon definitionsgemäß im System nicht aufholend erreichen.) Außerdem setzt solches Denken voraus, dass das überhaupt geht: Zukünftige Entwicklungen zuverlässig zu prognostizieren – und zwar unter heutigen Bedingungen, *trotz* Volatilität. Im Silicon Valley denkt man jedenfalls anders: Dass soziale Volatilität das Ende der Prognostik bedeutet, und auch den Abschied von jeder Steuerungsillusion im Sinne von etwas-im-Griff-behalten-können. Unsere gewohnten Instrumente sind uns aus der Hand geschlagen worden, so die Überzeugung. Unternehmensführung muss heute andere Wege gehen. Denn wenn Umfelder unberechenbar werden, machen Vorhersagen keinen Sinn.

Einzuräumen ist, dass der skizzierte Trugschluss eine komfortable und bequeme Reaktionsbildung darstellt, denn sie bewahrt die Manager davor, beängstigende Entscheidungen über nicht kontrollierbare Entwicklungen fällen zu müssen. Dem steigenden Sicherheitsbedürfnis wird mit Reaktionsbeschleunigung, Data Mining, Kundenresonanz und so weiter entsprochen – und da zumindest etwas getan wird, ist das Sicherheitsempfinden höher. Im Silicon Valley wäre die Antwort darauf allerdings: So legitimiert man Vermeidungsverhalten und beruhigt das Gewissen, begründet aber keinen unternehmerischen Erfolg – und Exzellenz schon gar nicht. Daher geht man hier anders vor: Die Unternehmer im Valley setzen eine bestimmte Unternehmensidentität und fällen konsequent auf dieser Basis alle strategisch wichtigen Entscheidungen.

1. Entscheiden bündelt organisationstypische Sichtweisen und Urteile über die Umwelt in sehr speziell und rigide geführten Kommunikationen (vgl. Abschn. 2.2). Dabei werden in Relation zu dem, was man will und sich vorstellen kann, unterschiedliche und neue Sichtweisen aus der Organisation heraus entworfen, exploriert, temporalisiert. Aus diesen Sichtweisen entwickelt die Führung dann einen langfristigen Erwartungshorizont, in dem die Organisation fortan tätig ist. Dies wird ihr „Navigator", der ganz eigene organisationale Sinn, an dem sich jede Entscheidung perspektivisch messen lassen muss. In ständigen *Straight Talks* über Produkte, Herstellungsverfahren, Neuerungen oder Marktaktionen finden jeweils Tiefbohrungen im organisationalen Wissen statt. Durch sie wird gelernt: Das eigene Wissen beziehungsweise die eigene Grundausrichtung fortlaufend „akkommodiert" an die vielfältigen aktuellen Sichtweisen, die von den Organisationsmitgliedern in der Umwelt der Organisation beobachtet und in die *Straight Talks* eingebracht werden. Das „Setzen" der unternehmerischen Identität erfolgt hauptsächlich durch das fortlaufende Prozessieren dieser *Talks*. Durch sie wird Identität erzeugt, abgelagert und gefestigt.
2. „Nur wer sich ändert, bleibt sich treu": Entscheiden bedeutet, die Organisation konsequent zu dem hinzuführen, was sie im besten Fall sein könnte. Jeder dieser *Talks* ist eine Entscheidungskommunikation. Die eigene Sicht auf die Dinge beizubehalten, sich konsequent an sie zu binden und trotzdem, richtiger: dadurch inmitten von Dauerwandel das für die Organisation maximal Mögliche zu realisieren (vgl. Abschn. 2.3). Die „eigentliche" Identität der Organisation liegt damit in der Zukunft, nicht in Vergangenheit oder Gegenwart – eine für uns kontra-intuitive Vorstellung. Dazu muss sich die Organisation ständig ändern im Sinne von „besser" werden, denn nur durch permanentes Verbessern kann sie zu dem werden, was in ihren Anlagen enthalten ist. Das andauernde Schneller-Höher-Weiter, das Jede-Grenze-überwinden ist keine Fortschrittsschrulle der Amerikaner, sondern ihr Identitätsprinzip. „Gutes" Entscheiden stellt sicher, dass dies stets entlang der Tiefenkompetenz der Organisation geschieht, nicht entlang vermeintlich neuer Fakten, Trends oder dem Wandel in den Umfeldern – extern.
3. *Theoretisch*-paradox formuliert: Normalisierung von Instabilität ist die neue Stabilität (vgl. Abschn. 2.4). *Praktisch* ist das aber mitnichten paradox: Wird die *kulturelle Konnotation* von Instabilität geändert (wird also diese emotional nicht mehr als gefährlich, sondern als normal markiert), schwindet ihr Bedrohungscharakter. Alle leben unter instabilen Bedingungen, dann ist das eben normal – *so what?* Im Gegensatz zu diesem hemdsärmeligen Pragmatismus dominieren in Europa andere Vorstellungen: nämlich Prinzipien. Das typisch europäische, konkretistische Umdeuten von Beobachtungen in hehre Fakten, Wahrheit, Wirklichkeit (neumodern: in Bedeutungsfiguren mit Eigenleben, wie „die" Komplexität, „die" Kontingenz oder „der" Wandel, gepaart mit emotionaler Hyperventilierung à la „Kontingenzeskalation", vgl. Ortmann 2009, S. 11 passim)

2.5 Fazit

macht etwas ganz anderes: Es baut Popanze auf, Schreckgespenster, durch die sich unsere Managementdebatte seit Jahren aufschrecken lässt, aber praktisch keinen Schritt vorwärts kommt. Statt Dramen einzuhegen (reicht nicht schon Kontingenz, muss sie auch noch „eskalieren"?), wird skandalisiert. Aber dadurch, dass man sich in den Problemtunnel immer weiter hineinbohrt, wird das Licht am Ende nicht wahrscheinlicher. Im Gegenteil: Praktisch klug ist das nicht – es macht den Managementtheoretikern nur sichtlich mehr Spaß.

Kalifornier lassen sich nicht durch das Ungeheuer Komplexität erschrecken, beziehen sich, deutscher als die meisten zukunftsängstlichen Deutschen, auf das Hölderlinsche Diktum: „Wo aber Gefahr ist, wächst das Rettende auch" – und gehen mit pragmatischem Hedonismus an die Arbeit. Damit man praktisch weiterkommt, muss man allerdings die Begriffsvampire der alten Theorien abräumen: die eigentlich längst toten semantischen Hüllen, die immer noch spukhaft die Energie der aktuellen Debatte aufsaugen. Die ganzen Wahrheiten, Trends, Zahlen, Daten – die unumstößliche Realität eben, die man angeblich anzuerkennen habe, an der man „nicht vorbei" komme, die „nun mal so ist, wie sie ist" (in Europa ist man nicht pragmatisch, sondern *realistisch!*). Der Vorteil davon war über Jahrhunderte, dass man Zeit-, Ort- und kontextunabhängige Fixpunkte hatte, an denen sich Handeln bemessen ließ – das gab *uns* Stabilität. Damit waren verlässliche Pole definiert, die zueinander in Beziehung gesetzt werden können (optimale Werte, Ziele, Strategien, Vorgaben und so weiter; sowie Prognosen für „die" Zukunft in Relation zum Status quo). Nachteil: Die Nutzer werden über die Zeit unbemerkt zu Sklaven ihrer selbstkonstruierten „Tatsachen". Das, was wir unter Realität verstehen, beeinflusst unser Denken und Handeln, begrenzt es und schränkt es ein – und dabei verändert sich die Realität doch ständig weiter! Das Problem ist also nicht die Realität, sondern die Vorstellungen, die wir uns von ihr machen. Sich entwickeln und in der Konkurrenz bestehen kann eine Organisation daher nur, wenn sie dafür sorgt, dass die eigenen Vorstellungen sich ihr nicht irgendwann in den Weg stellen. Daher ist das beständige Akkommodieren und Temporalisieren von existenzieller Bedeutung: Lernen nicht als Mimesis, als Anverwandeln, Einverleiben oder Aufnehmen, sondern als Ausbalancieren und Justieren nach Maßgabe *eigener* Werte. Die Wahrung und Kontrolle einer solchen Selbstimmunisierung gegen das, was die Welt gerade für „wahr" oder „wichtig" hält, erzeugt eine *eigene* Stabilität, die nicht streitig zu machen ist; eine Sicherheit, die einem reflektierten und in seiner Reflexion kontrollierten Selbstbezug entspringt (Management von Beobachtung) – keinem Monitoring.

An den unternehmerischen Vorbildern sollte klar geworden sein, was es *praktisch* bedeutet, dass es objektive Kriterien für Zukunft nicht gibt; dass Zukunft prinzipiell ungewiss ist, dass Kriterien für die Zukunft aber trotzdem unerlässlich sind. Was für ein immenser mentaler Aufwand hier betrieben und welche Kreativität hier investiert wird, um diese Einsicht unternehmerisch zu bewältigen. Dass es dafür immer nur die eigene, unumgänglich subjektive Perspektive an die Welt gibt, ohne dass dies problematisch wäre. Dass vermeintlich universal gültige „Wahrheiten" wie etwa Kennzahlen unter Umständen auch abgewandelt, verzerrt oder fingiert werden dürfen, um die eigene Perspektive (als Überlebensbedingung) aufrechtzuerhalten. Dass daher ein beharrliches Misstrauen gegenüber allen angeblich wahren, gültigen und universal geltenden Maßstäben für unternehmerisches Handeln mehr als angebracht ist. Dass also, um die Ungewissheit der Zukunft intelligent bewältigen zu können, die Organisation auf eine Normalisierung von Instabilität, von Norm*abweichung* eingestellt werden muss; darauf ist sie geradezu angewiesen. Und dass in diesem Zusammenhang tatsächlich ein Geheimnis in der Art und Weise liegt, wie Menschen miteinander kommunizieren, streiten, entscheiden, handeln – nämlich um diese säkulare und voraussetzungsvolle Herausforderung bewerkstelligen zu können (*Deep Play, Straight Talks*).

In einem solchen Unternehmen mitzuarbeiten, hat für die Mitarbeiter einen Eigenwert. Man ist dabei, *wenn Zukunft geschaffen wird*. Gemäß kalifornischem Selbstverständnis ist das mitnichten Selbstbeweihräucherung globaler Konzerne, die gerade „das Momentum" – Sportler würden sagen: einen Lauf – haben und die Welt bewegen, sondern Spiegel einer Mission, *die wirkt*. „Es funktioniert!" Das mitzuerleben ist der Grund für Engagement und Leidenschaft, für die Faszination und Sogwirkung, die dieses Unternehmertum für viele Menschen überall auf der Welt ausübt, und den Wunsch, dabei zu sein. Man beobachtet den Erfolg gewollter, in erster Linie sozial und ethisch motivierter Folgen ökonomischen Handelns. Das ist eine zunächst einmal interessante, Neugier weckende Alternative zu einem Ökonomieleitbild unserer Provenienz, das im Kern um die Professionalisierung seines Regelsystems kreist. Jeder zusätzliche, etwa ethische Anspruch wird bei uns von außen an die Organisation herangetragen, berührt aber nicht das Selbstverständnis der ökonomischen Praxis. Er hat rein appellativen Charakter und korrigiert oder balanciert lediglich die Folgen eines gut abgedichteten, immunisierten Prinzips. Welche Zukunft aber hat eine Ökonomie, die ohne Korrektur ihrer ureigenen Effekte gar nicht mehr auskommt und die Therapien der Nebenwirkungen auch noch fortwährend intensivieren muss?

Was beim kalifornischen Modell, soweit bisher konzeptualisiert, vorerst offen bleibt, sind die Details des Zeitkonzepts, das den Entscheidungen zugrunde liegt. Darum geht es nun. Fest steht bislang nur, dass Zukunft „wichtig" ist – von ihr aus bezieht die Organisation ihre Richtung. Und dass der frühmoderne Kurzschluss von Raum und Zeit hier offenbar aufgehoben ist: Zukunft wird nicht „nach vorne" oder „draußen in der Welt" gesucht; in dem zeitlichen *Raum*, der noch kommt, anhand von schwachen Signalen aus dem Umfeld, die uns die Zukunft bereits sendet. Die Zeit, um die es hier geht, ist vielmehr konstruiert: eigentlich existiert sie gar nicht, zumindest nicht „objektiv". Sie wird von der Organisation erschaffen, sie ist fingiert. Ein Unternehmen mit der hier entfalteten Weltsicht lebt in seiner und für seine (Eigen-)Zeit; und die Zukunft, die es in dieser existenziellen Hinsicht entwirft, ist radikal anders als die jeweilige Gegenwart – eine Art „Mondzeit". Die Organisation ankert dazu fest in einer bestimmten Zentralperspektive und ersinnt entlang dieses Navigators, ihres eigenen Horizontes von Sinn und Bedeutung, Vorstellungen: *Antezipationen*. Sie denkt sozusagen auf Vorrat und lebt „in" ihre eigene Zukunft hinein; und diese in die Zukunft projizierten Bedeutungsüberschüsse aus der Organisation heraus sind es, an denen sie ihr künftiges Handeln (Innovationen) orientiert, die eigenen Entscheidungen kontrolliert und bindet. Genau das muss zusammen passen – nicht die Vorstellungen der Organisation drinnen mit denen ihres Umfeldes draußen. Um Signale des Wandels, die bei *anderen* beobachtbar sind („weak signals", Trends), geht es gerade nicht: Genau die ziehen ein Unternehmen nämlich in die Normalität „hinab" – geradezu ein Exzellenz-Verhinderungsprogramm.

Endnote

[1] In diesem Kapitel geht es um exploratives Entscheiden; darum, bei Vorliegen einer Wahl zwischen Alternativen *im Prozess eines Erforschungs- oder Erkundungsprozesses* geeignete Kriterien zu entwickeln, eine Alternative auszuwählen (sich für eine Option zu „entscheiden"). Die Entwicklung dieser Kriterien im Zuge einer „Erkundung" unterstellt ein umfänglicheres, ganzheitlicheres Verständnis von Exploration als normalerweise verwandt. Man befördert in unserem Sinn nicht nur etwas zutage, „hebt" lediglich verborgene, unsichtbare Erkenntnisse, wie das etwa die ethnografisch arbeitende Marktforschung praktiziert. Wir folgen darüber hinaus einem semantischen Pfad von James March, der sich auf erkundende Entscheidungsprozesse bezieht, die mit erfolgreichen, bekannten, gewohnten und eingeschliffenen Routinen *brechen*, um in unbekanntes Gelände vorzudringen; ins (Noch-)Nicht-Wissen (March 1991). Der Akzent liegt dabei auf dem kreativen Aspekt des „etwas-anders-Machens", nicht des lediglich Offenbar-werden-Lassens oder Zutage-Beförderns. Man entdeckt dabei *Neu*land, keine versteckten Fundamente eines altbekannten Geländes. Des Weiteren beziehen wir uns mit dem autologischen Konzept der Selbstbindung (Abschn. 2.3) indirekt auf ein altes mythisches Heldenbild, das für unsere hier beleuchteten Unternehmen zentral und vorbildhaft ist: Die Figur des Odysseus. Auf seiner Irrfahrt durch die antike Welt segelt er unter anderem am Gestade der Sirenen vorbei, die er nicht aus Notwendigkeit, sondern aus purer Lust und Neugierde (einmal im Leben die Sirenen singen hören!) aufsucht. Um nicht ihrem – immer tödlich endenden – Werben zu erliegen, lässt er sich von seinen Gefährten an den Schiffsmast binden; und diese stopfen sich die Ohren zu. So gerüstet, segeln sie an der Küste vorbei und Odysseus kann dem Gesang gefahrlos lauschen. Die Strategie: Er bindet sich und sein „Team" auf Basis des gemeinsamen Vorhabens selbst; und nur auf der Basis dieser „kommunitären" Selbstbindung (an einen Wunsch, eine Erwartung, eine gemeinsam festgelegte Strategie oder auch schlicht: daran, gemeinsam dieses Abenteuer zu bestehen) überleben alle. Exakt dieses Motiv („to dream the impossible dream": Gemeinsam etwas schaffen – einfach deshalb, weil man es kann und will, weil es einem als der Mühe wert erscheint) ist die Motivations- und Sinnachse des kalifornischen Unternehmertums. Es ist ein antikes, alteuropäisches Motiv und hat in der modernen europäischen Ökonomie keinen Ort, im Gegenteil: Die ökonomische, vermeintlich „rationale" Fixierung an Effektivität, Effizienz und Optimierung war das Programm, unter dem die Austreibung dieses Motivs lief. Dessen Wiedergeburt ist genuin amerikanisch. Hier geht es nicht ums Geldverdienen oder Wachsen, sondern darum, einen eigenwilligen Traum umzusetzen (wozu man sich ökonomischer Instrumente bedient). Rendite und Wachstum sind nur die Folgen einer so verstandenen Ökonomie. Dieses Managementmodell ist das *Gegenteil* von anti- oder postheroisch: Ein Unternehmenstyp, der für die Gesellschaft, in die das

Unternehmen eingebettet ist, einen heldenhaften Stellenwert einnehmen kann und will; der diese Rolle für sich zumindest *beansprucht*. Man greift zu den Sternen, um alle voranzubringen: Unternehmen als (ökonomische) Instrumente und Katapulte der sozialen Evolution. Das Silicon Valley ist dasjenige soziale Labor, in dem mit genau diesem Ökonomieleitbild experimentiert wird.

² In der Systemtheorie von Niklas Luhmann findet sich dieser Zusammenhang in einem eigenen Theorem der „Komplexitätsreduktion" – praktisch nichts anderes als eine logische Ebenenunterscheidung. Auf der einen Seite steht die Wahrnehmung beziehungsweise die Wahrnehmungs*beschränkung*. Auf der anderen: Bewerten, Urteilen und Entscheiden von, unter diesem Gesichtspunkt dann, *vielen* Möglichkeiten als Grundlage für *konkrete Anschlüsse*. Unterschieden wird also zwischen Theorie/Reflexion und Praxis. „Der Aufbau von Komplexität [kann] nur durch *Reduktion von Komplexität* eingeleitet werden" (Luhmann 1990, S. 714, Herv. i. O.). Man muss in seinem Denken zunächst den Fokus klären – und erst dadurch scheinen Handlungsoptionen auf. Was scheinbar nach Paradox klingt, ist praktisch also gar keines: Es macht im sozialen Miteinander vielmehr *Sinn*. Denn Sinn muss zunächst fokussiert werden (Reduktion auf das, worum es hier und jetzt geht), bevor man ihn durch Ideen überhaupt bewältigen kann. Eine solche Reduktion, die strikte Bindung an das Gemeinte, zeigt allen Beteiligten den zentralen Dreh- und Angelpunkt, um den die Unternehmung kreist – und generiert dadurch im Anschluss *neue, mehr* Handlungsoptionen. Denn wenn erst eine Perspektive da ist, gibt es „plötzlich" auch mit ihr einhergehende Maßstäbe; Handlungskriterien. – Die Mechanismen, die sich in kalifornischen Unternehmen beobachten lassen, findet man bei Luhmann bereits sämtlich beschrieben: Etwa die Erleichterung, die diese Meta-Regel für das (Wieder-)Erkennen der eigenen Perspektive bedeutet. (Vor allem in Großunternehmen droht sie über die Zeit „vergessen" zu werden.) Oder ihre Funktion als „selbstgeschaffene Reduktion von Komplexität" sowie die in allen hier beobachteten Beispielunternehmen angewandten *Straight Talks* – natürlich ohne dieses Label zu verwenden. Vgl. Luhmann 1990, S. 365 ff. Beispiel: Bei Steve Jobs übernimmt die Aufgabe der Komplexitätsreduktion die Kategorie des Geschmacks: „Ultimately it all comes down to taste".

³ Wer sich angeblich „nachhaltige" Unternehmen ansieht, kommt aus dem Staunen nicht heraus, wie gut das *doch* geht! Die Nachhaltigkeitsdebatte ist ein besonders anschauliches Beispiel dafür, wie extrem das hier beschriebene Unternehmensleitbild und unser aktuell geltendes in der Praxis auseinanderklaffen. Die wohl meisten nachhaltigen Unternehmen setzen, anders als im gerade beschriebenen Modell, ihren ökologischen Handlungsrahmen *sozialtechnisch*: Schreiben regelmäßig Nachhaltigkeitsberichte und geben Auskunft über ihr Tun, engagieren sich in CSR-Projekten, nutzen nur Papiertüten oder Öko-Strom und produzieren (zumindest in Teilbereichen) ressourcenschonend. Da dies auch auf viele Industriekonzerne zutrifft, ist offensichtlich, dass es sich hier um identitär ökologisch-selbstgebundene Organisationen gar nicht handeln *kann*. Von beiden Typen unterscheidet sich wiederum ein dritter, nämlich das verpönte „Green-Washing". Damit gemeint sind Firmen, die das Handeln gänzlich anderen überlassen und sich in puncto ökologischem Engagement auf die Kommunikation beschränken. – Für die Kunden sind solche feinen Unterschiede kaum erkennbar, weshalb einige Konsumenten die Glaubwürdigkeit dieses Themas (präziser: dessen Sinnwürdigkeit) inzwischen generell anzweifeln. Diese in unserem Ökonomieleitbild hausgemachte Situation

führt zum Beispiel dazu, dass trotz Öko-Hype und beständiger Zunahme ökologisch engagierter Unternehmen die gesellschaftliche Öko-Bilanz kaum vorankommt. Das liegt nicht an zu wenig ökologischem Bewusstsein in der Gesellschaft oder „mangelnder Moral", der man mit einem Workshop in Unternehmensethik beikommen könnte, sondern an einem Selbstverständnis ökonomischen Handelns, in das ein praxisrelevanter Sinnbezug *erst gar nicht eingelassen ist*. Für viele Unternehmen bedeutet ein ökologisches Profil lediglich: Umsatz und Gewinn erwirtschaften *trotz* Einhaltung der Öko-Auflagen. Ökologie ist dann eine wandelbare *externe Bedingung des Organisationshandelns* und hat nichts zu tun mit identitärer, gewollter, autonom gesetzter Selbstbindung.

[4] Es wäre lohnend, die aktuelle asiatische Wirtschaftswissenschaft genauer zu inspizieren, um diese Unterscheidung konzeptionell stark zu machen. Mehrere asiatische Wirtschaftswissenschaftler schlagen seit Langem einen eigenen asiatischen Weg vor und problematisieren dabei die ideologische Gehirnwäsche, welche die westlich-ökonomische Erziehung bei ihren jungen Managern, die etwa aus Harvard kommen, anrichtet. „Wie selten Studenten […] die Grundannahmen in Zweifel ziehen, auf denen ihre Lebens- und Karriereeinstellungen beruhen. […] Sie sind alle klug, unglaublich klug sogar, und doch intellektuell wie kastriert". Das „andere", asiatische Modell dieser Gruppe thematisiert in exakter Analogie zur kalifornischen Blaupause ganz zentral den Stellenwert von Gesellschaft für die Ökonomie. „Von Anfang an bediente sich der Industriekapitalismus [.] an Ressourcen, die ihn nichts kosteten, sich aber nutzen ließen". Wir müssten bestimmte Grundannahmen des Wirtschaftens aufgrund dieser fragwürdigen Praxis infrage stellen: Zum Beispiel, „dass der Markt Menschen mit dem versorgt, was sie wollen und brauchen, indem er dafür einen Preis findet. Doch der Markt preist nur ein, was schon einen Preis hat" (Nair 2011, S. 17, 40). Menschliche Kreativität oder Natur und Umwelt – das heißt alles das, was die Gesellschaft an Ressourcen, Talenten und Ideen bereitstellt – gehören nicht zu diesen „freien Gütern". Insbesondere Matsushita erregte sich darüber, wenn Unternehmen unachtsam und respektlos mit sozialen Werten umgingen. Der Markt versorgt niemanden; es sind Unternehmen, Gruppen von Menschen also, die Produkte kreieren, die für Menschen nützlich sind und ihr „übervolles" Leben leichter machen, wie Steve Jobs formulierte. Dass viele im Westen das nicht verstehen, brächte den Osten letztlich aufs ökonomisch-evolutionäre Siegertreppchen, glaubte Matsushita. Zwischen Wirtschaft und Gesellschaft gibt es dieser Sichtweise zufolge, die kalifornische und einige asiatische Managementvordenker teilen, eine Art Osmose; und Führung ist derjenige osmotische Druck, der intern dafür sorgt, dass die Konzentration von ökonomisch nutzenorientierter Expertise im Unternehmen *zum Nutzen der anderen Seite der Membran* maximal hoch wird. Wirtschaften ist ein Handeln entlang dieser Membran: Sie organisiert den Austauschprozess zwischen Spezialwissen, das Forschung und Entwicklung innerhalb der Ökonomie generiert, und dem sozialen Sinngrund, auf dem dieses Spezialwissen in Form von neuen Produkten überhaupt nur gedeihen kann, und welcher den Produkten hinterher auch eine Abnahme verspricht. Nur wegen der anderen Seite unternimmt man diese Anstrengung überhaupt (vgl. auch Sen 2005). Diese andere Seite ist aber mehr als der betriebswirtschaftliche Fetisch „Kunde", darin sind sich beide Wirtschaftsleitbilder (Kalifornien/Asien) einig.

Literatur

Alsleben K, Wehrstedt W (Hrsg) (1966) Praxeologie. Acht Beiträge zur Einführung in die Wissenschaft vom leistungsfähigen Handeln aus dem Forschungszentrum für allgemeine Probleme der Arbeitsorganisation in Warschau. Quickborn
Argyris C, Schön DA (2008) Die Lernende Organisation: Grundlagen, Methode, Praxis. Klett-Cotta, Stuttgart
Baecker D (1994) Postheroisches Management. Ein Vademecum. Merve, Berlin
Bauer P (2014) Die Kommunity. Magazin der Süddeutschen Zeitung vom 26.9. 2014, 12–23
Bloch E (1973) Das Prinzip Hoffnung, 3 Bd. Suhrkamp, Frankfurt a. M.
Crainer S (2000) Die 75 besten Managemententscheidungen aller Zeiten. Ueberreuter, Wien
DeltaSync NL. http://www.deltasync.nl/
Feyerabend P (1986) Wider den Methodenzwang. Suhrkamp, Frankfurt a. M.
Gerstner LV Jr (2003) Who says elephants can't dance? Inside IBM's historic turnaround. HarperBusiness, London
de Geus A (1998) Jenseits der Ökonomie. Die Verantwortung der Unternehmen. Klett-Cotta, Stuttgart
Gulati R, Casto C, Krontiris C (2014) Das andere Fukushima. Harv Bus Manage 36:52–59
Isaacson W (2011) Steve Jobs. Die autorisierte Biografie des Apple-Gründers. btb Verlag, München
James W (1994 [1907]) Der Pragmatismus. Ein neuer Name für alte Denkmethoden, übersetzt von Wilhelm Jerusalem. Meiner, Hamburg
Jobs S (2012) The lost interview, Gespräch mit Steve Jobs 1995 zur Zeit der Leitung von NeXT. DVD. NFP marketing & distribution. Berlin/Vertrieb Warner Bros. Entertainment, Hamburg
Keese C (2014) Silicon Valley. Was aus dem mächtigsten Tal der Welt auf uns zukommt. Albrecht Knaus Verlag, München
Kotter JP (1997) Matsushita leadership. Lessons from the 20th century's most remarkable entrepreneur. Free Press, New York
Kuhn J (2014) Googles Kopfkino, Süddeutsche Zeitung vom 23.10.2014
Laux H, Gillenkirch RM, Schenk-Mathes HY (^{8}2012) Entscheidungstheorie. Springer, Berlin
Leonard D, Barton G, Barton M (2013) Kompetenz lässt sich lernen. Harv Bus Manage 9:82–87
Luhmann N (1990) Die Wissenschaft der Gesellschaft. Suhrkamp, Frankfurt a. M.
Luhmann N (^{3}2011) Organisation und Entscheidung. Springer, Wiesbaden
March JG (1991) Exploration and exploitation in organizational learning, (discussion paper), Stanford. http://pubsonline.informs.org/doi/abs/10.1287/orsc.2.1.71. Zugegriffen: April 2015
March JG, Olsen JP (1976) Ambiguity and choice in organizations. Universitetsforlaget, Bergen
Nair C (2011) Der große Verbrauch. Warum das Überleben unseres Planeten von den Wirtschaftsmächten Asiens abhängt. Riemann Verlag, München
Ortmann G (2009) Management in der Hypermoderne. Kontingenz und Entscheidung. VS Verlag für Sozialwissenschaften, Wiesbaden
Pentland AS (2012) Kommunikation ist der Schlüssel. Harv Bus Manage 34(Mai):36–48
Piaget J (2014 [1970]) Meine Theorie der geistigen Entwicklung. Herausgegeben von Reinhard Fatke. Beltz, Weinheim
Rorty R (1987) Der Spiegel der Natur. Eine Kritik der Philosophie. Suhrkamp, Frankfurt a. M.
Rorty R (1999) Philosophy and social hope. Penguin Books, London
Rorty R (2000) Philosophie und Zukunft. Fischer Verlag, Frankfurt a. M.
Rorty R (2006) Die Zukunft der Religion, herausgegeben von Richard Rorty und Gianni Vattimo. Suhrkamp, Frankfurt a. M.

Schimank U (1992) Spezifische Interessenkonsense trotz generellem Orientierungsdissens. Ein Integrationsmechanismus polyzentrischer Gesellschaften. In: Giegel H-J (Hrsg) Kommunikation und Konsens in modernen Gesellschaften. Suhrkamp, Frankfurt a. M., S 236–275

Scholz C (2014) Wenn Giganten stolpern. Die wundersamen Wandlungen der Daimler AG. OrganisationsEntwicklung 2:36–43

Schulz T (28. Februar 2015) Das Morgen-Land. Der Spiegel 10:20–29

Semler R (1995) Maverick. The success story behind the World's most unusual workplace. Grand Central Publishing, New York

Sen A (2005) Ökonomie für den Menschen. Wege zu Gerechtigkeit und Solidarität in der Marktwirtschaft. Deutscher Taschenbuch Verlag, München

Senge PM (2008) Die fünfte Disziplin. Kunst und Praxis der lernenden Organisation. Klett-Cotta, Stuttgart

Taleb NN (2010) Der Schwarze Schwan. Die Macht höchst unwahrscheinlicher Ereignisse. Deutscher Taschenbuch Verlag, München

Thiel P (2014) Zero to One. Wie Innovation unsere Gesellschaft rettet. Campus, Frankfurt a. M.

Traditional Fine Arts Organisation, Inc (2010) Art & nature: The Hudson River School. http://www.tfaoi.com/newsm1/n1m452.htm. Zugegriffen: 28. Okt. 2015

Welch J (2001) Was zählt. Die Autobiografie des besten Managers der Welt. ECON-Taschenbuchverlag, München

Welch J, Welch S (2007) Winning. Die Antworten auf die 74 brisantesten Managementfragen. Campus, Frankfurt a. M.

Exzellent werden – Unternehmen entwickeln

3

▶ Wie erschafft ein Unternehmen quasi aus dem Nichts ein erstklassiges wirtschaftliches Organisationssystem? Und welche Methoden kann es dazu nutzen?[1]

Sowohl die meisten Unternehmer als auch fast alle Innovatoren haben ein nahezu untrügliches Gespür dafür entwickelt, wann ihre Organisation „wach" ist, lebendig, wann sie sich weiterentwickelt – dieser Zustand ist grundsätzlich mehr und etwas anderes als bloß „die eigenen Erfahrungen nutzen". Was die Kalifornier von den meisten Unternehmern und fast allen Innovatoren unterscheidet, ist die spezielle Form des Lernens, die diese Talbewohner praktizieren (das intern herbei „geführte" Akkomodieren). Es stellt eine Antwort auf die Frage dar, wie die Organisation *dauerhaft* wach gehalten werden kann. Die Überlegung dabei: Sich nur auf Basis der eigenen Erfahrungen zu verbessern ist zu wenig. Das hieße nämlich, durch ausschließlich die eigene Vergangenheit sowie ein ständiges Experimentieren mit der Realität den jeweiligen „one best way of organization" herauszubekommen. Daran ist zwar nichts verkehrt – Versuch und Irrtum zuzulassen, fehlertolerant zu sein und die Mitarbeiter beständig zu neuen Wegen zu ermutigen, ist gut und schön, aber nicht gut genug; allein noch kein Sprungbrett zu Exzellenz. Derlei ist lediglich die Voraussetzung dafür, in der Liga der Innovatoren mitspielen zu können.

Der einzigartige Aspekt, der speziell bei Unternehmen aus dem Silicon Valley hinzukommt, ist der Zukunftsbezug: die Antezipation. Schaut man sich Zukunftsforschungsschmieden im Silicon Valley wie Google[X] an, könnte man genauso treffend von Simulation sprechen. In diesen Teams wird, fiktiv aber systematisch, die Zukunft exploriert. Und zwar nicht in 360-Grad-Scans oder Trend-Monitorings, sondern konsequent entlang der eigenen Weltsicht. Das ist ein im Grunde banaler und selbstverständlicher Gedanke

– „gesunder Menschenverstand", unternehmerisch operationalisiert. Fluggesellschaften lassen ihre Piloten ja auch erst ans Steuer, wenn sie zahlreiche Flugstunden am Simulator absolviert haben. Erst mal wird geübt – fiktiv.

Welchen Grund gibt es dafür, dass die erdrückende Mehrheit der Unternehmen die Weiterentwicklung ihrer Organisation stattdessen durch Theorien oder Versuch und Irrtum bestimmt? Es ist wohl unstrittig, dass von einer guten Unternehmensentwicklung genauso viele menschliche Schicksale abhängen wie von Entscheidungen von Flugkapitänen. Nur: Für Erstere genügt ein BWL-Studium. Diese Haltung ist grotesk; aber sie ist die Tradition, der „Mainstream", das dominante Muster des Innovierens, in dem wir in der europäischen Unternehmensentwicklung stecken. Ein mit wissenschaftlichem Anspruch betriebenes Trainieren einer guten Praxis existiert praktisch nicht. Eine Hochschule oder Universität, die solches anbieten würde, käme damit kaum durch die Zertifizierung: Es gibt dafür keine Standards. Wie soll man Praxis in ihren mannigfaltigen Formen valide, vergleichbar, objektiv, reliabel, relevant und so weiter beforschen und bewerten?

Der amerikanische Pragmatismus, als geistesgeschichtliche Denktradition verstanden, und seine emphatische Zukunftsorientierung haben die Amerikaner davor bewahrt, die Tuchfühlung, den engen Kontakt von Wissenschaft und Praxis zu verlieren. Ein fiktives Üben, ein Denken auf Vorrat, das Abschreiten alternativer Wege gehört für sie grundsätzlich zur Wissenschaft dazu. Eine rein „idealistische" philosophische Tradition wie in Europa – also ein Denken fernab der Realität – ist im amerikanischen Kulturkreis unvorstellbar; genauso wie eine „realistische", denn Realismus ohne visionäre, antezipatorische Anteile macht aus amerikanischer Sicht keinen Sinn. Sie liefert kein Handlungsmotiv, warum etwas überhaupt getan oder anders getan werden sollte.

Exzellenz ist für Amerikaner daher in einer Richtung zu suchen, die maximale Schlagkraft gewinnt aus der Antezipation; aus der konsequenten Ausrichtung auf das, was auf der Grundlage speziell der eigenen unternehmerischen Fähigkeiten, *mit uns und für uns*, möglich ist. Dies meint aber nicht, wie häufig unterstellt, ein Unternehmen bräuchte daher zwingend eine Vision, ein Leitbild, eine Roadmap oder Ähnliches. Hilfreich kann das zwar sein, aber das kalifornische Unternehmenscluster steht für etwas anderes: Nämlich für eine Antezipation eines ökonomischen Zwecks *innerhalb* seines Umfeldes, der Gesellschaft. Der Begriff der „Embeddedness" bezeichnet genau diesen Sachverhalt: die relationale Einlagerung ökonomischer Aktivitäten in soziokulturelle Beziehungssysteme. In solche Beziehungssysteme ist die Organisation eingebettet; ihre Tiefenkompetenz – das, was sie ausmacht und was sie am besten kann –, ihre Kunden und Produkte. Die Antezipation nimmt genauer ein projektiertes Umfeld vorweg, das diese gegenwärtige Embeddedness in Rechnung stellt und als Rahmen setzt, quasi als Sprungbrett nutzt für die Antezipation; und in welches das eigene Unternehmen genau hineinpasst. Sie besteht in einem Zukunftsbild, in dem die Organisation und ihre ganz speziellen Fähigkeiten mit ihren Umfeldern bestmöglich harmonieren: Es führt also an, in diese Zukunft hinein (daher ist ein rein auf die Organisation bezogenes Leitbild oder eine solche Vision sinnfrei, energetisch leer – es orientiert und motiviert nicht, hat keine Verbindung zu den soziokulturellen Ankern, welche die Organisation tragen). Ein sozial gehaltvolles Zukunftsbild hingegen, eine Antezipation, ist etwas *ganz anderes* als eine Vision oder ein Leitbild à la „Unternehmen X im Jahr 2030" – es ist die Vision einer anderen Welt. Das Unternehmen geht ihr entgegen, und damit der sie umgebenden Gesellschaft ein Stück voraus. Es fungiert als Katalysator für die soziale Evolution.

Für genau diese – zugegeben: aus europäischer Perspektive futuristisch, schrullig anmutende – Grundidee steht das Silicon Valley; seit mehreren Jahrzehnten. Alle beteiligten Akteure an dieser Idee, die amerikanische Gesellschaft, die Wirtschaft, die Kunden, Produkte, Politik und Technologie, sind kulturell passende Transmissionsriemen, die sich gegenseitig stabilisieren und antreiben. Wer zum Mars will, kann auch gar nicht anders als in solchen Dimensionen denken. In diesem Mindset ankern sämtliche „Buzz Words" der aktuellen Zukunftsdebatte wie Disruption, Digitalisierung oder Kollaboration, die ihrem Sinngehalt nach hierzulande fast immer in kulturfremden, bemessen am Valley: in kulturell *gegensätzlichen* Konnotationsfeldern benutzt werden. Beispiel: der dauermissbrauchte Zentralbegriff „Netzwerk". Ein Netzwerk ist nicht einfach ein Kooperationsformat – es ist ein Katapult, eine mental kulturelle Distanz- oder Lenkwaffe mit dem Ziel der Erzeugung einer gemeinschaftlich getragenen Erwartung: Alle Netzwerker produzieren Ideengeschosse in *eine* intendierte Richtung. Genau das meint „Netzwerkökonomie": Am Ende realisiert man eine gemeinsame Antezipation.

Doch auch aus europäischer Perspektive ist diese in den Urgrund der amerikanischen Gesellschaft eingelassene Überzeugung, dass wirtschaftliches Handeln die Welt verändern kann, faszinierend – das zeigt die ungeheure Virulenz der Debatte darüber. Wir haben traditionsgemäß dafür die Politik – mit bescheidenen Aussichten. Die Amerikaner sind da *pragmatischer* und nutzen fürs Weiterkommen alles, was möglich ist; auch und gerade die Ökonomie, und laden sie zu diesen Zwecken imaginär auf. Von Steve Jobs ist das Mantra überliefert, „eine Delle ins Universum schlagen" zu wollen – mit dieser Aufforderung warb er Mitarbeiter an, erfolgreich. In einer globalen Wirtschaft ist dieser Gedanke es wert, auch von anderen Ländern als nur den USA erwogen zu werden; denn er ist seinem Prinzip nach kulturell neutral. Er führt zu einer ganz eigenen, leidenschaftlichen und nicht kopierbaren Form von Innovativität, die sich aus der führungstaktisch kontinuierlich verstärkten Exploration von Dissonanz im Unternehmen ergibt *(Straight Talks)*: Die Mitarbeiter werden gezwungen, sich fortwährend von dem, was alle glauben, was normal sei, zu „desengagieren".

Amerikanische Schulen trainieren diese Kompetenz (ein für europäische Konsensverhältnisse kruder Gedanke), beispielsweise in Form von Widerspruchsgeist: Das pädagogische Ziel lautet, Schülern die Grunderfahrung zu vermitteln, dass nichts Schlimmes passiert, wenn man sich absichtlich in Widerspruch zur Mehrheit setzt. Dadurch entsteht eine Art Grundvertrauen in die Vorteile mutwilligen Widerspruchs („Ambiguitätstoleranz") – der Humus für *Straight Talks*. Viele kalifornische Unternehmen folgen dieser uramerikanischen, soziokulturell geprägten Grundlinie. Ein solches pragmatistisches Denken als Grundlage von Innovationsmustern ist hochgradig kontextsensitiv. Von der Dissonanzkultur der Netzwerkmitglieder, die – aus der Binnensicht der Organisation betrachtet – individuelle, strittige Perspektiven aus ihren jeweiligen Umfeldern in die Organisation tragen, hängt alles ab. Europäer praktizieren das Gegenteil: Sie erachten für Innovationen das Umfeld eher als hinderlich, rechnen es möglichst klein oder am besten heraus – und *erfinden* lieber. Das ist weder besser noch schlechter, aber etwas völlig anderes. Die Frage ist: Reicht es als alleiniges Prinzip in einer globalen Ökonomie auf Dauer aus? Nota bene: Für die Kompetenz des „soziokulturellen Muster-Transfers" (mit Mindsets spielen) sind die Amerikaner qua Tradition unvergleichlich besser gerüstet als wir.

Im Folgenden betrachten wir diese amerikanische Praxis speziell mit Blick auf Erstklassigkeit, indem wir den Begriff der Antezipation schärfen. Was genau bezeichnet er und wie wird er unternehmerisch fruchtbar? (Abschn. 3.1). Nach einer Vorstellung von drei Methodenklassikern, welche die amerikanische Zukunftsforschung entwickelt hat, um beispielsweise die Führung und Entwicklung von Organisationen genau so zu betreiben (Abschn. 3.2), systematisieren wir abschließend vier ganz verschiedene Wege der exzellenzorientierten Unternehmensentwicklung mit dem Fokus auf Innovation, um auch durch die Kontrastierung den kalifornischen Typus genauer zu fassen (Abschn. 3.3).

3.1 Antezipieren: Das Erfassen von Zukunft in der unternehmerischen Praxis

▶ Antezipieren bedeutet, eine sozioökonomische Richtung vorgeben, in die sich nicht nur das Unternehmen und seine Produkte, sondern auch seine Umfelder, vor allem aber die Gesellschaft entwickeln soll.

> Es gibt eine Menge Dinge, die wir gerne machen würden, aber leider nicht tun können, weil sie illegal sind. Weil es Gesetze gibt, die sie verbieten. Wir sollten ein paar Orte haben, wo wir sicher sind. Wo wir neue Dinge ausprobieren und herausfinden können, welche Auswirkungen sie auf die Gesellschaft haben.

Larry Page (nach Keese 2014, S. 273), einer der beiden Google-Gründer, beschreibt hier seine Vorstellung von Antezipation: Unternehmen müssen mögliche Zustände vorwegnehmen und diese im geschützten Raum ausprobieren – in einem umfänglichen, ganzheitlichen Sinne. Dabei geht es nicht um Produkttests, sondern um komplexe Folge- und Rückwirkungen von Neuheiten oder Veränderungen auf das Ganze, die Gesellschaft. Was Google sucht, sind geschützte Innovationsräume. Das Unternehmen schickt daher Kommunikationssatelliten ins All oder baut künstliche Inseln, die der staatlichen Kontrolle entzogen sind (vgl. Abb. 2.1). Sie gehören (noch) niemandem; rechts- und staatsfreie Räume sind Denk- und Meditationsorte für ein Denken auf Vorrat. Sie müssen nicht immer real, „materiell" sein und auch nicht unbedingt außerhalb des Unternehmens liegen. Solche Denksphären lassen sich auch im Unternehmen installieren, und zumeist geschieht das auch. Das Studio von Steve Jobs ist ein Prototyp dafür; dort wird mit gebündelter Vorstellungskraft antezipiert: exploriert und getestet, was möglich, realistisch beziehungsweise machbar ist, was man mit all dem selbst überhaupt erreichen will und wie es sich auf Dauer auf die Umfelder auswirkt (Abschn. 3.1.1). Dazu erzeugt die Organisation in diesen Räumen eine ganz eigene, nur für sie selbst geltende Zeitordnung. Diese „Eigenzeit" (Nowottny 1989) ist konstruiert und „existenziell"; sie fällt aus der „eigentlichen" sozialen Zeit heraus (Abschn. 3.1.2).

3.1.1 Der praktische Umgang mit Zeit: Entbergen und Projizieren

Kann man mit Zeit praktisch überhaupt etwas „machen" – Zeit gestalten, mit Zeit „dealen"? Üblicherweise wird ja nur versucht herauszubekommen, was kommt; Zeit „bearbeitet" wird dabei aber nicht. Unternehmerisch lässt sich das auch anders beobachten: Dann wird in der Zeit sozusagen „in die Tiefe gebohrt".

Lernfortschritt läuft normalerweise unter dem Prinzip der Kumulation: Wir wollen mehr wissen, Neues dazulernen. Dies gilt konventionell als Königsweg zur Vorbereitung auf Zukunft. Tunnelblick vermeiden, die Umfelder der Organisation beobachten, offen bleiben für Wandel. Das sokratische Mantra „Ich weiß, dass ich nicht weiß" lässt sich jedoch auf zweierlei Weise lesen: Nämlich einmal in genau diesem Sinne („im Vergleich zu dem, was man alles wissen kann, müsste ich eigentlich noch viel mehr wissen", Zielrichtung lebenslanges Lernen). Zum anderen aber auch im Sinne von „Weiß ich das, was ich weiß, eigentlich ‚richtig', zum Beispiel genau genug – *wirklich*?", Zielrichtung Exploration. Nur in der zweiten Version muss man tiefer bohren, „gründeln", und darf – in radikalisierter Form, von der wir hier beim kalifornischen Unternehmertum sprechen – rein quantitativen Wissenszuwachs, das schiere Sammeln, ignorieren. Die Überzeugung dabei: Wissen zu *sammeln*, macht vorhandenes Wissen nicht unbedingt *besser*. Der Glaubenssatz, der hier ausgehebelt wird, lautet „Viel hilft viel". Wenn man besser werden will, gar erstklassig, muss man, ganz im Gegenteil, störende weitere Inputs, die nur ablenken, filtern und sich auf einen Fokus konzentrieren. Beim Entbergen ungeahnter Potenziale in dem, was bereits vorhanden ist – *was die Organisation weiß* –, liegt die Pointe der praktischen Antezipation in Unternehmen. Hier geht es um das Prinzip, das dahinter liegt, und welches zum Exzellentwerden aufschließt. Denn auch die radikalsten *Straight Talks* nützen nicht viel, wenn der imaginäre Fluchtpunkt fehlt, der sie fokussiert und „zieht", und der die Voraussetzung für Exzellenz darstellt. Mit Antezipation wird der *unternehmensinterne tiefenkompetente Fokus, justiert an der Soziokultur der Umfelder, in die Zukunft projiziert* (und nicht etwa eine erwünschte, „normative", sozial entrückte Vision zum Leitstern erkoren!).

Antezipationen in kalifornischen Unternehmen

Antezipationen kommunizieren fast nur kalifornische Unternehmen. Bei Google spiegelt sich der unternehmenstypische Zugriff auf Zukunft zum Beispiel im „Project Loon": Bald soll es keinen internetfreien Quadratmeter auf diesem Erdball mehr geben. Da ein umfassender, erdgebundener Anschluss per Kabel in abgelegenen Gebieten aber nicht möglich ist, weicht Google in die Stratosphäre aus. Mit Hilfe solarbetriebener

Relaisstationen werden Gasballons oder Drohnen in den Himmel geschickt, welche die Internetversorgung per Signal übernehmen.

Ein weiterer Mosaikstein von Googles Antezipation liegt im Bereich von Haus- und Alltagstechnik. Das Wohnen der Zukunft ist vernetzt, hochgradig verspielt und nimmt den Menschen viele Mühen des Alltags ab – auf eine möglichst individuelle beziehungsweise individualisierbare, menschliche, „warme" und unterhaltsame Weise. Google tut viel dafür, seine Technologien nicht kühl wirken zu lassen. Man kann seiner Katze eine Kamera umbinden, deren aufregenden Alltag aufnehmen und sich abends am Laptop anschauen, was sie erlebt hat; man kann Geräte innerhalb des Hauses unkompliziert miteinander verbinden, jedes Gerät, jede Ecke im Raum hat einen USB-Anschluss. (Die Akquisition des Thermostat- und Rauchmelderherstellers Nest Labs 2014 für 3,2 Mrd. Dollar dokumentiert einen Teilbereich dieser Vision.)

Auch Googles Vorstellungen vom autonomen Fahren, also Antezipationsaspekte im Sektor Mobilität, bedienen sich des Kindchen-Schemas; das Google-Fahrzeug hat große Kulleraugen, wirkt klein, putzig, handzahm und will nur spielen. Googles Gadgets sind Freunde, Kumpel, keine „Assistenten". Sie stehen nicht für Technik, sondern für eine Lebensweise, für einen Stil, ein Mindset – genau das erzeugt das Unternehmen dadurch, dass es sich präzise und tiefgehend mit der Welt beschäftigt, in der diese Produkte eingesetzt werden; wie ihr Kontext kommunikativ „gerahmt" werden muss, um genau diese Anmutung von Nähe zu erzeugen. Produktbotschaften, Zeichencodes und Symbolwelten, also die „ethnografische" Exploration der Bedeutung eines Dings oder einer Dienstleistung, haben eine eminente Bedeutung. Über dieses Framing wird das Produkt zum sozialen Kontext, den man realisieren will, an den eigenen Erwartungshorizont anschlussfähig, konsistent gemacht (vgl. Karmasin 1998. Die Kamerafahrten für den Straßenatlas Street View werden hierzulande zumeist als reine Kartografie missverstanden).

Darüber hinaus geht es um logistische Antezipationen: Der Kunde soll seine Bestellungen „sofort" erhalten; nach Art einer guten Fee, die einen Wunsch umgehend herbeizaubert. Die Vision: Alles innerhalb von ein bis zwei Stunden aus der Luft geliefert zu bekommen, so der Chef des Forschungslabors Google X, Astro Teller. Künftig: In wenigen Minuten.

Den Grundirrtum, dem Viele aufsitzen, nämlich dass es auf Kreativität, geniale Ideen und den richtigen Impetus (Intrapreneurship!) ankäme, wenn man radikale Innovationen will, kontert Steve Jobs (2012). Er beschreibt stattdessen eine Art „handwerkliches Denken" – wie aus einer vagen Grundidee nach und nach etwas Einzigartiges herausgeschliffen wird. Dabei geht es um das rechte Verständnis für den Prozess – und das meint nicht die Prozessarchitektur oder Strukturen des Prozesses, sondern die verstreichende Zeit. Das Bonmot von den „zehn Prozent Inspiration und neunzig Prozent Transpiration", die für Innovation vonnöten seien, passt dazu. Um es in Anlehnung an Robert Gernhardt zu sagen: Es geht nicht um das Ei des Kolumbus, sondern um die Frage, ob man daraus „sechs Minuten gekochte", „sunny-side-up" oder „scrambled eggs" macht. Der Weg selbst ist das Ziel – das „Magische" liegt im momenthaften Geschehen, im Lauf der Dinge. Es sei eine tragische Fehlannahme zu glauben, eine großartige Idee gebäre automatisch schon ein großes Produkt:

> **Innovationen: Denken als „Handwerk in der Zeit" statt Ideensprünge**
> … ‚hier Leute, habt ihr die Idee', und zu glauben, die Leute würden das dann auch umsetzen. Es erfordert unglaubliches Geschick, eine große Idee in ein großes Produkt zu verwandeln. Entwickelt man diese große Idee weiter, verändert sie sich und wächst. Sie bleibt nie so, wie sie war, weil man dazulernt, *wenn man ins Detail geht*. Man muss riesige Kompromisse eingehen […] Ein Produkt zu entwickeln heißt, 5000 Dinge im Kopf zu behalten, oder Konzepte, und sie zusammenzufügen; immer wieder neu zusammenzufügen um das zu bekommen, was man will. Und jeden Tag entdeckt man etwas Neues: Ein Problem oder eine Chance, die Dinge etwas anders zusammenzufügen, und *dieser Prozess ist das Magische*. Als wir anfingen, hatten wir viele tolle Ideen; aber für mich ist eine Gruppe die, die *an das glaubt, was sie tut*. (Jobs 2012, unsere Hervorh.)

Hier wird Zeit mit Sinn aufgeladen – das ist das „Handwerk" (richtiger: Denkwerk); und genau das meint die praktische Bearbeitung von Zeit. Die eigentliche Kunst liegt im Abschleifen von umweltbehafteten Anfangsideen; und das Neue findet die Gruppe dadurch, dass sie an wohl-ausgesuchten, bestimmten Stellen, für die sie tiefenkompetent ist, *in die Tiefe* geht, ins Detail; freilich ohne sich im Klein-Klein der Details zu verlieren (Expertendiskurs, Tunnelblick). Der ein solches Handeln Anleitende, Führende stellt „lediglich" die Bedingungen dafür her und erinnert immer wieder an die Antezipation. Dass die Mitarbeiter dabei „an das glauben, was sie tun" (also an die Antezipation), hört sich idealistischer an als es ist – das Grundmotiv der Organisation ist ja stets ein ökonomisches. Aber: Der „Glaube", die *Motivation* jedoch kommt allein durch die Antezipation: Alle können sich hinter ihr versammeln. Zur Exzellenz fähige Unternehmen schlagen aus einem solchen Glauben Kapital; sie errichten darauf ihr gesamtes unternehmerisches Konzept, ihr ökonomisches Leitbild. Dafür gibt es ganz unterschiedliche Versionen; hier eine von IBM.

> **„Innovations that matter for the world"**
> Samuel J. Palmisano, von 2002 bis 2011 Vorstandsvorsitzender von IBM, wollte im Rahmen einer Transformationsstrategie die Innovativität von IBM steigern und dazu die IBMler hinter einem gemeinsamen Zweck versammeln. Die Idee: Zurückzugehen zu den Wurzeln von IBM und *dadurch* zu einem globalen Unternehmen zu werden. Also Innovationen zu entwickeln, die die Welt weiterbringen und die Kunden zufriedenstellen. Steve Kloeben, Manager im Business Development bei IBM, entwickelte diesen Gedanken weiter und schrieb an ein Dutzend junger IBMler die folgende E-Mail:

Hi all, I've been thinking that there are a lot of problems that people in developing nations face that could be solved with IBM's technology […] Here's what I'm thinking: It could be pretty cool to get a little group together and brainstorm in how IBM can find commercially viable ways to use its technology to address issues that affect the bottom of the pyramid (BoP). I don't mean philantropy – I'm talking about business development, our business. Obviously, we are never going to serve the poor directly, but our clients do. This could be a nice way to make good on the value of making innovation matter for the world and enable our clients to succeed. What do you think? Should I set up a conference call for some time soon? (nach Hill et al. 2014, S. 228 f.)

Die Resonanz war überwältigend. In sechs Monaten hieß die Gruppe „World Development Initiative" (WDI) und war auf über hundert Mitglieder aus der gesamten Organisation gewachsen. Die meisten waren in den Zwanzigern und Dreißigern und weniger als fünf Jahre im Unternehmen.

Kloeben beschreibt diesen Ansatz als „Führung von hinten" („Leading from Behind"; ein Gedanke, mit dem sich Nelson Mandela beschäftigte). Linda Hill, die diese Geschichte berichtet, nennt solche Führungskräfte „soziale Architekten". Sie haben keine Vision, die sie „dann realisieren lassen". Kloeben mischt sich beispielsweise in die visionären Ziele der Gruppenmitglieder grundsätzlich nicht ein: Es sind nicht seine Ziele, die da verfolgt werden. Jedes Mitglied formuliert – teilweise extrem ambitionierte – Meilensteine für ein, drei oder fünf Jahre, setzt Umsatzziele und bindet sich an das Versprechen, langfristig, von Position zu Position im Unternehmen, sein Projekt zu verfolgen. Die Führungskraft formatiert und gestaltet lediglich einen sozialen Kontext in der Organisation, der solche Innovationen katalysiert, generisch bevorzugt. Die Richtschnur dafür liegt teilweise weit jenseits der Organisation und ihrer Reichweite. (Steve Jobs oder Matsushita etwa formulierten ihre Motivation dazu in einer spirituellen Färbung.)

Das macht den genuin unternehmerisch-praktischen Aspekt beim Erfassen von Zukunft aus, wenn man exzellent werden will: Die Bedingung der Möglichkeit von Exzellenz ist, einen neuen *sinnvollen und nützlichen* Zusammenhang zwischen Gegenwart und Zukunft zu stiften, vorzuschlagen – nicht: zu wissen, wie der aussehen wird. Es reicht die Kenntnis, *wohin man will*, die Richtung zu definieren. Es geht gerade nicht darum, aus einer lediglich *gedanklich optimierten Gegenwart heraus* Ziele zu setzen, Meilensteine zu definieren, Prozesse abzuarbeiten (vgl. Abb. 3.1). In antezipierenden, verschiedene Optionen durchspielenden, simulativen Denkräumen wird vielmehr die Möglichkeit institutionalisiert, die Unternehmensentwicklung mehr bedeuten zu lassen als bloß mit der Richtung kongruent zu sein, in welche die Evolution der Umfelder ohnehin weist („das Unternehmen zeitgemäß halten"). Letzteres schafft auch eine klassische Innovationsplanung auf optimierendem Wege. Man orientiert sich dann auch weiterhin brav an den Normen, also der Normalität der Umfelder. Antezipierende Denkräume schaffen etwas darüber hinaus: Sie eröffnen die Möglichkeit, dass die Evolution *umgelenkt*, neu justiert werden kann – genau diese Perspektive „zieht". Eine solche *Weiter*entwicklung des Ganzen muss aber für alle Beteiligten Sinn machen (weit über neue Produkte hinaus, auch über die eigene

3.1 Antezipieren: Das Erfassen von Zukunft in der unternehmerischen Praxis

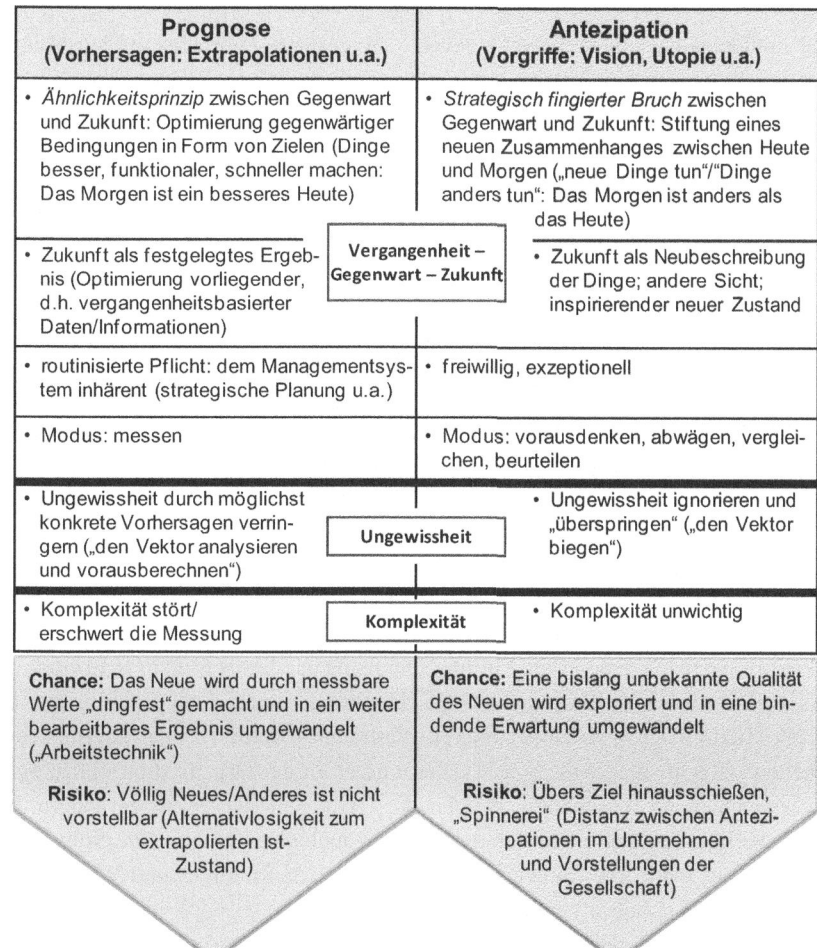

Abb. 3.1 Vergleich: Prognose versus Antezipation – zwei Weisen, eine Beziehung zwischen Gegenwart und Zukunft herzustellen

---

Praxishinweis: Darum geht es

Wenn es die Aufgabe der Führungskraft ist, „den Vektor neu auszurichten", stellt sich die Frage, wie das praktisch funktionieren soll. Dazu gibt es viele, zumeist hochphilosophische Tipps. Zum Beispiel, sich in den Dienst einer Sache stellen, das eigene Ego in etwas Größeres und Dauerhafteres überführen als die eigene Person, oder auch, seine geistige Unabhängigkeit stärken (etwa bei Collins und Hansen 2012). Das hier favorisierte Modell praktiziert etwas anderes: Es verabschiedet zuallererst und grundlegend den Gedanken, die Fähigkeit und Leistungsfähigkeit *des Einzelnen* verbessern zu wollen. Dass gute Führung so funktioniere, ist ein Glaubenssatz einer speziellen unternehmerischen Soziokultur (nämlich unserer) – es ist aber keine „universalistische Wahrheit". Nahezu die gesamte Führungskräfteausbildung folgt diesem einseitigen Prinzip; erst in jüngster Zeit wird der Widerspruch dagegen lauter (etwa Kellerman 2015). Die Qualität von Führungskräften verbessert sich nicht dadurch, dass man Eigenschaft für Eigenschaft verbessert (wie sich an den dramatischen Ansehensverlusten in den vergangenen vierzig Jahren eigentlich leicht ablesen ließe). Lieber

- regelmäßig die Metaperspektive einnehmen und zur Normalität werden lassen: die Organisation „von außen" betrachten und als Gesamtheit thematisieren. Wenn Sie eine andere Richtung wollen, müssen Sie *das Ganze* befähigen und dazu bringen, sich aus der eigenen Position fortzubewegen. Natürlich kommen Impulse dazu immer von Einzelnen, aber deren Impulse müssen „Reichweite" haben – mindestens organisationsweit (zumindest das können Sie immer wieder vor Augen führen). Für Kalifornier: Reichweite deutlich in die Gesellschaft hinein. (Mit „Reichweite" ist hier natürlich nicht „Radikalität" gemeint, sondern Resonanz, Anschlussfähigkeit, ein „das-will-im-Grunde-doch-jeder!".)
- intern die Erwartung etablieren, dass Innovation Grenzen verschiebt und die Organisation verändert. *Erwartung*, nicht Duldung! Es braucht intern für solche „kulturverschiebenden" Ideen „Normalität", Vertrauenskredite, ein gezieltes Erwartungsmanagement. Jan Philipp Reemtsma hat dieses Prinzip ausformuliert: Nur eine solche Vertrauensgrundlage erlaube es, „mein Leben, zumindest die nahe Zukunft, grob zu ant[e]zipieren. Vertrauen reduziert Erwartungsunsicherheiten" (Reemtsma 2014, S. 127). Sie müssen in der Organisation unbedingtes Vertrauen in Ideen schaffen, welche die Organisationsgrenzen verändern. Sie müssen Ihre Leute dahin führen anzufangen, auch ohne Druck, ohne Notwendigkeit immer mehr und immer mutiger vermeintlich Richtiges und Wahres auch *auszuschließen* (anstatt irgendetwas zu „challengen", „noch mehr" das Team zu coachen oder individuelle „Lernkurven" abzuarbeiten). Und immer wieder demonstrieren, wie sehr Sie das schätzen. Die Führungspraxis von Jobs und Welch an dieser Stelle war brutal: Überlebt hat nur, wer die Fähigkeit entwickelte, vorhandene Normalität zu zertrümmern. Achtung: Das müssen Führungskräfte erst mal wollen! Und dann aushalten. Und erst dann gilt das Gleiche auch für die Mitarbeiter.

Organisation). Sie bietet erst dann einen gemeinsamen, inspirierenden Bezugspunkt für das Innovieren innerhalb und außerhalb der Organisation („Glaube") und vermehrt letztlich *für alle* die vorhandenen Optionen. Dazu Steve Jobs (2012):

> [Über Microsoft:] Ihre Produkte haben keinen Geist. Sie haben nichts Erleuchtendes. Sie sind stinknormal. Das Traurige ist, dass die meisten Nutzer diesen Geist auch nicht haben. Aber *wir können unsere Art nur voranbringen, wenn wir das Beste unter allen verteilen, damit alle mit besten Dingen aufwachsen und anfangen, die Feinheiten dieser besseren Dinge zu ver-*

stehen. [...] Letztendlich kommt es [darauf] an, dass man sich mit den besten Dingen umgibt, die Menschen hervorgebracht haben, und versucht, sie in sein Tun einzubeziehen. [...] Wenn man einen Vektor ins All schickt und die Richtung am Anfang minimal verändert, ist die Veränderung schon nach wenigen Meilen im All dramatisch. Wir stehen mit diesem Vektor noch am Anfang. Wenn wir ihn in die richtige Richtung bringen, wird er mit der Zeit immer besser werden. (Unsere Hervorh.)

Diese Vorstellung bezeichnet den Kern von Exzellenz nach kalifornischem Muster: den Vektor biegen. Es geht nicht nur darum, gute Produkte zu machen. Sie sollen letztlich auch „den Vektor neu eichen": Genau das ist echter Fortschritt in diesem Mindset. Es bringt die Gattung weiter. Innovativität basiert unternehmerisch auf Vorwegnahmen einer „anderen Richtung", *die man erst einmal antezipiert haben muss*, um sie bei jeder Innovation im Blick behalten und immer wieder anpeilen zu können. In ihr liegt eingekapselt: Sinn. Und zwar neuartiger. Wenn dieser Hebel unternehmerischen Denkens funktioniert und seine Wirkung entfaltet, kann das Unternehmen neue Märkte schaffen und, so die kalifornische Überzeugung, die Welt verändern – eines der zentralen Merkmale von ökonomischer Exzellenz im Verständnis dieser Soziokultur.

3.1.2 Kognitiver Umgang mit Zeit: Sich begeistern und engagieren

Der Lauf der Zeit wird aber nicht nur praktisch bearbeitet, sondern auch gedanklich. Geschützte Denk- und Innovationsräume, in denen in die eigene unternehmerische Tiefenkompetenz investiert und bisher unerkannte Möglichkeiten gehoben werden, haben mehrere Funktionen. Neben dem rein praktischen Effekt, eine organisatorisch geschützte und gesicherte Sphäre für skurrile, bizarre, ja sogar illegale Gedanken zu initiieren, gibt es noch einen anderen wichtigen, rein kognitiven Effekt. Im Denkraum wird experimentiert; aber nicht, wie sonst immer, nur sachlich (mit neuen Dingen, Ideen, zum Beispiel Technologien) oder sozial (zum Beispiel mit neuen Dienstleistungen, Kommunikationsideen oder Kundenbeziehungsmodellen). Experimentiert wird hier in erster Linie zeitlich. In kalifornischen Ideenschmieden wird Zeit *gedanklich-konzeptionell gebunden:*

Individualisierung, Pluralisierung, Globalisierung, Technologisierung, Netzwerkbildungen, unterschiedliche Ausdifferenzierungen unserer Sozialsysteme – sehr vieles (gefühlt: immer mehr) ändert sich parallel und in kurzer Zeit (gefühlt: immer schneller und häufiger). Und die Kluft zwischen Vergangenheit und Zukunft erscheint dadurch immer größer. Die Zukunft wird hochwahrscheinlich *nicht* so wie Gegenwart und Vergangenheit. Wie sie wird, ist offen – und dann können wir sie auch *entscheiden* und versuchen, sie in unserem Sinne zu beeinflussen. Es macht schlicht keinen Sinn mehr, im Chaos der Welt nach absichernder Ordnung und haltgebender Orientierung zu suchen. Wir können die Kluft zwischen Gestern, Heute und Morgen daher genauso gut auch radikalisieren und reflexiv entfalten, wir können sie ausweiten, künstlich dehnen. Wir können gedankliche Zeitsprünge unternehmerisch regelrecht inszenieren und ihnen so ihre beängstigende Wirkung nehmen. Das Motto: Angriff ist die beste Verteidigung. Früher, als es noch um das

„Schicksal" ging: als man glaubte, dass man in der Gegenwart etwas von der in der Vergangenheit liegenden „Vorsehung" lediglich zu erfüllen habe, als Geschichte und Traditionswahrung dominierten, war das nicht denkmöglich. Die Situation hat sich seit einigen Jahrzehnten jedoch geändert.[2]

Zukunft öffnet sich mit diesem Grundgedanken komplett neu und anders; nämlich dadurch, was im Heute als bedeutsam ausgewählt, weiter verfolgt wird und was nicht – wie *entschieden* wird. Die Zeit „schrumpft" auf die Gegenwart, die Gegenwart wird „breit" (Gumbrecht 2010, 2012). Innerhalb der Zukunftsforschung wird dieser Zusammenhang unter dem Label „Präsentismus" diskutiert (Müller-Friemauth und Minx 2014). Die zeitgemäße Empfindung: Wenn das, was vor uns liegt, keine Auswahlkriterien mehr anbietet, weil es so viel und so unübersichtlich und ungewiss geworden ist, bleibt uns nichts anderes übrig, als uns intensiver mit Auswahlkriterien zu beschäftigen, deren Anker im Heute liegen, die wir kennen und auch wollen (Antezipation). Kalifornische Unternehmen beherzigen das radikal: Sie haben daraus ein eigenes ökonomisches Leitbild kreiert. Solche Antezipationen binden einerseits die Mitarbeiter an die eigene Unternehmensidentität und -geschichte und geben ihnen andererseits eine überzeugende Richtschnur fürs unternehmerische Innovationshandeln, das über die Organisation weit hinausreicht. Die Zeit, in der sie denken, experimentieren, innovationsorientiert „Zeit binden" und ihre Antezipation unternehmerisch bearbeiten, fällt aus der allgemeinen Gesellschaftszeit daher heraus – es ist allein „ihre" („systeminterne Zeit", Nassehi 2008, S. 11 ff.). Diese Zeit „gibt" es eigentlich gar nicht, und doch ist sie das Herz des Unternehmens. Sie erzeugt allen „Glauben", alle Inspiration und alles Engagement der Mitarbeiter. Es ist die Zukunft – und vorerst bewohnen nur sie dieses Morgen.

Was „Engagement" bedeutet
Wenn die zeitliche Dimension, die das unternehmerische Antezipieren für das Lebensgefühl der Mitarbeiter hat, ausgespart bleibt, wird gar nicht erkennbar und verständlich, woher die Faszination, der Sog sowie die extreme Identifikationskraft, welche die Kulturen vieler amerikanischer Unternehmen für Bewerber und Mitarbeiter ausüben, eigentlich kommen, und was sie ausmachen. Zwar wird häufig die Bedeutung von „Kollaboration", Lernen durch Ausprobieren, integratives Entwickeln, Diversity und anderes hervorgehoben, aber all diese Aspekte erklären noch nicht, warum solche Organisationen so anziehend wirken. Der Vice President von Pixar, den Filmstudios, die Steve Jobs 1986 für zehn Millionen Dollar kaufte, macht einen Versuch:

> Pixar has always erred on the side of having people feel like they are a part of the process [soll heißen: Teilnehmer „unserer" Eigenzeit]. I know of very few employees who don't immediately go to the theater just to see how many people are lined up when a film first comes out. You'd be hard pressed to find that at any other business, and I would say any other studio. Imagine the receptionist going to do that. People are so engaged. (nach Hill et al. 2014, S. 22)

Diese Leute sind deswegen so faszinierend engagiert, weil sie mit leidenschaftlichem Interesse verfolgen, wie das, was sie sich ursprünglich ausgedacht haben, was sie sich erhofft haben, wohl *in der Realität* sein würde. Wenn die Idee funktioniert, entsteht Begeisterung. Diese Leidenschaft ist ein natürlicher Ausfluss des *Entscheidungsverhaltens der Organisation:* „Unsere" Innovationen (Antezipationen) bedeuten etwas! Sie machen den Unterschied.

Ein solches Engagement, eine solche Bindung lässt sich weder allein durch vorbildhafte Führungspersönlichkeiten (Charisma, „transformationaler" Führungsstil oder Ähnliches) noch durch verändertes Führungsverhalten (Kim und Mauborgne 2014), und auch nicht durch ausgeklügelte Innovationsprozesse oder agile Strukturen herbeiführen. Eine effektive Methode ist jedoch die *zeitliche Bindung*. Kalifornische Unternehmen erzeugen diese durch eine kognitive Bearbeitung von Zeit: Sie beamen sich mental „up". Der „Glaube" an das, was man tut und vorhat, ist ein Antezipationseffekt: Er wird bereits wirksam dadurch, dass er aufgrund der Antezipation die Existenz der Antezipierenden zielwärts mobilisiert (Sloterdijk 2011). Nachahmungswürdigkeit ergibt sich hier nicht aus bereits erreichten Erfolgen, aus Benchmarks (das heißt: durch andere) oder Daten aus den Umfeldern, sondern allein aus der Ergriffenheit vom Ziel, aus dem sich-Widmen. Wenn dies funktioniert, entsteht ein sich selbst verstärkender Kreislauf; das ist „Engagement". Für Exzellenz ist es eine unabdingbare Voraussetzung, denn Exzellenz geht über „gute" Produkte hinaus. Und: Letztlich sind dann nicht nur Mitarbeiter, die für ihre Innovationen brennen, extrem enthusiastisch, sondern – das ist das Verblüffende oder auch „Magische" – sogar die Kunden. Dieser Effekt ist jedoch logisch erklärbar: Die Antezipation kommt mit Hilfe von Umfeldkompetenz zustande.

> **Persönliches Engagement**
>
> Der japanische Unternehmer Matsushita hatte eine konkrete Vision für sein Vorgehen. Auch, wenn deren Verwirklichung Jahre oder Jahrhunderte dauern würde, sei dies kein Grund zu zögern, sie anzugehen; frei nach dem alten asiatischen Sinnspruch „auch der weiteste Weg beginnt mit einem Schritt". Das Leben der Menschen werde sich nur dann verbessern, wenn weitsichtige Menschen willens seien, anspruchsvolle Projekte in Angriff zu nehmen. „Beginning today, this far reaching dream[3] (…) will be our ideal and our mission, and its fulfillment the responsibility of each one of us. (…) The most important thing is that we enjoy happiness to the fullest in our own lives and at the same time strive for the benefit of the generations that are follow" (nach Kotter 1997, S. 112).
>
> Steve Jobs wiederum war motiviert von den Idealen, welche die Hippie-Bewegung und das popkulturelle, psychedelische Denken der 1960er und 1970er Jahre in Kalifornien weltweit bekannt gemacht haben (vgl. Abschn. 2.1). „Mich fesselte […], dass es etwas gab, das jenseits des Alltäglichen lag. Es gibt im Leben noch etwas außer dem

Job, der Familie, der beiden Autos in der Garage, der Karriere. […] Die andere Seite der Medaille. Wir reden nicht darüber und erfahren es, wenn sich eine Leere auftut, wenn nichts geordnet und perfekt ist. […] Im Lauf der Geschichte wollten viele herausfinden, was es ist: Thoreau, indische Mystiker, wer auch immer. […] Deshalb wollen manche auch lieber Dichter werden als Banker. Ich finde, das ist was Wunderbares. Und diesen Geist kann man auch in Produkte stecken. Die Produkte kommen zu den Leuten und sie spüren diesen Geist. Leute, die einen Macintosh benutzen, lieben ihn. Man hört nicht oft, dass Leute ein Produkt lieben. Aber man kann es spüren. Es war etwas wirklich Wunderbares." (Jobs 2012)

Es zu schaffen, ein Unternehmen in solcher Form mit Bedeutung aufzuladen, ist hohe Führungskunst. In diesen Organisationen sind alle infiziert mit einer Überdosis Sinn. Bei Matsushita ist das die moralisch-religiöse Mission, der Gesellschaft zu helfen und Armut zu überwinden, bei Mitsui eine Grundidee, die um ethische Prinzipien einer Gruppe von Menschen kreist („wie wir uns verstehen"), bei Ricardo Semler die Vorstellung einer radikal demokratischen Organisation, bei Louis Gerstner von IBM oder Jack Welch von GE eine Kombination aus ausgeprägtem Leistungs- und Erfolgsethos mit unbedingter Ehrlichkeit und Aufrichtigkeit, familiär gelebt. Es gibt eine Vielzahl von Versionen. Der springende Punkt ist nicht das *Was*, die jeweilige Ausprägung, sondern ihre praktische Implementierung; das *Wie*, die praktizierte Kommunikationsweise. Diese funktioniert nie nur sachlich oder sozial, sondern immer nur dann, wenn eine Antezipation, eine kognitive Bearbeitung von Zeit hinzukommt; wenn Zeit ökonomisch-unternehmerisch gebunden wird.

Das *klassische* Zukunftsmanagement bildet zu diesem Modell einen extremen Kontrast. Das konventionelle Erschließen von Zukunft, unser hiesiges Paradigma von Innovation, steht bis heute im Schatten des Orakels von Delphi: Wir wollen stets wissen, was kommt, anstatt, was wir *wollen und können* und dafür jetzt tun müssten. Letzteres ist etwas völlig anderes; und erst das wäre wirklich modern. Es löste nämlich den weitgehend nur behaupteten Anspruch auf Entwicklung (Fortschritt) praktisch ein und machte aus Hoffnung *ein ökonomisches Handlungsprogramm*. Es ist die beeindruckende Leistung des kalifornischen Denkens, ein solches Unternehmertum hervorgebracht zu haben: Durch ein konsequent gegenwartsbezogenes („präsentistisches"), reflexiv anspruchsvolles, „tiefbohrendes", exploratives Entscheidungskonzept unternehmerisch die Weichen dafür zu stellen, dem Vektor des Wandels eine neue Richtung zu geben. Solche Organisationen professionalisieren eine „Komparatistik der Illusionen": Sie jonglieren mit Überzeugungen, Wirklichkeitsversionen und Möglichkeiten – „wie Software" (Sloterdijk 2011). Es ist ein idealtypisches, ökonomisch motiviertes, praktiziertes, auf Dauer gestelltes Desengagement in Sachen Realität.

Ein solches Ökonomiemodell, das sich auf eine Bearbeitung von Zeit einlässt, konnte nur entstehen in einer prinzipiell ungewissen Welt. Es ist nicht allzu vermessen davon auszugehen, dass je komplexer unsere Gesellschaften werden, desto mehr Organisationen ihren selbstgeschaffenen Entscheidungen beziehungsweise Sicherheiten – also dem „Subjektiven" – eher trauen werden als chaotischen Umfeldern, deren vermeintliche Sicherheit ("*so* ist es") zerfällt. Einfach deshalb, weil nicht erkennbar ist, wie Ungewissheit anders oder besser bewältigt werden könnte. Auf diesen subjektiven Dreh, den eigenen „Navigator": „wie wir das hier machen", kann sich die Organisation bei länger werdender Lebensdauer immer mehr verlassen. In einer ungewissen Welt ist das letztlich das Einzige, auf das man zählen kann: Auf die eigenen Bestände.

Beispiel: Journalismus von morgen

Diese Grundüberzeugung dringt Stück für Stück auch in andere gesellschaftliche Bereiche vor; bislang weitgehend unverstanden. Beispiel: Das intensiv diskutierte Thema „Zukunft der Medien". Ein Hot Spot der Debatte ist der „hypermoderne" neue amerikanische Journalismus mit einer radikal subjektiven Berichterstattung (vgl. das Konzept des New Yorker Medienunternehmens Vice; die „Vice Reports" laufen hierzulande bei RTL II). Eine Sache von zwei Seiten zu beleuchten sei „Verarschung", heißt es von dort rabiat. Denn warum ausgerechnet von *diesen* zwei Seiten? Die Überzeugung, die Unternehmen dieses Typs eint, lautet: Wahrheit und Objektivität gibt es nicht mehr. Dann aber ist es sinnlos, weiterhin nach so etwas zu streben oder so zu tun, als ob es sie gäbe. Genau *das* ist die Verarschung – laut Vice.

Nur versteht – oder gar akzeptiert – das hierzulande kaum jemand (wohlgemerkt: Wir sprechen an dieser Stelle nicht über eine Wertung, sondern erst einmal über das, was hier geschieht; deskriptiv). Ein solcher Journalismus bedeutet keineswegs, dass es diesen Medien in Sachen Realitätsabbildung schlicht egal wäre, was berichtet würde, ob es „stimmt" oder nicht. Oder dass es hier nur um niveaulosen Boulevardjournalismus ginge, gegen den sich der europäische Qualitätsjournalismus klar positionieren könne (Anspruch!). Der europäische Journalismus macht zwar genau das: sich als Lordsiegelbewahrer des investigativen Journalismus aufspielen – nur interessiert das die amerikanischen Kunden nicht. Diese wollen Berichterstattung gemäß des eigenen soziokulturellen Blicks auf die Welt; den kennt und bietet nun Vice. Das Unternehmen wächst rasant.

Berichtet wird bei Vice in breitem Spektrum; über Meinungen und Positionen, Personen, Ereignisse und Gossip – handwerklich professionell recherchiert, visuell hoch modern präsentiert und unterhaltsam verpackt. Wahrheit ist hier ersetzt durch Authentizität; das meint „subjektiver Journalismus". Vice ist bei Zwanzig- und Dreißigjährigen, vor allem Männern, extrem beliebt und profitiert von gigantischen Werbeeinnahmen, die Agenturen aufgrund der attraktiven Zielgruppe („die Entscheider von morgen") in das Unternehmen pumpen. Die Selbstauskunft: Sie machten Journalismus für eine Generation, die mit Reality-Fakes aufgewachsen sei. Die – etwa zu Zeiten des Irakkrieges – verinnerlicht habe, dass Wahrheit ein Spiel ist, das derjenige gewinnt, der nicht die besten Argumente hat, sondern mitunter der mit den besten Photoshop-Kenntnissen. Auch in einer solchen Welt kann es guten Journalismus geben; dafür steht Vice. Es definiert „guten Journalismus" für diese neue Welt um. Als Unternehmen aus der Alten Welt steht man hier vor einer prinzipiellen Entscheidung – vor einer Zukunftsent-

Abb. 3.2 Posing von Shane Smith, Eigentümer und CEO von Vice, auf der Homepage des Unternehmens (Bildmitte). (Quelle: VICE Media LLC (2015))

scheidung: Entweder man definiert Güte und Qualität über die alten Bollwerke, durch welche die bestehende Welt Halt und Sicherheit gewinnt, und die so lange wie möglich aufrecht erhalten werden sollen. Devise: „Wir stehen noch für Objektivität und Wahrheit!", das macht unser „Berufsethos" aus, das bedeutet Qualitätsjournalismus. Überzeugungswert beim Kunden: abnehmend. Oder man verschiebt die Kriterien für Güte. Das ist die moderne amerikanische, zumeist kalifornische Entrepreneurship-Haltung inmitten einer grundlegend ungewiss gewordenen Welt. Die Vice-Führung spricht denn auch oft und gerne von Business-Rock-'n-Roll und von sich selbst als „Rebels" (Abb. 3.2).

Organisationen werden in ihrer, durch diese Sicht der Dinge, radikal freigesetzten Subjektivität zu Katalysatoren der sozialen Evolution. Zumindest beanspruchen sie das; und die Resonanz ist gewaltig. Man könnte mit einem alten Werbe-Claim sagen: Sie haben verstanden. Das hört sich großartig an – und für diese Protagonisten ist es das auch. Amerikaner dieser „Sorte" rebellieren in einem präzisen Sinn gegen die Alte Welt. Wenn man das Mindset sucht, in dem radikale Innovationen und Disruptionen heute entstehen, dann liegt es in dieser Haltung.

> **Praxishinweis: Darum geht es**
> Um Antezipationen, die aus der eigenen Tiefenkompetenz, den Wünschen der Organisation „abgeleitet" werden. Das klappt aber nicht durch Induktion, Deduktion oder „Kreativität"; denn hier muss die Art und Weise der Ableitung – also des Denkens – *selber* kontrolliert werden. Das ist die Kunst daran. Um sie zu praktizieren, steht das Unternehmen vor der Herausforderung, Zeit „bearbeitbar" zu machen. Und genau dafür gibt es spezielle Methoden.
>
> Unsere Vorbildunternehmer zeigen am Beispiel, wie das funktioniert: Jack Welch etwa war großer Fan eines Denkens in Szenarien. Seine „Destroy-your-business-AG's" und internen Fallbearbeitungen (dazu später mehr, vgl. Abschn. 3.2.2) produzierten oder bearbeiteten gezielt Negativszenarien, an denen die Organisation dann proaktiv stabilisiert wurde. Die asiatischen Unternehmer wiederum gingen eher über

Backcastings: Entwarfen bessere Welten, von denen sie rückwirkend auf das schlossen, was heute getan werden muss, um dort irgendwann ankommen zu können. Und Steve Jobs war ein Meister der Abduktion, eines innovationsorientierten logischen Schließens: Er montierte aus seinem Team heraus durch ein strikt logisches Aufeinanderbauen, Aneinanderketten und Verschieben von Ideen, Experimenten oder Produktvisionen (bei denen er systematisch deren individuelle Färbung, die vom „Erfinder" kam, eliminierte) neue Produktkategorien. Daraus entstanden ist oftmals eben nicht die nächste Produktgeneration, sondern eine neue Produktgattung.

In Abschn. 3.2 werden diese Methoden der Zeitbearbeitung vorgestellt, und zwar speziell hinsichtlich ihrer eigentümlichen Denkschemata: Mit Blick auf ihren Nutzen, unternehmerisches Denken zeitlich zu kontrollieren.

Zusammengefasst

Antezipieren bedeutet, einen in die Zukunft gerichteten Entwicklungskorridor zu entwerfen und vorzugeben – für die Organisation, aber auch für die Gesellschaft.

Kalifornisches Unternehmertum ist eine Sinngenerierungsmaschinerie. Es steht für einen Typ von Organisation, der versucht, Ungewissheit dadurch zu bewältigen, dass er vorausschauend denkt und entwirft (Neues, Wünschenswertes, Besseres antezipiert) anstatt gegenüber der drohenden Instabilität durch konkrete Vorhersagen ein Bollwerk zu errichten. Kalifornische Unternehmer sind der Überzeugung: Letzteres funktioniert nicht. Damit setzten sie einen fest etablierten unternehmerischen Glaubenssatz außer Kraft: Dass wir nur das in der Lage sind zu steuern, was wir auch voraussagen können. Dazu bräuchte es zum Beispiel Trend- und Zukunftsinformationen (das Herz der konventionellen Zukunftsindustrie), denn nur so ließe sich die Organisation auf Kurs halten. Etablierte Unternehmen schaffen mit dieser Sichtweise Strukturen, die vorhersagbares, kausales Handeln fördern. Sie konstruieren einen „Frame", der die eigene Grundannahme fortwährend stabilisiert: Sie huldigen ihrer Neigung zur Vorhersage. Kaum ein alteingesessenes Unternehmen glaubt es sich leisten zu können, auf Prognosen und Planung zu verzichten. Eben diese Strukturen wirken jedoch automatisch als Barrieren für unternehmerisches Handeln in einem für die Zukunft (also nicht nur sachlich, sondern auch zeitlich) qualifizierten Sinne: Auf Zukunftsentscheidungen zugeschnitten sind sie nicht.

Exzellente Unternehmen hingegen erforschen mit Trends, Marktforschung und Daten – sofern sie diese überhaupt nutzen – nicht die Welt, ihre Umfelder und Kunden, sondern höchstens ihre Vorstellungen davon. Beispiel Daten: Von Google ist bekannt, dass Page und Brin keine Entscheidung treffen, ohne sich vorher gründlich mit Hochrechnungen verschiedener Geschäftsszenarien zu beschäftigen. Diese Zahlenwerke sind jedoch niemals die Grundlage für Zukunftsentscheidungen. Die Basis für die Exzellenz dieser Unternehmen sind vielmehr Vorwegnahmen; projektive Setzungen, umfassende Simulationen von Möglichkeiten. Wenn sich aus der antezipatorischen

Arbeit eine Zukunftsentscheidung herauskristallisiert, wird sie vor ihrer endgültigen Verabschiedung zwar immer auch quantitativ bewertet, und zwar im Detail; dies aber grundsätzlich nachgeordnet. Das Im-Griff-Haben des eigenen Zahlenwerks ist lediglich eine Voraussetzung für erfolgreiches Unternehmertum; es läuft „handwerklich" einfach mit. Zahlenwerke als alleiniges Ziel der Unternehmensentwicklung, als ihre Grundlage, braucht nur, wer überhaupt keine Erwartungen hat – dann stehen die ökonomischen Ziele (zum Beispiel so etwas unkonkret formalistisches wie Wachstum) anstelle antezipatorisch hergestellter Erwartungen. Man erspart sich das Urteil – Zukunft rein auf der Sachebene. Aus kalifornischer Sicht ist das nicht „satisfaktionsfähig"; eine Degenerationsform von Entrepreneurship.

„Wenn ich jemanden darüber reden höre, wie groß sein Marktanteil ist oder was er unternehmen wird, um seinen Marktanteil zu erhöhen, dann werde ich persönlich dafür sorgen, dass ein negativer Vermerk in seine Personalakte kommt" (David Packard, einer der beiden Gründer von Hewlett-Packard/HP, nach Crainer 2000, S. 237).

Das ist für Europäer schwer zu verstehen – kontraintuitiv. Exzellenz entsteht aber erst mit einer auch zeitlichen (das heißt nicht: nur zeitlichen!), eigenen Qualifizierung von Zukunft; dadurch, dass die Organisation Zeit in ihrer Sichtweise konzeptionell-unternehmerisch bindet. Antezipationen stellen eine unternehmerisch spezifizierte Erwartung her, die das Verhalten der Organisation über lange Zeit leitet. Erstklassigkeit steht und fällt mit der in die Zukunft projizierten Aufklärung über die eigene unternehmerische Tiefenkompetenz, ihrer intensiven Ergründung und einer starken kognitiven Bedeutungsaufladung. Das Plausibelmachen dieser Bedeutung, die eigentliche Aufladung, geschieht durch die Bindung an eine als bereits vollendet imaginierte Eigenzeit; durch die Vorstellung von Innovation ohne Grenzen. Die Organisation macht sich vorauslaufend an dem fest, was sie realisieren will. Sie inszeniert ihre „Ergriffenheit" davon. Das, was exzellente Unternehmen tun, begeistert, weil es Sinn macht; und zwar mehr, als das, was heute angeboten wird. Nicht nur für die Mitarbeiter, sondern im besten Fall für die ganze Welt.

3.2 Methodenbeispiele

▶ Methodisch betrachtet, ist Zukunftsforschung ein systematisches Spiel mit Bedeutungen: Ein wissenschaftliches Experimentieren mit Sinnbezügen. Zukunftsforschung antezipiert, wie sich unsere Wahrnehmung von den Dingen (zum Beispiel von Technologien, Märkten oder gesellschaftlichen Umfeldern) und die Beziehungen zwischen diesen Dingen künftig verändern kann – und liefert damit eine Entscheidungsgrundlage dafür, welcher Bezug „für uns" gegenwärtig vorteilhaft ist.

Die Zukunftsforschung hat über Jahrzehnte diverse Methoden und Techniken entwickelt, mit denen exzellenzwillige Unternehmen ihre Weiterentwicklung befördern können. In diesem Abschnitt geht es nicht um die Beschreibung solcher Methoden (an denen inzwischen kein Mangel mehr herrscht; für eine Übersicht vgl. Simon 2011), sondern um deren Sinn und Zweck. Denn selten finden sich Erläuterungen, „wes Geistes Kind" dieses Denken und Planen ist. Zukunftsforscherische Techniken erreichen ihre Leistungsfähigkeit *nicht* dadurch, dass man jedes Detail und jede Regel befolgt (was hingegen unser kultureller Kontext – unser Methodenverständnis sowie das wissenschaftliche Selbstbild – als selbstverständlich unterstellt). Es ist mitnichten so, dass ein mangelhaftes Ergebnis nur daran liegt, dass man irgendetwas „nicht richtig angewendet" hätte. Natürlich kommt das auch vor (zum Vergleich: Wenn beispielsweise in der Marktforschung eine tiefenpsychologische Interviewmethode im Stil eines Verhörs angewandt wird, muss sich niemand wundern, dass keine tiefenpsychologischen Einsichten dabei herauskommen). Aber bei zukunftsforscherischen Anwendungen ist derlei nicht der springende Punkt: Das Methodenverständnis ist ein anderes (Abschn. 3.2.1).

Zukunftsforscherische Methoden sind ein Angebot, mit Hilfe spezieller Denkwerkzeuge Komplexität und nicht beabsichtigte, unübersehbare Nebenfolgen zu berücksichtigen, *trotzdem* zu planen und dabei auch noch radikal Neues zustande zu bringen. Sie erfordern nicht die Kompetenz, vorgegebene Regeln im Detail zu verstehen und genau anzuwenden, sondern Regeln so einzusetzen, zu verschieben oder abzuwandeln, dass im *eigenen* Frage- oder Problemkontext die Leistungsfähigkeit der Methode *überhaupt erst zur Geltung kommen kann*. Mit anderen Worten, sie erfordern praktisches exploratives Geschick, situative Urteilskompetenz (die alten Griechen nannten diese voraussetzungsvolle Fähigkeit *phronesis*). Und damit sie „funktioniert", muss man wissen, was für eine Lösung sie überhaupt in Aussicht stellt. Zukunftsforscherisches Denken ist nicht nur ein Arbeiten *mit* der, sondern immer auch *an* der Methode – nicht, um die Methode zu verbessern, sondern um das zu erreichen, wozu sie überhaupt da ist: Dass man am Ende tatsächlich mehr oder weiter sieht. Wie das gelingt, beschreiben wir erstens anhand *der* zukunftsforscherischen Planungstechnik, der Szenariomethode (Abschn. 3.2.2); danach am Muster einer klassischen Temporalisierungstechnik, einem Spiel mit verschiedenen Zeitzuständen, dem Backcasting (Abschn. 3.2.3); sowie drittens mittels des wichtigsten Typs des logischen Schließens in der Zukunftsforschung, der Abduktion (Abschn. 3.2.4).

3.2.1 Grundprinzip der Zukunftsforschung

Auch wenn es hier nicht um Grundlagen von Zukunftsforschung geht (dazu Müller-Friemauth und Kühn 2016), ist bei der Diskussion ihrer Methoden ein kurzer Blick auf das erkenntnistheoretische Kernproblem unabdingbar. Professionelles Denken für morgen entwickelte sich in einer Zeit – in den 1940er und 1950er Jahren –, als nicht nur der Zweite Weltkrieg für erhebliche Veränderungen in der weltpolitischen Lage sorgte. Auch neue Denkungsarten in Philosophie und Naturwissenschaften, etwa die „quantentheoretische Wende" in der Physik, bedeuteten dramatische Herausforderungen für die etablierten Denkmuster. Galt bis dahin: Entweder oder; „tertium non datur", verbreitete sich in der

Erkenntnistheorie die Einsicht, dass es natürliche Zustände gibt, die sich nicht eindeutig bestätigen lassen: Etwas kann sein, gleichzeitig aber auch nicht sein. Die Dinge wurden „unscharf". Diese Sichtweise war unerhört. Wie kann man ihr zum Trotz noch vorausschauend planen? Mit dieser Frage entstand Zukunftsforschung.

Wird der Weltzustand unübersichtlich, wird „Komplexitäts*reduktion*" unumgänglich; das ist die schlichte Überzeugungsbasis der Disziplin. Was es mit diesem taktischen Wechsel und seinen beispielsweise hirnphysiologischen Hintergründen auf sich hat, wurde bereits in den 1980er und 1990er Jahren intensiv ergründet (etwa von dem Systemtheoretiker und Lernpsychologen Frederic Vester 1985). Auch in der Risikoforschung wird dieser Wandel genutzt (Gigerenzer 2013). Das Prinzip: „Bei hoher Ungewissheit und Komplexität, vielen möglichen Alternativen, hoher Instabilität und geringer Vorhersehbarkeit nutze kleine Datenmengen und mach es einfach. Bei relativer Stabilität und Vorhersagbarkeit, bei überschaubaren Alternativmengen und wenig Risikofaktoren nutze große Datenmengen und kalkuliere komplex."

Nachvollziehen lässt sich dieses Prinzip am besten visuell, da das menschliche Gehirn in diesem Sinne programmiert ist: Menschen sind in der Lage, aus extrem wenigen (aber relevanten!) Daten in Sekundenbruchteilen für die jeweilige Situation, den spezifischen Kontext, spontan äußerst treffende, passende, angemessene und praktisch nützliche Urteile zu fällen. Wir treffen solche Urteile nicht „grundsätzlich", „universal", sondern immer hier und jetzt: Was ist gerade gefragt, was passt, was ist wichtig? Diese Kompetenz ist für künstliche Intelligenz uneinholbar. Abbildung 3.3 zeigt zwei gepixelte Bilder; davon eines von einer weltbekannten Persönlichkeit. (Sollten Sie Mühe mit dem Erkennen haben: Brille abnehmen oder blinzeln.)

Das Dechiffrieren der Bilder gelänge nicht besser, wenn der Betrachter näher herankäme – wenn er mehr Details sähe. Mehr oder präzisere Daten bewirken hier gar nichts; im Gegenteil, sie erschweren es, einen Gesamteindruck zu bekommen und ihn zu bewerten. Je unschärfer die Vierecke bis zu einer gewissen Grenze werden, umso deutlicher treten die Beziehungen zwischen ihnen hervor und sagen uns, was das Bild als Ganzes darstellt. Unser Gehirn scannt sofort seinen „globalen Arbeitsspeicher" (den Kortex) nach Passungen; dafür sind riesige Datenmengen hinderlich (vgl. Dehaenes „Global

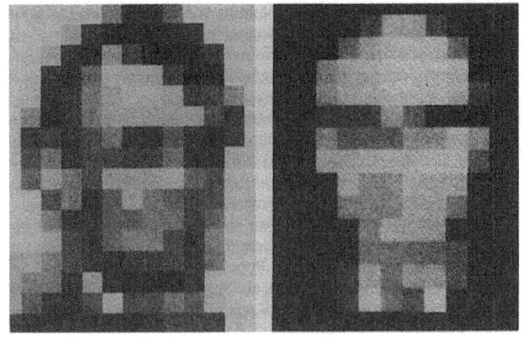

Abb. 3.3 Erkennen dank „globalem Arbeitsspeicher": Das Gehirn macht einen Systemabgleich. (Quelle: Harmon 1973, S. 73, 75; Wiederabdruck in Vester 1985, S. 36)

Workspace-Theory", 2014). Die Erkennung des groben Musters *reicht aus*. Wenn ganzheitliche Urteilskompetenz gefragt ist, geht man besser weiter weg. Man entfernt sich vom Gegenstand, vereinfacht, so weit es irgend geht, und reduziert die Datenmenge – umso klarer wird das Bild.

Zumindest Amerikaner erkennen die linke Person sofort (Abraham Lincoln, vgl. Abb. 3.4). Diese Fähigkeit, aus sehr wenigen, zentralen Informationen ein sinnhaftes Bild zu formen, ist menschlich und einzigartig. Sie beruht auf einer kognitiven Leistung, die umgeben, „durchtränkt" ist von Kontext; mit verschiedenen sinnlichen Informationen von außen, Gefühlen und kulturellen Erfahrungen („Embodiment"). Menschen können auf diese Weise nicht nur Dinge oder Personen wiedererkennen, sie können darüber hinaus aus Mosaiksteinchen, die anders als bisher zusammengefügt werden, neuartigen Sinn formen. Steve Jobs nennt das „magisch". Wichtig: Das kann nur ein „System", das weiß, was Sinn ist, sonst funktioniert der Mechanismus nicht.

Dieses Spiel mit Sinnbezügen ist das Herz ursprünglicher zukunftsforscherischer Methoden. Das Eigenartige an dieser Perspektive beruht auf der Erkenntnis, dass es Naturgesetze nicht nur betreffend der Dinge selbst gibt, sondern auch hinsichtlich der Art und Weise, wie Dinge miteinander verbunden sind („Systemgesetze"), den Konstellationen „zwischen" den Dingen. Die Quantentheorie ist das erste menschliche Denkmodell, das im naturwissenschaftlichen Rahmen – zumindest im subatomaren Mikrokosmos und vorerst darauf beschränkt – daraus ein konsistentes Erklärungsgebäude zu bauen versucht. Bei Zukunftsdingen, die ungewiss sind, hilft die Konzentration auf genau solche Systemgesetze – alle anderen Methoden gehen, häufig gerade *wegen* ihrer Präzision, am Problem vorbei. Damit entstehen erst einmal keine neuen Antworten, aber neuartige Fragen. Welche Varianten können mit einem Themenvorschlag assoziiert werden? Welche Möglichkeiten passen zu welchen Zielen oder Wünschen? Und welche Optionen haben für den Fragensteller einen natürlichen Zusammenhang, eine gemeinsame sinnhafte Drift – im Gegensatz zu anderen Optionen, die nur einzeln für sich stehen?

In zukunftsforscherischem Denken – der Exploration von fiktiven Zwecken – wird hinsichtlich der eigenen Perspektive die gewählte Methode so angepasst, dass *diese Zusammenhänge* aufscheinen können; nicht, dass künftige Zustände möglichst klar profiliert werden. Letzteres gehört zum Mindset der Prognose. Ihr Vorteil ist eine Vorstellung von Zukunft, die ökonomisch zielfähig ist. Ihr Nachteil: Ein Urteil über die „Ermöglichungsgesetze", zum Beispiel Kompetenzen, Ressourcen, die eigene ideelle Kraft, dort hin zu kommen, den *Sinnkontext*, liefert sie nicht. Die Sinnstelle, der Ort des „Soges" dorthin (das, was üblicherweise „intrinsische Motivation" genannt wird), ist leer. Eine Prognose eliminiert die Systemgesetze aus dem Zukunftsbild. Sie plant präzise, aber „kalt". Explorierendes Zukunftsdenken hingegen ist meist vage und unpräzise, dafür gehaltvoll, motivational gesättigt. Ein solches Zukunftsbild transportiert Vorstellungskraft, Willen, Emotionen, einen „Sog" in eine bestimmte Richtung; es beschreibt „heiß". Eine Gruppe von Menschen, die auf diese Weise vorgeht, gleicht genau deshalb viel eher einer Sekte oder Mafia und keinem harmoniesüchtigen Verein Gleichgesinnter, die „gut miteinander auskommen". Es sind Verschworene – verschworen auf eine bizarre, für Außenstehende gegenwärtig „irreale" Idee oder Sinndimension.

Abb. 3.4 Erkennen dank „globalem Arbeitsspeicher": Ergebnis des Systemabgleichs im Gehirn. (Quelle: Harmon 1973/© Juulijs, Fotolia)

„Heiße" versus „kalte" Zukunftsbilder

Ein „kaltes" Zukunftsbild schildert folgende Geschichte (paraphrasiert nach Geus 1998, S. 71 f.):

Stellen Sie sich vor, es ist 1920, und Sie verfügen aus irgendeinem Grund über die Gabe, die Zukunft präzise vorherzusagen. Zufällig statten Sie dem Bürgermeister von Rotterdam einen Besuch ab und schildern ihm, was in den nächsten zwanzig Jahren mit seiner Stadt geschehen wird. Der Bürgermeister erfährt also vom Aufkommen der Weimarer Republik, von der Hyperinflation, dem Börsenkrach von 1929 und der folgenden Weltwirtschaftskrise, ferner vom Aufstieg der Nationalsozialisten in Deutschland, den (für Rotterdam) verheerenden politischen Folgen, von der Bombardierung der Innenstadt sowie von der systematischen Zerstörung der Hafenanlagen im Winter 1945. Der Bürgermeister hört Ihnen aufmerksam zu. Allem Anschein nach hält er Ihre Ausführungen für glaubwürdig. Und dann fragt er: „Wenn Sie an meiner Stelle wären und plötzlich diese ganzen Dinge erfahren würden, inmitten all der anderen Fakten und Meinungen – was würden Sie mit diesen Informationen anfangen? Was sollte ich Ihrer Ansicht nach *tun*?"

Soweit die Geschichte. Zahlreiche Diskussionsgruppen kämen immer zum gleichen Ergebnis, so de Geus: Es gibt nichts, was der Bürgermeister tun könnte. Sogar, wenn er alles für plausibel hielte, hätte er weder den Mut noch die Überzeugungskraft, um die folgenschweren Entscheidungen zu treffen, die eine solche Vorhersage verlangen würde. Um das zu können, bräuchte es etwas anderes, als eine Vorhersage liefern kann: Es bräuchte emotionale Marker. Ein Ergriffensein von dem, was kommt. Einen mentalen Sog, der genügend Emotion und Vorstellungskraft böte, um annähernd begreifen zu können, was diese Ereignisse eigentlich *bedeuten*. Diese Denkungsart ist vom Paradigma der Prognose (in deren Schatten die gesamte europäische Zukunftsforschung bis heute steht) maximal weit entfernt: Es ist *gegen* sie positioniert.

In dieser Situation eine praktische Befähigung zu entschiedenem Handeln liefern, könnte nur eine „heiße" Beschreibung. Sie würde eine Vorstellung von dem vermitteln, in welchen Zustand Rotterdam über mehrere Ereignisse hinweg hineingeraten wird. „Heiße" Beschreibungen sind die Voraussetzungen für Zukunftshandeln, für Zukunfts*entscheidungen*. Erstklassige Führungspersönlichkeiten in unternehmerischen Innovationsschmieden stellen diese Hitze aktiv her; sie produzieren entweder von vornherein nur „heiße" Beschreibungen (Modell Silicon Valley, zum Beispiel HP kurz nach dem Krieg beziehungsweise die Ideen von Bill Hewlett und David Packard; IBM in den 1960er Jahren, Apple/Steve Jobs) oder wandeln zumindest vorhandene „kalte" Zukunftsbilder in „heiße" um (Jack Welch, Louis V. Gerstner).

Das alte Prinzip der Zukunftsforschung, das sich aus dieser Einsicht speist, kam bereits zur Sprache: „Lieber vage richtig als präzise falsch" liegen. Mit komplexen Algorithmen und Big Data kann man das, was man schon weiß, oft bestens erklären – also im Nachhinein. Aber man kann damit eben nicht das, was man noch nicht weiß, in einem gehaltvollen, „heißen" Sinn plausibel machen (oder gar vorhersagen). Präzision generiert derlei aus Prinzip nicht. Bei Zukunftsfragen haben sich daher Techniken, die Komplexität für eine *Mustererkennung* aufbereiten und Entwicklungen *emotional etikettieren*, besser bewährt. Zukunftsforscher versuchen dafür zu sorgen, dass die eigene ökonomische Präferenz (auf Basis der Tiefenkompetenz: was können wir am besten?) mit der Richtung, in die das alle motivierende Zukunftsbild weist (Antezipation: wohin wollen wir?), in Übereinstimmung gebracht wird, zumindest konvergiert – dass beide Muster passen. In diesem Fall kann der unternehmerische Wille erhebliche Hebelwirkung entfalten. Dann fängt man an, Zukunft zu *machen*. Die Details des Zukunftsbildes sind dabei unwichtig.

Etablierte Glaubenssätze wie „Bei wichtigen Entscheidungen brauchen wir ein ausgeklügeltes System", oder: „Je mehr Sie wissen, umso leichter die Entscheidung", oder: „Je mehr Varianten Sie durchspielen, desto professioneller und besser die Entscheidung", oder: „Je mehr Meinungen Sie einholen, umso besser" werden von Zukunftsforschern deshalb gezielt außer Kraft gesetzt. Genau das leisten zukunftsforscherische Methoden: Sie neutralisieren oder zerstören die präzisen, konkretistisch-prognostischen Anteile in Antezipationen. Zukunftsentscheidungen basieren deshalb auf einem anderen Methodenverständnis als klassisch ökonomische Entscheidungstheorien. Die wirtschaftswissenschaftliche Unterstellung, dass alle zukünftigen möglichen Weltzustände optimal beschrieben werden könnten, *wenn man sich nur Mühe gibt* (professionell genug kalkuliert, entsprechende Datenverarbeitung einsetzt und so weiter), eliminiert jegliche Weltzustände außerhalb des formalen Kalküls. Genauer: Sie eliminieren die Systemgesetze; und sie unterliegt dem Fehlurteil, dass sich solche Systemgesetze, welche die Beziehungen *zwischen* den Dingen bestimmen, als ein Prognoseproblem einfach umdeuten ließen.

Konsequenzen für das Innovationsmanagement
In vielen Gesellschaften gilt es als ausgemacht, dass technologischer Wandel soziale Verhältnisse verändern und oftmals revolutionieren kann. In der jüngeren Wirtschaftswissenschaft hat Clayton M. Christensen (1997) den Begriff der „Disruption" geprägt; eine Aktualisierung der Grundidee von Kondratjew (2014 [1926]). Das Konzept der Disruption ist

mittlerweile ein Credo im Innovationsmanagement. Das Denkmuster, das hier vorherrscht, markiert den Gegenpol zur praxeologischen Zukunftsforschung. Es hat den Vorteil einer scheinbar intuitiven, selbstverständlichen Wahrheit für sich: Dass technologische Durchbrüche Gesellschaften verändern – Buchdruck, Dampfmaschine, Glühbirne, Auto, Computer, Internet, Industrie 4.0. Erst die Disruption, dann radikaler sozialer Wandel.

Aber schon die sogenannten Vorsokratiker haben das Lied der Kritiker dieser Denkweise angestimmt, und Zukunftsforscher sind ihre spätmodernen Adepten. Bezweifelt wird die Vorstellung, dass es die jeweils neuesten Werkzeuge seien, die dann im Nachgang unsere Wahrnehmung und unser Denken (den „Sinn") veränderten. Gegenthese: Eine allgemeine, diffuse und unklare Idee des Werkzeugs, zu Beginn vielleicht nicht mehr als eine vage Ahnung, dass „so etwas" möglich sei, muss vorhanden sein, bevor eine spezifische Wirkweise oder Anwendung des Werkzeugs erkannt, erfunden oder akzeptiert werden kann. Das ist der *praxeologische* Kern der erkenntnislogischen Bedeutung von Antezipation. Beispielsweise geht die Idee, dass sich Bilder mit einem räumlichen Eindruck von Tiefe wiedergeben lassen, der physikalisch real gar nicht vorhanden ist (Stereoskopie), der Fotografie um mehr als zwanzig Jahre voraus. Die Geschichte unternehmerischer Innovationen ist voll von solchen Beispielen – nur wird sie so eben nicht erzählt.

Sowohl der amerikanische Pragmatismus als auch Konzepte wie beispielsweise die Luhmannsche Systemtheorie stehen auf diesem Fundament. Hochentwickelte erkennende Systeme wie Menschen könnten antezipieren; und daraus ließe sich etwas machen.

> „Das heißt nicht, dass sie künftige Gegenwarten jetzt schon erkennen können; wohl aber, dass sie diese Unmöglichkeit *mit Konstruktionen überbrücken* können, indem sie ihre eigene Informationsverarbeitung mit Hilfe einer Differenz von Vergangenem und Künftigem organisieren, die als Differenz in der Außenwelt *gar nicht vorkommen kann.*" [Solche „Differenzen" erscheinen für Außenstehende, die diesen kreativen Umgang mit Differenzen beobachten, daher als bizarr, skurril, „unrealistisch", visionär, verrückt.] Vermutlich müsse Antezipation „begriffen werden als Produkt eigener Imagination [...], also als Erzeugung eines Überschusses an eigenen Möglichkeiten, der dann zur Auswahl nach selbstkonstruierten Kriterien *des ,Passens'* freigegeben wird." [Das Unternehmen entscheidet, was für es gerade Sinn macht, wählt danach aus und konzentriert sich fortan nur darauf.] Antezipierende Systeme „können sich, mit anderen Worten, auf *selbstgeschaffene Risiken einstellen und daraus Vorteile ziehen*". (Luhmann 1990, S. 43, unsere Herv.)

Was sich hier hoch abstrakt anhört und nicht gerade nach realem, praktischem Handeln klingt, ist der Kern praktischen unternehmerischen Entscheidens und Innovierens à la americaine. Die praxeologisch-konzeptionelle Überlegung, dass die Abfolge von neuen Techniken und veränderter Weltwahrnehmung womöglich andersherum verläuft – das Zukunft kognitiv *gewollt „vor-gestaltet", vor-gestellt* wird –, ist über den Status von starken Grundintuitionen einiger weniger Exzentriker bis heute nicht hinausgekommen. (Im europäischen Wissenschaftsverständnis wird sie aktiv bekämpft.) Fremd und ungewöhnlich erscheint vielen solches zukunftsforscherische Denken und Entscheiden auch deshalb, weil es zum Beispiel grundsätzlich nur im „diversen" Raum funktioniert: Inter- und transdisziplinär, im kulturellen Mix; je extremer, desto erfolgreicher (vgl. Jobs „Labor"). Man führt eine Vielzahl von Vokabularen und Mindsets parallel, hält sie strategisch in der Schwebe, exploriert sie und macht sie „heiß". Zu einer wahrheitsorientierten Konsenskultur wie der unsrigen steht dies in denkbar krassem Kontrast.

Für das Verstehen und Begreifen, wie Innovieren funktioniert, ist die Antwort auf die Frage: „Was kommt zuerst: Disruption oder Veränderung der Sicht der Dinge?" jedoch brisant. Zwar sind wir Deutsche mit unseren bisherigen Glaubenssätzen erfolgreich (Maßstab Export). Wie aber bereits angedeutet: Offen bleibt, ob die Innovationskraft, die allein aus unserem bisherigen Ansatz resultiert, in der künftigen globalen Ökonomie ausreicht, um auch langfristig zu bestehen.

3.2.2 Szenarien: Planen und Entscheiden in Alternativen

Das Denken und Planen in Szenarien ist vom Prinzip her vergleichbar mit einem asiatischen Dojo [doːdʑoː]. Dieser bezeichnet entweder die Trainingshalle, die bei japanischen Kampfkünsten genutzt wird, oder eine Meditationshalle im japanischen Zen-Buddhismus; jedenfalls einen Raum konzentrierter Autofokussierung.

> **Planen im Dojo**
>
> Ein Dojo ist ein Miniaturkosmos, in dem wir uns mit uns selbst konfrontieren – unseren Ängsten, unseren Befürchtungen, unseren Reaktionen und unseren Gewohnheiten. Im Dojo geht es grundsätzlich „heiß" zu; es wird weitaus mehr als eine „Technik" gelehrt. Er ist eine Arena des begrenzten Konflikts, wo wir einem Gegner gegenübertreten, der kein Gegner ist, sondern ein Partner; jemand, der sich zur Verfügung stellt, um uns ein Spiegel zu sein; ein Gegenüber, das uns hilft, uns selbst besser zu verstehen. In der Szenariotechnik stehen für diesen Gegner die Zukunft, genauer gesagt mehrere fiktive Zukünfte: Man kämpft an verschiedenen Fronten und macht sich fit für die Realität außerhalb. Der Denkraum, den diese Technik erschließt – ein kognitives Dojo – ist ein Ort, an dem wir in kurzer Zeit sehr viel darüber lernen können, wer wir sind und wie wir in der Welt agieren.
>
> Die Auseinandersetzungen, die innerhalb des Dojos stattfinden, helfen uns, mit den Konflikten umzugehen, die draußen stattfinden: Das ist sein Sinn und Zweck. Hier wird mit und durch Fiktionen trainiert. Man kämpft – denkt – „auf Vorrat" für das, was passieren könnte; konsequent praktisch gedacht, nicht theoretisch, also etwa in Wahrscheinlichkeiten oder Risikoabwägungen. Die einzig relevante Frage lautet: *What if ...?* Die totale Konzentration und Disziplin, die erforderlich ist, um eine Kampfsportart zu erlernen beziehungsweise um systematisch und „tiefenkompetent" unbekannte, fiktive Zukunftsbilder zu explorieren, überträgt sich auf den Alltag. Und: Die Aktivitäten im Dojo fordern uns heraus, neue Dinge auszuprobieren. Sie sind eine Quelle des Lernens – in der Terminologie des Zen, eine Quelle der Erleuchtung. Es ist ein Ort, an dem die Welt auf eine zu bewältigende Größe reduziert ist (szenariotechnisch etwa: den relevanten Datensatz an Einflussgrößen für ein bestimmtes Thema begrenzen, Daten mat-

chen, Wechselwirkungen analysieren, explorieren): Klein genug, um reaktionsfähig zu sein, aber groß genug, um zu erkennen und zu testen, was man hat. Ein Dojo kann vieles sein; ein physischer oder auch virtueller Ort. Immer aber ist er ein Übungsplatz: Eine lebendige, aktive, sich entwickelnde Arena für menschliches Wollen und Können (nach Hyams 1982, S. 4).

Die Szenariotechnik übersetzt das Prinzip eines Dojo in für Westler verstehbare Regeln. Sie bietet eine systematische kommunikative Struktur, die es einer Organisation erlaubt, sich selbst zu messen und gemessen zu werden: Zum einen, sich selbst zu beobachten, zu messen *anhand der Antezipationen*, die das Unternehmen sich setzt. Das ist der Maßstab: Was wir uns alles vorstellen wollen. Und zum anderen gemessen zu werden anhand der Differenz von Antezipation, also dem Wollen einerseits, und dem Können des Unternehmens andererseits. Das Resultat: Für den in Alternativen denkenden Unternehmer wird die Gegenwart *nach seiner Vorstellung* konfiguriert und auseinandergefaltet. Er bildet sozusagen mentale Reliefs. Dabei nutzt er die Antezipation zur Exploration dessen, was er *jetzt* tun muss. Für die Fachkraft, den bürokratischen Verwalter, wird im Gegensatz dazu die Zukunft nach der Gegenwart modelliert. Er verlängert, prognostiziert das Heute ins Morgen (was ist realistisch, was geht?).

Eine solche Struktur, die auf strategisch inszenierten Fiktionen beruht, nennt man seit alters her Spiel. Die Regeln sind hier die Vorstellungen, die das Unternehmen von der Welt hat. Der Einsatz, sozusagen die Währung, ist Sinn; dieser soll vermehrt werden. Szenarien sind unterschiedliche Zukunftsbilder, Weltbilder. Sie fächern auf, was aus der eigenen Vorstellung, der Antezipation heraus, heute alles möglich und denkbar ist beziehungsweise getan werden könnte – und aus Sicht des Unternehmens dann auch getan werden sollte. Eine Zukunftsentscheidung formatiert Gegenwart vor dem Hintergrund eines antezipierten Morgen, sozusagen „rückwärts".

Hardcore-Dojo: Actionlearning

Das Denken und Planen in Alternativen hat eine lange Tradition im unternehmerischen Denken, firmiert aber unter ganz unterschiedlichen Überschriften. Das „Actionlearning" des britischen Forschers Reg Revans gehört dazu: Vom Pentagon genutzt, vom ANC und von Jack Welch. Es geht dabei um ein spezielles „learning by doing"; Revans hat dafür die Formel $L = P + F$ geprägt (Lernen funktioniert dadurch, dass man programmiertes Wissen P mit der Fähigkeit kombiniert, sinnvolle Fragen F zu stellen). Hier sind also Fragen das Werkzeug, sich strategisch von der Realität zu desengagieren. Das Ziel sei, so Revans, „sich selbst besser kennen zu lernen, indem man feststellt, was man tatsächlich könnte, die Ursachen dafür ergründet, warum man es tun will, und herausfindet, was die Konsequenzen dessen sind, was man anscheinend tat". Reines Szenariodenken im kognitiven Dojo: Anstatt unser Unwissen zu verstecken, sollten wir Unwissen *normalisieren* und das üben. Die Quellen, die er für seinen Ansatz zitiert, reichen vom Buddhismus bis zur Bibel.

Welch war fasziniert von dieser Methode. Ihn überzeugte der Gedanke, dass der Lernprozess einsetzt, wenn Probleme in kleinen Gruppen von „Kameraden in der Not" zur Sprache gebracht werden. Nelson Mandela nannte das „Kooperation an der Basis". Welch sperrte dazu einige Dutzend Leute in einen Raum ein und ließ sie, oftmals über Stunden ohne Pause, an Misserfolgen, Fehlern oder organisationalen Defiziten herumdiskutieren. Er war immer dabei und nahm Einfluss, beharrte aber darauf, dass die Gruppe eine Lösung fand. Mehr als dieses eine Treffen gab es nicht; es dauerte so lange, wie es eben brauchte, um eine Lösung zu finden (nur die Harten komm' in' Garten).

Aus dieser Keimzelle entwickelte er das „Work-out-Programm" von GE, das viele Varianten hat, aber im Kern immer auf die Verordnung, die Verpflichtung der Mitarbeiter auf schonungslose Selbstbeobachtung gerichtet ist. Er wolle „den Kontakt zu den Managern tief im Bauch der Organisation suchen, ohne die Botschaft von mehreren Führungsebenen filtern zu lassen" – ein scheinbar basisdemokratischer Ansatz, der aber in erster Linie auf die Herstellung eines elitären Bewusstseins zielt. Im Prinzip sind Prozesse des Szenariodenkens immer Prozesse der Sozialisation: Den Menschen in der Organisation denken zu lehren, wie das Unternehmen tickt. Sie dazu zu befähigen, in dieser spezifischen Kultur zu agieren, sie zu erhalten, weiterzuentwickeln und zu lernen, in ihrem Rahmen kreativ zu spielen. Soll heißen: Tiefenkompetenz zu lehren. (Zum Actionlearning vgl. Welch 2001, S. 184–199)

Aus einer strikt szenarioorientierten, antezipierenden Denkungsart erschließen sich viele „Glaubenssätze" der hier zitierten Vorbildunternehmer. Wenn Steve Jobs etwa befindet: „Frage nicht deine Kunden, denn die wissen gar nicht, was sie wollen – du musst es ihnen zeigen!", dann spiegelt das, dass Realität nur in der eigenen Wahrnehmung, der autologischen Meinung, dem selbstentfachten Glauben und den konstruierten Schlussfolgerungen daraus existiert. Daher ist das Marketing-Credo „Finden Sie einen Bedarf und erfüllen Sie ihn", aus seiner Sicht so grundlegend falsch. Was die Kunden sagen, was sie derzeit wahrnehmen und glauben zu brauchen, ist irrelevant. Der springende Punkt ist: Das Unternehmen muss *seine* Beobachtungsweise durchsetzen; seine Antezipation. Und um diese herauszuarbeiten, hilft unter anderem die Szenariotechnik. Sie klärt auf über die eigene Wahrnehmungs- und Sinnwelt.

Der Denkfehler, den die berechnenden Sachverwalter des Morgen mit ihrem etablierten Zukunftsmanagement betreiben: Sie versuchen, ihre eigene Weltsicht zu bewahren; die Gleichen zu bleiben. Den Unternehmern ist über Jahrzehnte eingetrichtert worden, dass Trends extern passieren, in den Umfeldern. Die müsse man scannen und mit dem Ergebnis das Unternehmen „verändern"; sich anpassen, „mit der Zeit gehen" – was bedeutet, die eigene *heutige* Wahrnehmungsweise in die Zukunft hinüberzuretten, dabei aber den gerade vor sich gehenden Wandel mit zu berücksichtigen. Daraus entsteht das bekannte Rat-Race des „wer ist der Schnellste, der auf Trend X aufspringt?". An der unternehmerischen Perspektive ändert sich in einem solchen Zukunftsmanagement nichts, aber es gibt ständig neue Hypes, an denen man sich abarbeiten kann. Diese Schwundstufe an Imagination von dem, was auch anders möglich wäre, nennt sich in unserer Ökonomie „Neuheit" und dient als Innovationsgrundlage. Externe Entwicklungen müsse man dafür nur frühzeitig „erkennen" und dann schleunigst „ausbeuten".

Das Prinzip eines Denkens in Alternativen hebelt dieses Schema aus. Die hier zitierten Vorbildunternehmer haben Trends ignoriert. Sie haben weder sich wandelnde Kundenbedürfnisse noch technologische Disruptionen beobachtet – aber: Sie haben solche Entwicklungen sehr wohl bedacht, mitunter intensiv, nur eben konsequent *in eigener Zurichtung* (Antezipation). Nicht durch Scannen oder Monitoren von vermeintlich „Objektivem" (Empirie, Studien), sondern dadurch, dass sie aus ihrer eigenen Wahrnehmungsweise heraus Gesellschaft oder Märkte neu gezeichnet haben. Zuckerberg hat beispielsweise seine Idee, die Kunden selbst ihre Käufe auf Amazon bewerten zu lassen, nicht von den Kunden erzählt bekommen, sondern „sich ausgedacht" – in einem maximal tiefenanalytischen, kognitiv präzisen, sinn- und nutzvollen Verständnis. Mit Kreativität hat das eher wenig zu tun. Szenarien beschreiben keine neuen, ganz anderen, „objektiv" möglichen, das heißt „realistischen" Zukünfte „da draußen", sondern auf neue und andere Weise – quasi verschoben – das Menschen-, Geschichts- und Gesellschaftsbild *von denen, die die Szenarien konstruieren*. Sie verhelfen zu solchen Verschiebungen. Diese Leute desengagieren sich *mittels ihrer Szenarien* strategisch und systematisch von ihrer eigenen, gegenwärtigen Wahrnehmungsrealität: Genau das ist die Leistung von Szenarien und ein möglicher Weg für ein Denken auf Vorrat.

> **Kontrastprogramm: Die positive Kraft negativen Denkens**
> Jack Welch hat ein Denken auf Vorrat geliebt und zu beispielloser Blüte getrieben. Eine Version waren die „Destroy-your-Business-Groups" – eine exzentrische Szenario-Denkungsart. Er setzte beispielsweise eine solche Gruppe ein mit dem Auftrag, sich vor dem Hintergrund des aufkommenden Internets in die Situation der Konkurrenten zu versetzen und zu überlegen, wie sie GE möglichst schnell und radikal das Geschäft zerstören könnten. Interessant waren im Ergebnis nicht nur die Schwachstellen von GE, sondern vor allem die sich dabei herauskristallisierenden Chancen von GE im E-Business. Mit dieser Methode habe sich GE teilweise „neu erfunden". Auch hierbei geht es im Grunde um ein Tool, das dabei hilft, die Perspektive zu wechseln: Sich von der eigenen Sichtweise zu lösen. In diesem Fall ist der Hauptkontrast *Risiko – Chance*; genutzt werden kann dafür aber auch jede andere unternehmerisch sinnvolle Leitdifferenz. Immer geht es darum, Alternativen ins System einzuführen; vom amerikanischen Führungsstil her eher: hineinzudrücken. Die Art und Weise, wie in diesem Kontext Denken gelehrt wird, das „kognitive Stretching" der Amerikaner, ist nichts für zart Besaitete.

Ein Unternehmen in dieser Art zu entwickeln erfordert Mut, Selbstbewusstsein, die tiefe Überzeugung, dass man etwas richtig gut kann und den festen Willen, andere davon auch zu überzeugen – letztlich den Glauben an sich, diese spezielle Überdosis Sinn, die exzellente Zukunftsmanager ihrer Organisation einimpfen. Dabei spielt Wandel in jeder

Hinsicht natürlich eine zentrale Rolle – aber eben immer nur durch die Brille der eigenen Weltsicht. Die „Veränderung von Kundenbedürfnissen" als solche, als empirisches Faktum, ist für das Zukunftsmanagement uninteressant. Hingegen ist das Bewusstsein davon, dass man aufgrund der eigenen Perspektive (Antezipation) die Wahrnehmung des Kunden – nur aufgrund des eigenen Könnens, der eigenen Idee, ohne dafür auf irgendjemand angewiesen zu sein – *selbst* verändern kann und der unbedingte Wille dazu, der Treiber für Zukunftsmanagement. Es ist zudem der Humus für Exzellenz und Motor für einen geistigen und motivationalen Höhenflug. Wie wir sehen werden, lässt sich der allerdings noch steigern.

3.2.3 Backcasting: Futur-II-Schocks

Während Szenarien die eigene Sicht der Dinge ausdifferenzieren, in neue Perspektiven auffächern, quasi qualitativ „vermehren", ist Backcasting eine Radikalisierungstechnik: Sie geht in einem bestimmten Aspekt in die Tiefe. Genauer formuliert, steigert und überzeichnet sie den Aspekt des Neuen, des noch nie Dagewesenen bei der Suche nach alternativen Handlungswegen. Dies gelingt mit Szenariotechniken auch, aber nur bedingt, nämlich beim Bearbeiten des Endprodukts, also in der Diskussion der Szenarien selbst. Denn Szenarien bleiben durch die Art und Weise, wie sie erstellt werden, immer an die Gegenwart gebunden (die Einflussfaktoren entstammen dem Heute – das macht sie im Methodenkanon in Sachen Zukunftsradikalität zu einem eher zurückhaltenden Kandidaten).

Backcasting geht anders vor und ist anspruchsvoll. Reines „Auffächern" in Optionen ist hier zu wenig: Es exploriert, wie radikal *anders* Zukunft sein kann. Häufig wird es im Anschluss an die Szenarioentwicklung eingesetzt, um das Basisszenario zu vertiefen. Backcasting gehört zur Gruppe der Temporalisierungstechniken; hier wird mit unterschiedlichen Zeitformen gespielt. Um das Grundprinzip dieser Denkübung zu verstehen, ist es hilfreich, sich die verschiedenen Zeitformen, die wir nutzen, vor Augen zu führen; hier ist unser „common sense" nämlich ungenau. Grundsätzlich gibt es unendlich viele Zeitformen und Abstufungen davon; aus praktischen Gründen haben wir uns kulturell allerdings angewöhnt, sie auf drei Bereiche zu reduzieren: Vergangenheit, Gegenwart und Zukunft. Zukunftsforscher werden hier etwas präziser – aber in Grenzen. Die Komplexität muss handhabbar bleiben. Das Grundgerüst, mit dem sie arbeiten, besteht aus neun Zeitformen (vgl. Abb. 3.5).

Das konventionelle, kulturell normierte Zeitgefühl in Europa privilegiert die Vergangenheit. Wir müssen mit dem leben, was geschehen ist, und können es nicht mehr ändern. Das Vergangene verleiht uns erst Identität und macht uns zu dem, was wir sind. Es prägt uns und unsere gegenwärtigen Handlungen, darüber hinaus aber auch – zwar indirekt, aber gravierend – unsere Zukunft. Der Slogan „Zukunft durch Herkunft" bringt das auf den Punkt. Der eigentliche Handlungsbereich, also das Feld, auf dem wir tatsächlich frei wirken können, ist also sehr klein: Die Vergangenheit „determiniert" fast alles.

	Vergangenheit	**Gegenwart**	**Zukunft**
Vergangenheit	Vergangenheit der Vergangenheit WIE GOETHE DIE ALTEN GRIECHEN SAH 1	Vergangenheit der Gegenwart WIE GOETHE SEINE ZEIT SAH 2	Vergangenheit der Zukunft WIE GOETHE DIE ZUKUNFT VON WEIMAR SAH 3
Gegenwart	Gegenwart der Vergangenheit WIE WIR HEUTE GOETHE SEHEN 4	Gegenwart der Gegenwart WIE WIR UNS HEUTE SEHEN 5	Gegenwart der Zukunft WIE WIR HEUTE UNSER MORGEN SEHEN 6
Zukunft	Zukunft der Vergangenheit WIE MENSCHEN MORGEN IHRE VERGANGENHEIT SEHEN WERDEN (ALSO UNSER HEUTE) 7	Zukunft der Gegenwart WIE MENSCHEN MORGEN IHR HEUTE SEHEN WERDEN (ALSO UNSER MORGEN) 8	Zukunft der Zukunft WIE MENSCHEN MORGEN IHRE ZUKUNFT SEHEN (ALSO UNSER ÜBERMORGEN) 9

Abb. 3.5 Zeitformen im Überblick

Diese Sichtweise ist kulturell distinkt und zutiefst europäisch. Zeit ist jedoch ein Schema; eine reine Konstruktion, die man verändern kann – diese Erkenntnis ist das Fundament jeder Temporalisierungstechnik.

Zeitvorstellungen als symbolische Codes

Wie schwierig es ist, Zeitvorstellungen zu verändern oder auch nur anders darzustellen als die Gesellschaft sie sieht, musste Einstein erfahren. Wie er sind viele Naturwissenschaftler der Ansicht, Zeit fließe gar nicht; sie sei so etwas wie ein gefrorener See, also statisch. Unsere mentale Felderwirtschaft der Zeitformen sei lediglich eine kognitive Krücke; eine spezifische Leistung des Gehirns, die erbracht wird, um Veränderung und Wandel erfassen und kommunizieren zu können – immerhin liegt zwischen Geburt und Tod eine erlebbare, sich laufend verflüchtigende Spanne, die für das Überleben der Gattung eine eminente Bedeutung hat. Um darüber sprechen zu können, müssen wir sie symbolisch codieren. Dieser Code heißt „Vergangenheit – Gegenwart – Zukunft".

Dass Zeit statisch sei, schloss Einstein daraus, dass wir am Sternenhimmel das Licht von Sternen sehen können, die längst erloschen sind. Verschiedene „Zustände" von Licht sind also offenbar „gleichwertig" – egal, ob sie von *unserem* Standpunkt aus in der Vergangenheit oder Zukunft liegen. Eine ähnliche Überlegung führte ihn zur Annahme der Relativität von Raum, Bewegung und Zeit: Es hängt vom eigenen Standpunkt ab, wie schnell Zeit vergeht. Leider schaffte er es nicht, diese Gedanken auch praktisch nutzbar zu machen – sie sind uns zu fremd. Als sein bester Freund Michele Besso starb, schrieb er der trauernden Witwe in einem Brief, Zeit sei lediglich eine Einbildung, Michele würde in alle Ewigkeit existieren; sie solle sich vom althergebrachten

Konzept der Zeit trennen. (Für die Frau war das ein schwacher Trost; und Einstein verstarb wenige Wochen später.)

Auch ein „handfester" Beweis über die „Natur" der Zeit ändert also kaum etwas daran, wie wir sie sehen und sie bewältigen. Hier geht es nicht um Rationalität, sondern um Sinn.

Verändern lässt sich im Zeitschema alles – inklusive der Vergangenheit. Zwar können wir Geschehenes nicht rückgängig machen, aber wir können die Interpretation ändern. Wir können Vergangenem eine andere Bedeutung beilegen und damit die Anschlüsse unserer gegenwärtigen Handlungen so umjustieren, dass wir *anders handeln*. Erst recht kann die Zukunft ein willentlicher Bruch sein mit Gegenwart und Vergangenheit. Man kann etwas „hinter sich lassen", ein „neues Leben beginnen" und so weiter. In den USA gehört dieses Mindset zum Alltag, hierzulande wirkt es befremdlich. Unsere Neigung, dieses Verhaltensmuster als „Vor-sich-selber-Weglaufen" zu werten, anstatt sich „den Realitäten zu stellen", spiegelt unseren Fixpunkt im Gestern. Im Silicon Valley hingegen liegt der Anker für die eigene Sichtweise fest im Morgen; präziser: im Übermorgen. Das Zeitschema dieser Ökonomie hat also eine – im Vergleich zu Europa – gegenteilige Orientierung.

„Temporalisieren" bedeutet ein Aufbrechen der jeweils vorherrschenden zeitlichen Norm; eine Aufwertung nicht privilegierter Zeitformen. Das kann prinzipiell jede sein; in der Zukunftsforschung ist es eben die Zukunft (zur Aufwertung von Vergangenheit vgl. Demandt 2010; zur Aufwertung von Gegenwart Gumbrecht 2010, 2012). Man versucht dabei, den Konjunktiv taktisch zu vergrößern, den Sinn fürs Simultane zu schärfen oder mit Erinnerungen (in welcher Branchen- oder Unternehmenstradition stehen wir?) und Erwartungen (wer definiert hier gute oder schlechte Ideen?) zu spielen. Man kann eine Zeitdimension strategisch öffnen (zum Beispiel die Vergangenheit neu deuten und so zu einem Motivationsschub nutzen) oder auch verriegeln (etwa im Risikomanagement dadurch, dass man *worst cases* vorwegdenkt und weitgehend verunmöglicht) und vieles mehr.

Backcasting ist eine der interessantesten dieser Techniken. In unserem Zusammenhang meint es aber nicht die am häufigsten genutzte, extrem reduzierte Version einer simplen Zeitumkehr. Das Grundprinzip dieser vereinfachten Variante: Man stellt sich fiktiv an den Ort eines zukünftigen Datums und erzählt „rückwärts", wie es dazu hat kommen können – also das Gegenteil von Forecasting, wo man von heute an nach vorn schaut. In solch einem rein *formalen* Backcasting nutzt man lediglich die psychologische Irritation des Richtungswechsels, sonst nichts.

Eine elaborierte Version sind Futur-II-Schocks. Sie erweitern das klassische neunstellige Zeitfeldschema „nach vorne", das heißt differenzieren den Zukunftsbereich weiter aus. Die Denkrichtung entspricht der deutschen Zeitform des Futur II, der vollendeten Zukunft („ich werde gewesen sein"). Es geht dabei also um ein Backcasting in radikalisierender Absicht. Abbildung 3.6 stellt diese Erweiterung dar.

Die Pointe dabei liegt in der Absicht, die gewohnheitsmäßig enge Bindung der „Gegenwart der Gegenwart" (Feld 5) an die „Gegenwart der Zukunft" (Feld 6) – also zwischen

	Vergangenheit	**Gegenwart**	**Zukunft**
Zukunft	Zukunft der Vergangenheit WIE MENSCHEN MORGEN IHRE VERGANGENHEIT SEHEN WERDEN (ALSO UNSER HEUTE) 7	Zukunft der Gegenwart WIE MENSCHEN MORGEN IHR HEUTE SEHEN WERDEN (ALSO UNSER MORGEN) 8	Zukunft der Zukunft WIE MENSCHEN MORGEN IHRE ZUKUNFT SEHEN (ALSO UNSER ÜBERMORGEN) 9
Vollendete Zukunft (Futur II)	Vollend. Zukunft der Vergangenheit WIE MENSCHEN MORGEN IHRE VERGANGENHEIT GESEHEN HABEN WERDEN 10	Vollend. Zukunft der Gegenwart WIE MENSCHEN MORGEN IHR HEUTE GESEHEN HABEN WERDEN 11	Vollend. Zukunft der Zukunft WIE MENSCHEN MORGEN IHRE ZUKUNFT GESEHEN HABEN WERDEN 12

Abb. 3.6 Zeitformen des Futur II

Heute und unserem *heutigen (!)* Bild von Morgen – zu lockern. Unser heutiges Bild von Morgen liegt logischerweise extrem nah am Heute: Wir können uns ein Morgen nur schwer vorstellen, das irgendwie „ganz anders" sein sollte als das Heute. Wir neigen dazu, uns unsere Zukunft dem Heute ähnlich zu machen – wir gehen einfach von dem aus, was wir kennen, und ändern es lediglich leicht ab. Viele Unternehmen nutzen genau dafür Trends – diese zeigen die (angeblich validierbare) Richtung für eine Abweichung und man kann sich eine eigene Antezipation sparen. Etwas gänzlich Neues kommt dabei allerdings selten heraus. Zwischen diesen beiden Zeitformen (Feld 5 und 6) besteht nämlich ein natürliches, zirkuläres Verhältnis; genauer: zwischen den immer nur in der Gegenwart möglichen Entscheidungen und den dadurch in den Bereich des Möglichen eintretenden künftigen Gegenwarten. Die vorzunehmenden Entscheidungen legen normalerweise den Bereich der Parameter, den Bereich des Wahrscheinlichen und Unwahrscheinlichen fest, (engen ihn zumindest stark ein), von dem dann abhängig wird, wie die künftige Gegenwart aussieht.

Eine solche unnötige Selbstbeschränkung der Zukunftsperspektive ist nicht per se schlecht oder kritikbedürftig – es kommt immer darauf an, was man unternehmerisch erreichen will. Viele Unternehmen sind sich der Konsequenzen eines solchen Vorgehens aber *gar nicht bewusst* und berauben sich ohne Not der Möglichkeit zu wirklich neuem Denken (zu radikalen Innovationen). Sie machen sich nicht klar, in welchem Ausmaß unser Denken von Ursache-Wirkungs-Schemata geprägt ist. Das in Europa tradierte Denkmuster verleitet dazu, alles, was ist oder sein wird, als „Bewirktes", als „Produkt", als Folge oder Resultat von Vorausgegangenem anzusehen. Die Vergangenheit sticht immer. Das ist auch der psychologische Hintergrund für die Zielversessenheit der Betriebswirtschaftslehre. Ein „Entstandensein aus ..." und ein ausschließlich daraus entwickeltes Ziel sind aber

Abb. 3.7 Zukünftige Zukünfte nach kalifornischem Muster: Plakat-Werbekampagne der NASA für „Frühbucher" von Urlaubszielen auf neu entdeckten Planeten. (Quelle: Courtesy NASA/ JPL-Caltech)

keine hinreichende Grundlage, um den *Sinn* einer Sache oder die *Bedeutung*, die etwas für uns hat oder potenziell haben könnte, herzuleiten, zu verstehen oder gar zu verschieben.

Radikale Innovatoren (und Zukunftsforscher) opponieren dagegen. Sie lehnen diese kognitive Selbstkastration ab und verhindern sie aktiv; sie wollen, ganz im Gegenteil, einen *Symmetriebruch*, eine eigenmächtig definierte Form von Irreversibilität einrichten. Sie wollen von Feld 5 gleich – direkt, ohne Umweg über Feld 6 – nach Feld 7 oder 8 springen, manchmal sogar 9 (das Silicon Valley *liebt* Feld 9, vgl. die kommunikationspolitischen Beispiele in Abb. 3.7); und zukunftsforscherische Methoden helfen dabei. Zwar gilt immer, dass mit jedem Zug der Raum verbleibender Möglichkeiten eingegrenzt wird; dass die Verkettung von Kontingenzen zu Notwendigkeiten und Unausweichlichkeiten („Pfadabhängigkeit") führt. Aber es gibt immer einen Startpunkt. *Dass* etwas geschieht, muss man weder als durch die Vergangenheit vorgegeben akzeptieren, noch dem Zufall überlassen. Man kann den Ausgangspunkt selber setzen; und *auch dann* gilt die unumstößliche Logik menschlichen Handelns: Wenn etwas geschieht (entschieden wird), kann das Anschlussereignis hoch wahrscheinlich beziehungsweise sogar „notwendig" erscheinen. Durch genau diese Wahl: die Setzung eines gewollten Startpunktes, wird Zukunft „gemacht". Das ist das praktische Geheimnis von Steve Jobs Bild eines Vektors, der „von vornherein leicht abgelenkt" ins All geschossen oder verschoben wird (vgl. Abschn. 3.1.1). Genau so geht – in der angewandten Zukunftsforschung – Zukunftsgestaltung.

Futur-II-Spiele initiieren einen mentalen Schock; eine Provokation als ein qualifizierendes, richtungsweisendes Moment. In der Psychologie gehört dieser Trick seit Langem zum Methodenkanon; es gibt Schocktherapien oder den Provokativen Stil von Farrelly, wo gezielte Tabubrüche oder Übertreibungen die Betroffenen stimulieren sollen, in eine andere Richtung zu denken. Auch eigenständige Futur-II-Techniken sind hier vertreten (Blankenburg 2007, S. 235–251). In der Zukunftsforschung beispielsweise gibt es Fragenkataloge, die gezielt „Future-Flashs" erzeugen sollen (Burrus 2012). Im NLP (NeuroLinguistisches Programmieren) wird seit Jahrzehnten mit Timeline und Future Pace gearbeitet. Im hiesigen Zusammenhang dienen zeitliche Fiktionen, Antezipationen einer „Zukunft der Gegenwart" (wie unsere Kunden von morgen uns in ihrer Welt wohl sehen werden) oder einer „Zukunft der Vergangenheit" (wie unsere Kunden von morgen uns rückblickend wohl beurteilen werden), als „Treiber" oder Anlässe für radikale, alternative Selbstentwürfe. Das sind keine bloßen Szenarien („dieses Szenario wäre *auch* möglich"), sondern Radikalisierungen („das wäre etwas *ganz anderes* als heute").

Da man aufgrund des sprachlich-grammatikalischen Formats dieser Technik zeitlich nach vorne springen kann, ohne durch die mentalen Gummibänder der Gegenwart allzu schnell zurückgezogen zu werden (ohne Technik kommt man meist nur bis zu Feld 6, und auch das nur in „automatisch" enger perspektivischer Anbindung an Feld 5), sind die Sprünge mutiger, weiter, exzentrischer, visionärer. Man erreicht auf diese Weise manchmal sogar das Übermorgen. Das gelingt allerdings nicht „von selbst", und schon gar nicht bloß mit Hilfe von Kreativitätstechniken. Hier geht es überhaupt nicht um Kreativität (die ist nicht das Problem), sondern um ein „sich-Loseisen" von der Realität; ein willentliches, systematisches Desengagement von dem, was man kennt, was vertraut ist und deshalb unbewusst bindet („Heute", die Normalität). Futur-II-Techniken sind experimentelle Methoden der *Zeitbindung*: Sie binden Zeit fiktiv anders, neu; und zwar kognitiv kontrolliert.

Dafür, dass das gelingt, sorgt der grammatikalische Trick, über die Zukunft in der Vergangenheitsform denken und sprechen zu müssen („wir werden bis zu diesem Zeitpunkt dieses und jenes gemacht und damit den Markt dominiert haben"): Mittels der Sprache wird Denken umformatiert. Man gelangt *über den sprachlich-gedanklichen, explorativen Umweg von Feld 10, 11 oder 12* nach Feld 6; man „qualifiziert" es im eigenen, subjektiven Sinne (vgl. Abb. 3.8). Diese Techniken zwingen zum Umdenken – eine große Leistung, ein echtes Denkwerkzeug. Sie sind kognitive „Booster" für das Erreichen bisher unvorstellbarer Höhen, Ansprüche, Möglichkeiten, Wagnisse und erzeugen in der Organisation, die sich das zutraut, die solches Denken katalysiert und belohnt, ungeheure Energien. Diese Techniken härten den Willen, eine solche Entschlossenheit mit der *Realisierung* der eigenen Vorstellung dann auch zu belohnen, gemäß der Devise: Wenn wir uns das schon vorstellen können, warum sollen wir es dann nicht einfach *tun*? Und wer, wenn nicht wir? Denn außer uns kann *das* keiner.

Szenarien zu entwickeln ist eine wunderbare „Einstiegsdroge" ins Zukunftsdenken. Futur-II-Spiele aber sind Königswege zur Exzellenz. Sie erzeugen neuen Sinn.

3.2.4 Abduktion: Logisch neue Regeln ableiten

Szenariomethoden helfen dabei, Perspektiven zu verschieben und zu vervielfachen. Futur-II-Schocks setzen die dominante Zeitnorm außer Kraft und überblenden sie mit einer anderen Zeitform, binden Zeit also neu. Die Abduktion hingegen ist eine Methode des logischen Schließens. Häufig wird unterstellt, an die Zukunft könne man sich nur auf

3.2 Methodenbeispiele

Was müssen wir *jetzt* tun?

Abb. 3.8 Wirkungsweise von Futur-II-Schocks. (Quelle: In Anlehnung an © profit_image, Fotolia)

experimentellem Wege annähern; mit *trial and error*, der Hilfe von Gelegenheiten, dem Zufall oder einer glücklichen Hand. Dass eine experimentierfreudige Grundeinstellung für Zukunftsdenken hilfreich ist, steht außer Frage („der Zufall begünstigt nur den vorbereiteten Geist", Louis Pasteur). Mit dem Prinzip professioneller Zukunftsentscheidungen hat sie aber nichts zu tun. Wissenschaftlich flankierte Zukunftsentscheidungen werden logisch getroffen; allerdings in einer Logik eigenen Typs, der Abduktion.

Die Abduktion ist ein dritter Weg neben Induktion (Schlussfolgern aus dem Speziellen und Konkreten auf allgemeine Regeln) und Deduktion (Schlussfolgern von einem Allgemeinen auf Einzelfälle und Spezielles). Sie überträgt die äußerst kreative, neuartige Lösung, welche beispielsweise die Quantentheorie für einen erkenntnistheoretischen Missstand erfunden hat – das In-Rechnung-Stellen einer mehrwertigen Logik – auf die Belange des praktischen Handelns. Ihr Erfinder ist Charles Peirce, ein amerikanischer Pragmatist (Peirce 1960). Er entdeckte die gleiche falsche Grundannahme angeblich „wissenschaftlichen" Denkens, die auch die Quantenphysiker erkannt hatten, die sich mit Problemen der Wahrnehmung und Datenmessung beschäftigten: Dass Wahrnehmungsfragen angeblich irrelevant seien für die Ergebnisse des Denkens. Ganz im Gegenteil, so Peirce, sind sinnliche Wahrnehmungen für das Denken äußerst relevant – nur eben leider auch relativ und unscharf.

Exkurs: Abduktion in der Zukunftsforschung
Die Quantentheoretiker haben zu Beginn des letzten Jahrhunderts am Herzen der abendländischen Logik eine bemerkenswerte Operation vorgenommen. In Kürze: Es geht dabei um die frühmoderne

Eliminierung des sinnlichen Wahrnehmens aus der experimentellen Situation; das Ignorieren des menschlichen Wahrnehmungsprozesses als solchem. Frühmoderne Physiker wollen wissen, was gilt („A gilt" oder „A gilt nicht") – wer das wo beobachtet, interessiert sie nicht. Es geht um die universale Erkenntnis „dahinter". Moderne Physiker machen diese Voreinstellung rückgängig: Die Quantentheorie belegt, dass der Akt der Beobachtung (sowohl das direkte Beobachten durch den Menschen als auch die indirekte Messung durch eine Apparatur) in bestimmten Situationen selbst ein auf das beobachtete Phänomen Einfluss nehmender Faktor ist. Je nachdem, wann und wo durch wen beobachtet wird, ist das Ergebnis ein anderes, wobei herauskommen kann: „Weder gilt A, noch gilt A nicht" – für Verfechter der „ubiquitären" Gültigkeit allgemein „wahrer" wissenschaftlicher Gesetze eine Zumutung.

Die Pragmatisten konzentrieren sich gezielt auf eine solche *mehrwertige* Logik; das ist Dreh- und Angelpunkt des abduktiven Schließens. Sein Zweck: In eine logische Operation auch eine *neue* Idee einführen zu können. Soll heißen, eine Erklärung zu finden auch für einen rätselhaften Umstand, für eine Überraschung; oder dafür ein alternatives Erklärungsmodell zu entwickeln. In einem ersten Schritt wird dazu eine „problematische" Theorie (Hypothese) in Form einer Vor-Aussage aufgestellt, die mit Blick auf einen bestimmten Erwartungshorizont getroffen wird. Diese Vor-Aussage steht also immer schon „im Lichte von etwas" – ohne Vorstellung, Erwartung oder Vermutung, was sein könnte, keine Vor-Aussage und Abduktion. Diese Vorstellung, die Imagination, ist der eigentliche kreative Akt, der, im Vergleich zu Induktion oder Deduktion, „hinzukommt". Hier wird also etwas logisch „Unreines" in den logischen Prozess eingeführt. Die Fehlersuche in komplexen Systemen oder auch wissenschaftliches Entdecken verläuft genau so: abduktiv. Gleiche Symptome oder Fehleranzeigen können verschiedene Ursachen haben; genauso wie gleiche Ursachen ganz verschiedene Symptome oder Fehler zeitigen können – dafür wird eine Erklärung oder Lösung gesucht. In komplexen, ungewissen und multikausalen Situationen ist das der Normalzustand.

Wissenschaftlich ist die Abduktion hierzulande disqualifiziert; sie steht für eine „ungültige" Form des Schließens. (Beispiel für diese „Ungültigkeit": Eine konditionale Aussage wie: „Wenn A, dann B" kann dann nämlich auch bikonditional gedeutet werden: „Wenn A, dann B" *und auch*: „Wenn B, dann A". Quantentheoretiker nicken hier verständnisvoll; empirische „Wissenschaftler" wenden sich mit Grausen.) Pragmatisten und Zukunftsforscher, die sich auf abduktives Schließen konzentrieren, verfolgen eine Wissenschaft des beständigen Verschiebens dessen, was gerade als „wahr" und „richtig" gilt – eine *andere* Wissenschaft. Dazu brauchen sie Logik – es wird nicht „irgendwie" geschlossen –; *aber eine Logik, die Ventile für Anderes, Neues enthält.* Zukunftsforscher in Sonderheit wollen auch Logik nutzen, um Zukunft zu erforschen und treffen dazu eine folgenreiche Unterscheidung: Das Wissen darum, dass man Zukunft niemals als „wahr" entdecken kann, weil sie noch gar nicht existiert, bedeutet nicht, dass der Entdeckungs- und Erkundungsprozess prinzipiell unlogisch vonstattengehen muss. (Europäer reden hier lieber von Kreativität und weichen dem logischen Problem aus.)

Wegen des Wahrheitsproblems fallen Induktion und Deduktion für die Lösungssuche aus. Das ist der Grund, warum die Zukunftsforschung einen natürlichen Hang zur Abduktion hat: Damit wird ein logisches Denken möglich, das sich nicht selbst begrenzt und freiwillig in die Vorgaben angeblicher „Wahrheiten" einschließt, die gerade gelten. Anhänger dieser Denkungsart wachen genau gegenteilig darüber, dass ein „Desengagement in Sachen Realität", ein Sich-Wegbewegen von der gegenwärtigen „Wahrheit", das Verschieben des Horizonts, die Benutzung der „Ventile", immer möglich und offen bleibt; sie sind bekennende Anhänger dieser Gedankenbewegung. Sie erheben immer dann Einspruch, wenn etwas unterbunden wird, nur weil jemand meint, die wirklich wahre Wahrheit von etwas gefunden zu haben, oder weil eine Kausalkette entwertet wird.

Letzteres gilt Zukunftsforschern als magisches Weltbild, als geradezu vormodern: Es entspricht nicht unserem zeitgemäßem Wissen. Vielmehr konserviert es eine Art Glaube an ein starres Zauberuniversum, in dem eine Vorsehung, Vorbestimmung oder zumindest eine „wunderbare" (wahre) Ordnung („prästabilisierte Harmonie", G. W. Leibniz) alles bereits an seinen Platz gestellt hat, und wir es lediglich herausfinden müssten. Zukunftsforscher und Pragmatisten wollen genau davon weg. Sie sorgen im öffentlich-wissenschaftlichen Diskurs dafür, dass sich Wissenschaft in ihren Beschreibungen kontinuierlich von dem desengagiert, was sie bisher gedacht beziehungsweise geglaubt hat. Das ist der erkenntnislogische Kern der Formulierung „Zukunft gestalten": Dieser mentale Gestus „weg von den kognitiven Gefängnissen dessen, was wir heute annehmen beziehungsweise wie es bisher war", also was die Norm darstellt. Diese Haltung ist im Kern konservativ (in anthropologischer Hinsicht gemeint: kompromisslos orientiert an der conditio humana; an der Fähigkeit zur Imagination, an menschlicher Lernfähigkeit), praktisch jedoch leidenschaftlich progressiv: Wir wollen weiter; das realisieren, was uns *noch* möglich ist! Die Denkbewegung bezieht sich hier gerade nicht zentral auf die Wahrung der logischen Argumentationskette (zum Beispiel in kausaler oder konsekutiver Logik), sondern auf alles das, was jenseits der Norm, der „normalen" Logik liegt. Ökonomisch stehen, mit beispiellosem Erfolg, dafür die kalifornischen Unternehmen.

Abduktion ist ein kognitiver Vorgriff, eine rein *erkenntnislogische* Antezipation: Die Willkür eines Anfangs – eine womöglich abwegige Idee – wird so lange logisch gewendet und abgeschliffen, dass ihr im Fortschreiten des *Straight Talks* nach und nach die Willkür abhandenkommt und aus ihr eine *selbsttragende,* konsistente Konstruktion entsteht. Die eigene Hypothese (Vorstellung, Idee) steuert die Wahrnehmung; eine Art logischer Münchhausen-Trick. Man zieht sich an der eigenen Vorwegnahme ins Entscheiden und Handeln; an dieser Stelle kippen Fantasie und Vorstellungskraft in Handlungskompetenz. Während Induktion und Deduktion ein Urteilen darstellen, das allein vorhandenen Maßstäben genügt und jede Argumentation ausschließt, die nicht in dem bestehenden Kontext erfasst werden kann, beruht Abduktion auf noch gar nicht existierenden Maßstäben (hier steckt die logische „Mehrwertigkeit" dieses Verfahrens, traditionell gewertet: der „Fehler"): Genau diese Maßstäbe werden im Explorieren gesucht. Aber eben auf logischem Wege.

Dass die Maßstäbe zu Anfang noch nicht bekannt sind, macht dabei nichts aus. Zukunftsforschern zufolge hängen selbst die elaboriertesten, „vollkommensten" Regeln und Maßstäbe von dem Material oder dem Umfeld ab (Situation, Kontext), auf das sie wirken. Dann ist es eben auch nicht schlimm, wenn die Regeln vorerst vage bleiben. Universale Vernunft, Theorie und Praxis gelten aus diesem Grund auch nicht als „wesensverschieden", sondern als lediglich verschiedene Typen von Traditionen; und kluges Urteilen *trennt sie gerade nicht voneinander ab*, sondern bringt sie für den speziellen Einzelfall – hier und jetzt – in das bestmögliche Verhältnis, in die maximale Passung. Klassisches Beispiel dafür ist der Arzt, der sich vom Patienten dessen Symptome beschreiben lässt. Aus der Art und Weise, wie (!) der Patient über seine Beschwerden spricht, schließt der Arzt auf die zugrunde liegende Krankheit. Die meisten Symptome lassen eine Vielzahl denkbarer Krankheitsursachen zu. Der Arzt muss die *Zutreffende* erschließen; und zwar auf Basis dessen, was *wie* geschildert wird. Den geschilderten Kontext (den erlebten Alltag *dieses* Patienten) mit vorhandenem, fixem Wissen der Medizin abzugleichen und dies dann vor dem Hintergrund der persönlichen Erfahrung einzuordnen – die Diagnose aus all dem „herauszudestillieren" – macht einen guten Arzt aus. Mit Hilfe reiner Induktion (aus beobachteten Phänomenen auf eine allgemeine Krankheit zu schließen) würden kaum vernünftige Diagnosen zustande kommen: Im Praxisalltag wäre das nicht mehr als ein

Ratespiel oder pure Willkür. Psychologen arbeiten ähnlich, ebenso Detektive; in der Wirtschaft Computerfachleute.

Empirisch basiert die Abduktion auf der Beobachtung, dass das, was wir mit anderen teilen, besprechen, hin- und herwenden, von unterschiedlichen Seiten betrachten, selbst ein Entdeckungsprozess ist, in dem wir – halb bewusst, halb unbewusst – herausfinden, was wir eigentlich wollen (oder, wie beim Arzt, was „der Fall" ist). Soll heißen: Der letztendliche Schluss, *die Entscheidung*, fußt mitnichten auf universalen, unabhängigen, objektiven Gesetzen oder Fundamenten, sondern verfertigt sich erst allmählich in der Kommunikation mit anderen. Dieser Zusammenhang ist die erkenntnislogische Legitimation von *Straight Talks* (oder – im literarischen Beispiel – der Kern von Heinrich von Kleists Text „Über die allmähliche Verfertigung der Gedanken beim Reden", wie Ortmann 2009 eindrucksvoll herausarbeitet; vgl. S. 123 ff.; oder – in der Systemtheorie – die Pointe von Luhmanns Kommunikationsbegriff.) Auch eine solche Praxis ist *logisch*; allerdings ist das eine „emphatisch" menschliche Logik, in die Vorstellungskraft eingepreist ist, und die unhintergehbar sinnbasiert ist. In Theorien über diese Praxis wird deshalb das „miteinander-Reden-und-Handeln" (Arendt 1981) kompromisslos privilegiert.

Eine solche Art der Urteilskompetenz ist dem klassischen ökonomischen Denken fremd: Hier braucht es, im Gegenteil, eine Art kognitiv-„künstlicher" Intelligenz: Zunächst ein Ziel, ein Nutzenkalkül (deduktiv oder induktiv erschlossen), einen Plan, und dann erst startet die Umsetzung, das Handeln. Zukunftsforscher haben sich mit ihren – demgegenüber exotisch wirkenden – Methoden eine andere Sicherheit geschaffen, ganz ohne Zielgewissheit und ohne die gewohnte planerisch generierte „Anfangssicherheit" vor dem Handeln. Damit kommen sie nicht nur aus, sondern sogar weiter; echte, „radikale" Innovationen entstehen in genau solchen Prozessen. Was Anhänger dieses Verfahrens an der kanonisch gewordenen Sichtweise stört, ist, dass den bereits durchgesetzten Paradigmen grundsätzlich die Priorität eingeräumt wird gegenüber alternativen Theorien, die womöglich ganz anders, *aber ebenso brauchbar* (oder sogar brauchbarer) sein können. Diese *Meta-Entscheidung an der Basis unseres praktischen Handelns* – nämlich die Norm zu privilegieren – schließt die Welt jenseits der Perspektive, die durch die gerade vorherrschende Primärtheorie zufälligerweise vordefiniert ist, aus. Genau das bezeichnet der aktuell so häufig benutzte, dezidiert kritisch gemeinte Bedeutungsüberhang des Kofferbegriffs „Alternativlosigkeit": Er steht für den direkten Gegenpol zur zukunftsforscherischen Weltsicht. In der Alternativlosigkeit – das heißt in einer Welt, in der Entscheidungen in wahlfreien Räumen getroffen werden – gilt nämlich nicht mehr das quantentheoretisch informierte Gesetz „Jedes Ereignis gebiert so viele neue Welten, als es mögliche Ergebnisse des Ereignisses geben kann", sondern: „Jedes Ereignis gebiert nur die Welten, die das von uns ‚wissenschaftlich' oder wahrheitstheoretisch freigegebene Ergebnis des Ereignisses (universalistischer Geltungsanspruch) zulässt". Für Zukunftsforscher ist eine solche Haltung, dieser „Methodenzwang" (Feyerabend 1986), ein Desaster – eine Bankrotterklärung der menschlichen Vorstellungskraft. Er zieht Zukunft ein und schließt den Horizont. Für Unternehmen kann er existenzgefährdend sein; ebenso für Gesellschaften.

Es lässt sich leicht zeigen, dass aber auch unser angeblich so „reines" induktives oder deduktives Schließen so rein gar nicht ist. Wie durchschlagend und letztendlich entscheidend – im doppelten Wortsinne – die kreativen Bedeutungsüberschüsse sind, die wir unserer ökonomischen „Logik" beimischen (nur, dass es niemandem auffällt, dass es nicht thematisiert und damit eben auch nicht kognitiv kontrolliert wird), ist an vielen wirtschaftswissenschaftlichen Konzepten zu bestaunen (zum Beispiel an Bilanzierungsmodellen, vgl. Müller-Friemauth 2013, S. 40 f.). Es spiegelt sich ebenfalls an Beurteilungen unternehmerischer Situationen und Zukunftsstrategien: Ohne, dass die eigenen Vorannahmen überhaupt zur Sprache kämen, besetzen sie den eigentlichen harten Kern der Zukunftsentscheidung. Ein kognitiver Belagerungszustand, der still und leise auf unser Handeln durchschlägt und eine echte Wahl zwischen Handlungsmöglichkeiten (und eben auch: rein logisch bereits die *Option* einer radikalen Innovation) unterbindet.

> **Fallbeispiel: Strategiebildung bei der Daimler AG (2)**
>
> Wir kommen zurück auf die strategischen Wechsel innerhalb der Geschichte des Daimler-Konzerns (vgl. Abschn. 2.2.3). Diese Situation lässt sich vor dem Hintergrund abduktiven Schließens weiter erhellen.
>
> Eine wirtschaftswissenschaftlich korrekte Vorgehensweise, Strategien zu beurteilen, besteht darin, die unternehmerische Praxis an empirisch gut belegten Theorien zu messen; genau das vollzieht die Betriebswirtschaftslehre (Scholz 2014). Die abduktive Methode vollzieht etwas anderes: Sie wendet sich erst einmal gegen die *Meta-Entscheidung* an der Basis des praktischen Handelns, die in diesem Fall darin besteht, willkürlich den Transaktionskostenansatz, verhaltenswissenschaftliche sowie organisch-systemische Ansätze herauszusuchen und an ihnen die Praxis des Daimler-Konzerns zu bewerten. Weder stellt diese Vorannahme in Rechnung, dass Theorie und Praxis aufeinander bezogen sind: Dass also Regeln, Maßstäbe, Theorien von dem Kontext – zum Beispiel von Tradition, Kultur und Führungsstil des Unternehmens – abhängen, auf den sie wirken (je nach Kontext fallen die Wirkungen der Theorie ganz unterschiedlich aus). Noch legitimiert sie eigens die Auswahl ihrer Referenzbezüge. Nähme man andere, erhielte man andere Urteile. Wieso ausgerechnet diese drei Ansätze? Woher können wir wissen, dass ein Unternehmen in vergleichbarer Situation, das diese Theorien zurate zieht, mit den gleichen Theoriebezügen nicht andere Ergebnisse erzielte? Für das abduktive Schließen ist genau das der Ausgangspunkt: Dass gleiche Ergebnisse von verschiedenen Ursachen herrühren können, und dass die gleichen Ursachen ganz verschiedene Folgen haben können. Deswegen baut dieses Verfahren gezielt kreative „Lücken" in die Logik ein – und *sprengt* den binären Rahmen der konventionellen Logik (entweder/oder).
>
> Eine Wissenschaft, die ausgerechnet in einer Situation, in der sich zahlreiche andere Disziplinen den Kopf zerbrechen über die Bewältigung von Komplexität und Ungewissheit, diese Optionen von vornherein aus dem Erklärungsmodell eliminiert, macht sich unglaubwürdig. Sie ermisst die Voraussetzungen nicht mehr, auf denen ökonomi-

sches Handeln heute beruht. Zudem bringt das Durchexerzieren „validierter" Theorien in der Praxis einen hohen Anteil an Vorentscheidungen in die eigentliche Zukunftsentscheidung ein, ohne dass diese Präokkupation wahrnehmbar oder gar kontrollierbar wäre. „Wissenschaft" fragt noch nicht einmal danach – ein blinder Fleck, der Zukunftskompetenz geradezu verhindert.

> **Praxishinweis: Darum geht es**
> Die Managementlehre stellt eine Fülle von Regeln und Entscheidungstheorien zur Verfügung, um Entscheidungen großer Tragweite zu verbessern – ganz zu schweigen von den Regalmetern an Strategieliteratur. Das praktische Problem: Die meisten Strategien sind gut beforscht und funktionieren; nur leider nicht immer und überall. Und ob sie im eigenen Unternehmen funktionieren, muss man „am lebenden Objekt" ausprobieren – für Praktiker mäßig attraktiv und hoch riskant.
>
> Ohne Wissen darum, welchen *Bedingungen* Entscheidungen in ihren Unternehmen unterliegen (eigene Meta-Regeln), werden sich Manager maßgeblich auf die Ansätze verlassen, die sie schlicht am besten kennen. Wer anderes will: Die hier vorgestellten Methoden legen solche Meta-Regeln quasi als Nebenprodukt offen. Sie erleichtern es, ein unternehmensspezifisches Entscheidungsprofil zu entwickeln und kontinuierlich ein (immer besseres) Gefühl dafür zu entwickeln, welche Denkmodelle in der eigenen Organisation vorherrschen – die Grundvoraussetzung dafür, die eigenen Modelle peu à peu zu verändern. Dabei beachten:
> - Solche Methoden *erfordern* (ermöglichen nicht bloß), sich von eigenen Voreinstellungen zu lösen und Flexibilität in die unternehmerischen Bewertungen zu bringen. Das Vermeiden von Pfadabhängigkeiten beziehungsweise das Beschreiten neuer Denkwege gelingt ja nicht dadurch, dass man *mit der Sache*, um die es geht, „mal ein bisschen herumprobiert". Da man das Spiel mit seinen soziokulturellen Beständen nun aber auch nicht in der Schule oder im Studium lernt, haben Zukunftsforscher eben diese Methoden erfunden: Zum Anwenden. Man kann mit ihnen Innovationsstrategien identifizieren und *gleichzeitig* die Organisation voranbringen: Deren Anwendung ist *immer* auch Organisationsentwicklung. Das Unternehmen ist hinterher ein anderes als vorher. Man sollte das in Rechnung stellen und bedenken, bevor man damit anfängt.
> - Der kreative Szenario-Fan Jack Welch hat neben seinen Destroy-your-business AGs gleich eine ganze Reihe Alternativen zu klassischen Szenarioprozessen erfunden und zum Beispiel mit fingiertem internem Wettbewerb gearbeitet; einer Art Advocatus-Diaboli-Ansatz. Eine Gruppe mit einem bestimmten Auftrag wird dazu in zwei miteinander im Wettbewerb stehende Teams unterteilt. Das zweite Team soll es entweder besser machen als das erste oder versuchen, die Kollegen mit überzeugenden Gegenargumenten zu konterkarieren. Eine einfache Methode und besonders effektiv, wenn sich alle ernsthaft darum bemühen, sich gegenseitig Fehler und Schwachstellen nachzuweisen. Wichtig: Das muss keineswegs

> in Form amerikanischer Performance-Rat-Races vor sich gehen: Niemand muss dabei das Gesicht verlieren! Wie Sie das *führen*, ist Ihre Entscheidung und vom Verfahren unabhängig. Leider gibt es in unserem kulturellen Kontext praktisch noch kaum Benchmarks für eine zu *uns* passende, europäisch-affine Weise, derlei umzusetzen. Aber, um es zu wiederholen: Die hier beschriebenen Verfahren sind die eine Sache, der Stil ist eine – nahezu beliebig änderbare – andere.

Zusammengefasst

Zukunftsforschung spielt systematisch-methodisch mit Sinn und Bedeutung. Auf diese Weise entwickelt sie Grundlagen für Zukunftsentscheidungen: Sie fingiert neue Sinnzuschreibungen.

Die Zukunftsforschung hat inzwischen ein buntes Arsenal an Methoden entwickelt, unser durch soziokulturelle Normen „imprägniertes" Denken, unseren Modus von Sinn, zu irritieren. Das ist ihr ureigener Kompetenzbereich: Denkungsarten und Urteilsmuster zu erforschen, Methoden zu erfinden, Muster zu verändern (Umlernen lernen) und dieses Wissen – praktikabel gewendet – weiterzugeben. In unserem Zusammenhang geht es ausschließlich um Anwendungen innerhalb der Wirtschaft. Die Ökonomie ist ein gesellschaftliches System, in dem diese Disziplin mit am intensivsten Gehör gefunden hat und große Erfolge feiert. Ihre Lieblingsanwendung ist hier das Innovationsmanagement: Derjenige Bereich unternehmerischen Handelns, der gezwungen ist, sich von dem, was ist, zu lösen und Dinge anders zu machen.

Hirnforscher bestätigen, dass es Menschen leicht falle, völlig Neues zu lernen; aber Erlerntes zu überschreiben und durch anderes Wissen zu ersetzen, ist hohe Lebenskunst. Das US-amerikanische Verständnis von Entrepreneurship, bei dem Wagnis, Einsatz und Risiko wichtige Komponenten sind, zehrt weitaus stärker von dieser Einsicht als das europäische. Daher taugt es so gut als Benchmark für eine, im Wortsinne, die Zukunft entscheidende Unternehmensentwicklung. Die methodischen und erkenntnistheoretischen Kerngehalte der drei Methodenklassiker Szenariotechnik, Futur-II-Schocks und Abduktion beleuchten exemplarisch die Art und Weise, wie solche Unternehmen – insbesondere aber auch die Zukunftsforschung – denken, forschen und Fortschritt verstehen. Sie erreichen ihr Ziel, die Bindung an die vorherrschenden Normen von Sinn zu lockern, methodisch durch ein systematisches Zeit-neu-Binden. Damit lösen sie das Band des Entscheiders an seine kulturellen Codes; sie „befreien". Auf der Sach- und Sozialebene kann das nicht funktionieren, denn diese Dimensionen konstituieren die „Inhalte", die Semantik dieser Normen; man kann nicht „unsemantisch" oder „ohne Inhalt" denken (nicht nicht denken). Diese Methoden nehmen also unter Umgehung ökonomischer „Ziele" und „Sachverhalte" einen Umweg über das Thematisieren von Zeit, in ganz unterschiedlichen Facetten (Erinnerungen, Erfahrungen, Wünsche, Hoffnungen, vor allem aber: selbst gesetzte Erwartungen). Diese Facetten werden zu Antezipationen gebündelt, die als „Anker in der Zukunft" die logische, abduktive

Richtschnur der Entscheidung bilden. Eine „gute" Zukunftsentscheidung ist daher eine, die sich von dem, was gerade gilt – „wie alle anderen die Sache sehen" – emanzipiert. Das bedeutet nicht, dass sie „dagegen" sein müsste, sie sollte vielmehr unabhängig davon sein. Erst dann ist sie nämlich mehr als ein Reflex auf das, was ist (womit sie immer noch gebunden und abhängig bliebe), und generiert wahrhaft Neues. Methoden, die eine solche Unabhängigkeit schaffen, erzeugen Exzellenz. Das Moment des „Outstanding" hat hier seine Wurzel: Man stellt sich bewusst und gewollt außerhalb.

Bei den Ergebnissen geht es allerdings mitnichten um eine pubertäre „Marlboro-Freiheit", ein oberflächliches Rebellentum; auch wenn damit (oder mit einem „mafiösen" Gang-Image) seitens der Unternehmer gern gespielt wird. Exzellente Zukunftsentscheider stehen vielmehr für einen (ökonomisch) anderen Blick auf die Welt. Empirische Katalysatoren für ein solches Denken gibt es noch nicht lange; in den Naturwissenschaften seit etwa hundert Jahren. Zukunftsforschung entstand kurz darauf und ist mit diesem Mindset eng verwoben.

3.3 Vier Innovationstypen exzellenzorientierter Unternehmensentwicklung

▶ Unternehmerische Innovationstypen und -modelle sind grundsätzlich kulturabhängig und sozial „formatiert". Folglich gibt es viele Modelle. Neben dem hier im Zentrum stehenden kalifornisch-antezipatorischen Typ werden drei weitere soziokulturelle Formkerne unternehmerischer Innovation vorgestellt, die auf jeweils eigene Weise zu Exzellenz führen. Mit solchen Formen können Wirtschaftsakteure „spielen": Sie kombinieren, verschieben, abwandeln, verändern oder neue kreieren. Einige Haupttypen zu kennen, ist daher nützlich.

Einer der wichtigsten Anwendungsbereiche zukunftsforscherischer Ergebnisse ist das Innovationsmanagement. Wie gelangen Unternehmen zu neuen Produkten, Ideen, zu mehr Akzeptanz bei ihren Kunden und, sofern sie es bis zur Exzellenz bringen wollen, zu echter Begeisterung? Immer haben solche Leistungen, die „in die Zukunft hinein" realisiert werden müssen, damit zu tun, dass das Unternehmen etwas auf seine Weise macht („unique"); und zwar auf eine Art, die herausragend, „outstanding" und überdies auch noch etwas ist, was die Kunden wollen oder brauchen. Das Angebot ist also nicht nur in irgendeiner Dimension beeindruckend, sondern immer auch nützlich, generiert einen sozialen *und damit* auch ökonomischen Mehrwert.

Das kalifornische Modell ist eine Option, solcherlei innovationsgetriebene Exzellenz zu realisieren (Abschn. 3.3.1). Andere soziokulturelle Formen waren bisher nur am Rande Thema; eine Beschreibung zumindest eines Ausschnitts von Alternativen holen wir im Folgenden kursorisch nach. Ein weiteres Modell bedient sich sozialvisionärer Orientierungen in einem engeren, spezielleren Verständnis, als es die Blaupause aus dem Silicon Valley vorsieht (betreffend Teile Asiens, Abschn. 3.3.2). Unserem europäischen Ökonomieleit-

3.3 Vier Innovationstypen exzellenzorientierter Unternehmensentwicklung

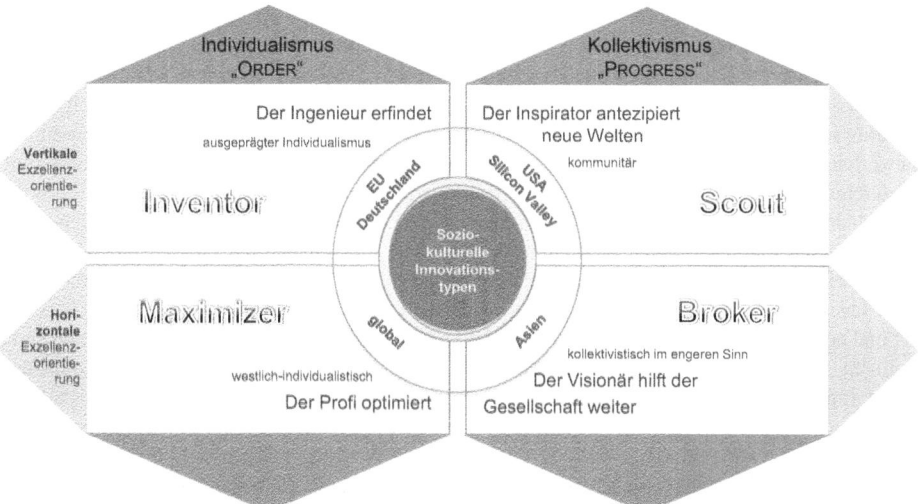

Abb. 3.9 Vier idealtypische soziokulturelle Modelle des Innovierens im Überblick

bild nahestehender sind jedoch die Modelle der Optimierung und Maximierung „universalistischer", das heißt soziokulturell *neutraler* wirtschaftlicher Normen (Abschn. 3.3.3), sowie – vor allem – die „creatio ex nihilo" des meisterlichen Erfinders (Abschn. 3.3.4). Abbildung 3.9 stellt diese vier Typen zunächst im Überblick vor.

Die Profilierung dieser – aus Gründen der Plastizität herausgegriffener – Modelle erfolgt anhand einer kombinierenden Auswertung unterschiedlicher kulturalistischer Ansätze und Modellierungen innerhalb von Wirtschaftswissenschaft und Sozialforschung (Deal und Kennedy 1982; Hofstede und Hofstede 2011; Hofstede et al. 1990; Prahalad und Krishnan 2009; Rapaille 2006; Saffold 1988; Schreyögg 1998; Kets de Vries und Miller 1986) sowie von Selbstauskünften exzellenter Unternehmer und Managementtheoretiker, die hier auszugsweise zu Wort kamen (zum Beispiel Jobs, Welch, Matsushita, Nair, Yunus und andere). Neben der Kontrastierung des explorativen, antezipatorischen Entscheidungs- und Innovationsmodells mit anderen soziokulturellen Modellvarianten dient dieses Unterkapitel auch als inhaltliche Zusammenfassung des Buches (jeweils: Verständnis von Exzellenz, Beispiele, Entscheidungstechnik, Umgang mit Instabilität und Ungewissheit, Bewältigung von Unternehmensentwicklung und Führungsfragen). Außerdem werden die jeweils zugehörigen, dazu passenden Zukunftsforschungsansätze skizziert.

Lektüretipps – Soziokulturell informierte Innovationsforschung

Der Typus von Innovationsforschung, der hier im Zentrum steht und unserer zukunftsforscherischen Perspektive entspricht, ist noch jung und stammt aus den (inter- und transdisziplinär verfahrenden) Sozialwissenschaften. Ihm ist ein ethnologischer Blick auf die Kreation von Neuem eigen, der sich dezidiert nicht auf Regeln, Prozessarchitekturen, Kreativitätstechniken, Einfälle und „Findings" konzentriert – auf Sozialtechnik –, sondern die unausgesprochenen Rahmengebungen thematisiert, die in verschiedenen Kontexten, Situationen und Organisationen zu Innovationen führen. Die kontraintuitive Prämisse: Neuheit entsteht grundsätzlich (!) nicht auf der Ebene der Sachen, sondern durch spezifische Formen ihrer Bewertung. Beurteilt und gewertet wird aber in Interaktionen: Im Reden und Diskutieren, Ausprobieren, Verändern, Umgestalten, Verschieben; also in praktischen Grenzbereichen zwischen Reden und Handeln, die reflexiv kontrolliert werden (hier „Exploration" genannt). Man könnte auch sagen, dieser Ansatz macht eine zeitgemäße Eigentümlichkeit im Innovationsdiskurs rückgängig, die mittlerweile gesetzter Standard ist: Nämlich mit Intuitionen und Bewertungen zu argumentieren, die historisch, kulturell und biografisch dekontextualisiert sind. Dadurch scheinen sie von allgemeingültiger Relevanz, die ihnen jedoch nicht zukommt. Eines der populärsten Beispiele dafür ist das Kreisen der Debatte um Kreativität (wenn nur genügend gute Ideen da seien, klappte es auch mit der Innovation, so die Annahme).

Neuheit wird hier – entgegen diesem etablierten Verständnis – nicht als eine dem Produkt oder einer Idee inhärente Eigenschaft verstanden, sondern als etwas, das in sozialen Situationen bezeichnet und normiert, also *aktiv hergestellt* wird. Mehrere unternehmerische Methoden, dies zu bewerkstelligen, waren bereits Thema: Die Führung von *Deep Plays*, *Straight Talks*, Destroy-your-business-Gruppen, der Einsatz fiktiver ökonomischer Kennzahlen und so weiter. Sozialwissenschaftlich reformuliert: Neuheit ist ein Ergebnis der Operationalisierung sozialer Dissonanz – am Ende hat sich eine Deutung der Dinge durchgesetzt, die den etablierten Wertungsmustern nicht mehr entspricht.

Aus diesem Blickwinkel ergeben sich für die Ökonomie eine Reihe bislang unbeachteter Fragen: Was bedeutet Neuheit in unterschiedlichen Wirtschafts- und Organisationskulturen? Welche Bewertungstechniken entsprechen einer speziellen unternehmerischen Kultur, sind „normal", und mit welchen Bewertungstechniken könnten Disruptionen erzeugt werden? Wie lassen sich Bewertungsroutinen in einer Organisation so lenken, führen, beeinflussen, dass intraorganisational die Wahrscheinlichkeit einer akzeptanzfähigen Neuheit steigt, sprich: die Innovationskraft zunimmt? Was damit einkassiert wird, sind Unmengen an Strategie- und Innovationsratgebern, „wie es wirklich geht". Denn „wie es wirklich geht" ist in jeder Unternehmung anders.

Dieses Forschungsfeld steckt noch in den Kinderschuhen. Interessierten sei dazu empfohlen:

Stark 2009: Der Autor zeigt anhand von drei Unternehmensbeispielen (Fabrik in Osteuropa, New-Media-Start-up, Handelsplatz an der Wall Street im Investment-Banking), wie innovationsorientierte Unternehmen Wertungsmaßstäbe beziehungsweise die Definition von Standards bei Innovationen offen halten. Ausgehend von John Deweys Beobachtung, dass „perplexing situations" (Verblüffung, Irritation, Unentschiedenheit) Katalysatoren für Innovation sind, beschreibt er konkrete Vorteile einer „heterarchischen" Haltung dem unternehmerischen Innovieren gegenüber. Frage: Wie stellt eine Organisation „perplexing situations" auf Dauer?

Antal et al. 2015: Forschende aus unterschiedlichen Disziplinen nehmen zahlreiche Innovationen ins Visier. In einer ethnologischen Perspektive zeigen sie die Vielfalt von Wertungsweisen und -praktiken auf, die bei Neuerungsprozessen eingesetzt werden. Dabei geht es um ästhetische, politische, wirtschaftliche und technische Wertungen; um neuen Wein, Gülleverwertungstechnologie, Parfüm oder auch Maßnahmen zur Organisationsentwicklung. Die Prämisse: Eigenschaften, Zuschreibungen und Wertungen von Dingen sind nicht gegeben, sondern gemacht. Das Buch behandelt anhand der Beispiele die Beziehungen von Menschen zu Dingen (Produkten, Dienstleistungen) als eine *reziproke Interaktion:* Das „Machen" von Dingen „macht" (verändert) auch uns. „Die Dinge blicken zurück", wie Walter Benjamin formulierte, und verändern damit ihre Erfinder; das wird an vielen Beispielen unternehmerisch-konkret dokumentiert. Das Interessante daran: Wie Organisationen an das Machen von Dingen herangehen, können sie selbst gestalten. Die Zielrichtung dieser Innovationspolitik heißt: Autonomie. Der Trick dabei liegt gerade nicht in Regeln und Prozessen, sondern in Haltungen. In Kommunikations- und Entscheidungsweisen, also der jeweils „uniquen" organisationalen Art und Weise des Denkens, des Sich-bewusst-Machens und Beobachtens (Beobachtung zweiter Ordnung), *wie* sie die Dinge (oder Dienstleistungen) sehen und angehen.

3.3.1 Scouts

Exzellenz in Sachen Innovativität erreichen „Scouts" – Unternehmen des kalifornischen Typs, die in diesem Buch richtungsweisend sind – mit Hilfe eines „kollektivistischen" Stils. Damit ist die zentrale Bedeutung der Gruppe, des Teams gemeint (*Straight Talks*, die Bewältigung von Dissonanzen, gemeinsames Explorieren). Hier geht es dezidiert nicht um Individuen, sondern immer um einen Spirit, eine „Mafia", eine verschworene Truppe, eine gemeinsame Haltung oder Einstellung: um das, was dabei herauskommt, wenn mehrere exzellente Individuen *gemeinsam* etwas schaffen. In den USA läuft diese Form eines kollektiven Gemeinsinns, der getragen wird von einer hochgradig individualistischen Grundkultur, unter dem Attribut „kommunitär". Der kalifornische Hyperindividualismus ist Humus und Voraussetzung für diesen speziellen Typus von „Kommunitarismus": Eine Ansammlung exzellenter Menschen führt nicht automatisch zu exzellenten Unternehmensergebnissen, so die Überzeugung hier. (Das sehen Maximizer und Inventors anders.) Der Fokus auf soziokulturelle Besonderheiten der Menschen, die zusammen arbeiten, oder auch die Passung zwischen dem Unternehmen und seinen Mitarbeitern beziehungsweise Kunden, bildet daher die Achse der Unternehmensentwicklung. Diese Menschen teilen alle gemeinsam eine Perspektive. Der Hebel dafür: Antezipationen; das „dreaming big", hinter dem sich alle Stakeholder versammeln können. Die Organisation entwickelt in Gestalt ihrer Produkte eine Vorstellung von sich selbst in Bestform. Dabei geht sie strikt pragmatisch vor: Das, was dieses Beste sein kann *und* was realisierbar ist, wird umgesetzt. Sie exploriert das *ihr gemäß* Bestmögliche. Die Exzellenzorientierung ist also eine „*vertikale*", das heißt bezogen auf das *für einen selbst* maximal Mögliche, Denkbare, Beste. Man arbeitet stetig am eigenen Maximum.

Beispiel: Die Popgruppe The Grateful Dead. Deren „Unternehmensentwicklung" entstand direkt und idealtypisch aus dem kalifornischen Denken. Jerry Garcia, Sänger und gleichzeitig „Marketingleiter" der Band, baute ein Unternehmensimperium allein auf der soziokulturellen Achse „Unternehmen – Kunden" auf. Er führte den Band-Spirit mit dem Lebensstil seiner Fans maximal zusammen. Im Jahr 1994 erzielte die Gruppe damit Einnahmen von rund 95 Mio. Dollar. Die erklärten Hippies und Drogenkonsumenten erlaubten den Fans beispielsweise, ihre Konzerte auf Band aufzunehmen, stellten Konzerttickets per Post zu (ein Novum) und erleichterten so den Zugang zu Karten. Die Crew der Gruppe, auf die in jeder Situation Verlass war, wurde auch bezahlt, wenn die Band nicht auf Tournee war, und war ein glaubwürdiger, „authentischer" PR-Arm. Händler, die Merchandising-Produkte verkauften, stiegen umgehend zu Mitgliedern des Teams auf, beide Seiten profitierten. Die Gruppe ging lieber auf Tournee als Platten aufzunehmen – Qualität vor Quantität. Die Fans identifizierten sich mit der Band, sie wollten sein wie sie und sie erleben – live; eine echte Win-Win-Situation. Daneben waren „die Dead" aber auch anders. Sie unterwarfen sich nicht sklavisch jeder Mode und erweckten nicht den Eindruck, die Leute abzukassieren. Sie bauten ihr „Geschäft" auf der Hingabe ihrer Fans auf und respektierten diese.

Andere Innovationstypen wie etwa die Maximizer machen viel Aufhebens um PR-Techniken, Kommunikationskanäle, Marketing, Kunden- und Mitarbeiterbindung. The Greatful Dead hebelte solche Fragen aus; durch ihre Haltung ihrem Markt gegenüber waren diese Themen bedeutungslos. Band und Fans sahen die Welt mit den gleichen Augen; *daraus* entwickelte sich das Unternehmen, und die Band hat das genau verstanden. Normalerweise begreift sich kein Mensch in seiner Identität als „Kunde von xy": Wenn Bewerber in Unternehmen im Interview nach ihrer Persönlichkeit gefragt werden, antworten sie nicht mit Auszügen aus ihrer Konsumentenbiografie – der Gedanke erscheint geradezu absurd. Einigen kalifornischen Unternehmen ist eine solche Identifikation ihrer Kunden jedoch gelungen (etwa Apple, vgl. Jobs Ausführung dazu in Abschn. 3.1.2). Wenn man es schafft, dass seine Kunden einen *lieben*, hat man es zu Exzellenz gebracht – das ist *ein* möglicher Weg dorthin.

Entscheidungen fällen solche Unternehmen via Antezipation – aber kognitiv kontrolliert und „gebändigt". Scouts bewältigen dies durch *Deep Plays*, *Straight Talks*, durch geführte Selbstbindung und eine spezielle Form von Engagement der Mitarbeiter – durch eine ungewöhnliche und äußerst elaborierte Form des Zusammenkommens, Redens und Handelns.

Wenn Europäer Scouts beobachten

Die Amerikaner haben durch ihre Geschichte, durch die mühsame Eroberung ihres riesigen Landes gelernt, dass für eine robuste Zukunftsvorsorge eine Kompetenz einschlägig ist: Nämlich das eigene Selbstverständnis so anzulegen, dass die jeweils aktuellste Beschreibung der Dinge lediglich der derzeit letzte und beste Stand der Beschreibung ist, der morgen schon überholt sein kann. Umlernen zu können ist eine kognitive Kernkompetenz der Neuen Welt und steht im Zentrum dieses Zukunftsdenkens; Antezipationen erlauben das. Die Kontrastierung mit der europäischen Perspektive lässt dieses Profil erst deutlich hervortreten. Maximizers und Inventors missverstehen diese Form der Zukunftsbewältigung, das Prinzip der Antezipation, oft als Humpty-Dumpty-Unternehmertum, als Pippi-Langstrumpf-Szenario. Das Unternehmen antezipiere etwas ins Blaue hinein und richte danach seine Performance aus („ich mache mir die Welt wie sie mir gefällt"). Europäischen Wirtschaftsakteuren erscheint das verrückt, exzentrisch, willkürlich, „Nerd"-artig; jedenfalls für ein „professionelles" ökonomisches Handeln indiskutabel. Wo ist das Ziel, sind die Regeln und Verfahren, die dorthin führen? Eine solide Kalkulation, die belegt, dass das überhaupt realistisch ist? Und was heißt hier „Können und Wollen", wenn es keine vernünftige Ressourcenplanung gibt?

Allerdings ist eine Antezipation etwas völlig anderes als ein fiktives Wolkenkuckucksheim. In Europa gibt es für Erstere keinerlei geistigen Nährboden. Eine Antezipation ist grundsätzlich gebunden 1) an eine Vision, für die es Sehnsüchte oder Wünsche in der Gesellschaft gibt – die also *für alle lohnt*. Und 2) an das, was die Organisation selbst will und auch, qua Tiefenkompetenz, kann. Die europäische Kritik daran resultiert daraus, dass die eigene Soziokultur unkontrolliert, das heißt unreflektiert, auf andere projiziert wird: Dass man sich *gar nicht vorstellen kann*, dass Antezipationen auch noch etwas anderes bedeuten können als Visionen, mit denen man besser zum Arzt geht. Fantasievolle Vorgriffe ins Morgen gehören bei uns ins Reich der Literatur, der Kunst, Fantasie und Science Fiction: in den Bereich der Theorie, aber nicht in die praktische Sphäre. Geistesgeschichtlich haben wir für diesen unseren *theoretischen* Ableger kognitiver Vorgriffe den Begriff der Utopie reserviert. Was kalifornische Unternehmen antezipieren, ist aber keine Utopie. Es ist eine Art realistische, sozial gesättigte Vision – eine logische Unschärfe, für die Europäer meist kein Verständnis haben. Bereits dieser Einzelaspekt verdeutlicht, dass es hier mitnichten um Merkwürdigkeiten oder gar Defizite des kalifornisch-ökonomischen Denkens geht, über die sich Europäer zu mokieren leisten könnten, sondern um soziokulturelle Einseitigkeiten und Blindstellen in unserem eigenen Ökonomieleitbild. Zukunft findet *in der Praxis* bei uns gar nicht statt; dafür sind Utopisten, Literaten und das Theater zuständig. In kalifornischen Unternehmen findet – konzeptionell gesprochen – *kaum etwas anderes* statt. Das Herz des Unternehmens dort ist praktisch operationalisierte Zukunft (in Form einer Antezipation).

Instabilität bewältigen Scouts durch Normalisierung: Dass die Welt extrem dynamisch und kaum noch kalkulierbar ist, bildet die Ausgangslage für diesen Typ der Unternehmensentwicklung. Instabil ist normal und die Realität ist ungewiss. Futures matter.

Die Orientierungsmarke *Exzellenz* wird definiert durch das mit höchsten Ansprüchen behaftete Weiterspinnen, die respektvolle Fortführung all dessen, was die Vorgänger – die Riesen, auf deren Schultern man steht (Merton 1989) – bereits geleistet haben. Man schickt den Vektor, den andere vor uns bereits ins All gesetzt haben, weiter in deren Sinne und „biegt" ihn gemäß der jeweils aktuellen Möglichkeiten. Wenn alle daran mitarbeiten, *werden wir das schaffen* – genau *das* ist „outstanding". Die Organisation ist hier ein in den Dienst der sozialen Evolution gestellter Kundschafter („Scout"). Im Idealfall kann es ihr gelingen, dass sich über sie die Gesellschaft in ihrem Fortkommen entwirft und gleichzeitig, durch die Rückbindung an das ursprünglich Gemeinte, selbst kontrolliert. Unternehmen dieses Typs sind organisierte Experimentallabore für die soziale Evolution. Wenn sichergestellt ist, dass sich die Organisation nicht von den Sinndimensionen des Rests der Gesellschaft abkoppelt (Finanzsphäre!), nehmen sie den Stellenwert von institutionalisierten „Windows of Opportunity" ein. Sie sind Katapulte des Fortschritts; „Corporate Catalysts" (Anthony 2012).

Die Fluchtlinie von *Unternehmensentwicklung und Führung* besteht darin, innerhalb der Organisation allmählich ein einzigartiges, konsistentes, sich selbst tragendes Gerüst aus Wertungen, Meinungen und Sichtweisen zu erzeugen. Das Unternehmen generiert eine eigene Sicht der Dinge; das können Scouts meisterlich. Aber sie wollen immer nur mit ihren Kunden dorthin, und mit ihren Partnern. Scouts denken in Zusammenhängen und Systemen, *deswegen* lieben und brauchen sie Koalitionen und Netzwerke. Die Resonanz der Organisation zu ihrer Umwelt, welche die Mitarbeiter als Transmissionsriemen, „Translatoren" in unterschiedliche soziale Systeme hinein sicherstellen, *muss* funktionieren; andernfalls macht das Prinzip der Antezipation keinen Sinn. Das, was sich das Unternehmen vornimmt, muss „anschlussfähig" sein. Hier liegt der Hauptauftrag von Führung.

3.3.2 Broker

Exzellenz in Sachen Innovativität erreichen „Broker" – Unternehmen aus Asien: Japan, China, im Zentrum hier Indien – ebenfalls mit Hilfe eines kollektivistischen Stils, der in diesen Ländern jedoch grundlegend anders verstanden wird. Hier geht es nicht um „kommunitäre" Perspektiven, sondern breiter um gesellschaftliche. Als *Beispiel* zeigte sich etwa der japanische Ausnahmeunternehmer Konosuke Matsushita davon überzeugt, dass der Westen, langfristig gesehen, zur Niederlage verurteilt sei. Daran sei wenig zu ändern,

„denn die Gründe für euer Versagen liegen in eurem Wesen". Sein „grundlegendes Managementziel" aus dem Jahr 1929 lautet: Wir bekennen uns zu unserer Verantwortung als Industrielle und werden uns in unseren unternehmerischen Aktivitäten für den Fortschritt und die Entwicklung der Gesellschaft und für das Wohlergehen des Volkes einsetzen und damit die Lebensqualität der ganzen Welt erhöhen. Man erkennt die Verwandtschaft dieser Einstellung zu derjenigen der Scouts – mit einem bedeutsamen Unterschied: Broker antezipieren keinen wünschenswerten, einer großen Anstrengung für wert befundenen neuen unternehmerischen Zweck, der gleichwohl unbedingt gesellschaftlich eingebunden ist („purpose driven"), sondern entwickeln *direkt und unmittelbar* eine gesellschaftliche Vision („utopia driven"). Sie „implantieren" die Definition ökonomischer und unternehmerischer Ziele und Richtungen direkt und unmittelbar *in eine utopische, inspirierende Fortschrittsgeschichte* ihres Landes oder ihrer Region und vermitteln auf diese Weise Ökonomie und sozialen Fortschritt („Broker").

Der sehr viel direktere Zugriff dieses ökonomischen Denkens auf gesellschaftliche Belange hängt zusammen mit einem weiteren Unterschied zu den Scouts, nämlich die „horizontale" Handlungsorientierung[4] der Broker. Für sie ist das Außen, die Gesellschaft und deren Regeln und Normen, zentral. Der Managementvordenker C. K. Prahalad hat sich in seinen letzten Lebensjahren mit diesem Innovationstyp beschäftigt (Prahalad 2010; Prahalad und Mashelakar 2010; ein typisches Konzeptbeispiel ist Sen 2002). Das Mindset, das er hier in rasanter Entwicklung befindlich beobachtete, nennt er „Gandhi-Innovationen". Die Art und Weise, wie insbesondere Inder derzeit innovieren, schließe an zwei zentrale Leitsätze des Staatsgründers Mahatma Gandhi an: Zum einen, jede wissenschaftliche Erfindung zu preisen, die dem Wohle aller dient, und zum anderen die Mahnung, die Erde biete genug, um jedermanns Bedarf zu decken, aber nicht jedermanns Gier. Broker innovieren oft aus der Not heraus. Prahalad kennzeichnet sie durch drei Merkmale: Sie brächten neue Geschäftsmodelle in extrem kurzer Zeit auf den Weg, kombinierten vorhandene Fähigkeiten und Technologien auf überraschende, neuartige Weise und könnten – das ist hier der für uns interessanteste Aspekt – auf hoch intelligente Weise mit Beschränkungen und Ressourcenmangel zurechtkommen. (Das Management der Tata-Gruppe unter Ratan Tata gibt ein anschauliches Beispiel dafür ab.)

Die Kompetenzen der Broker sind soziokulturell distinkt und deswegen – genauso wie jede andere soziokulturelle Variante – nicht einfach übertragbar oder kopierbar. Dass sie insbesondere in Indien so dominant sind, hat mehrere Gründe. Die politische Führung des Landes hat mehr als vierzig Jahre lang mit dem Sozialismus experimentiert. Kapital und Technologien blieben dem Land fern – das hat den Erfindergeist gefördert. Indische Ingenieure haben mit staatlicher Unterstützung etwa Atomwaffen, Raketen, bildgebende Verfahren, Hochleistungsrechner und Wettermodelle entwickelt; mit vergleichsweise bescheidener Ausstattung. Hinzu kam, dass das Wirtschaftswachstum erst in den 1990er Jahren eingesetzt hat: Die dortigen Unternehmen sind relativ klein. Sie neigen dazu, auch ihre Projekte klein zu halten und gehen vorsichtig mit Kapital um. Außerdem wissen sie, dass es zwar Reiche in ihrem Land gibt, dass es aber die aufstrebende Mittelschichtfamilie mit $5000 im Jahr ist, die ihre eigentliche Zielgruppe darstellt. Das Preis-Leistungsverhältnis muss also stimmen, viele kombinieren daher kleine Forschungsbudgets, geringe Unternehmensgröße, niedrige Preise und hochgesteckte Ziele zu andersartigem Denken und Handeln: Sie wollen möglichst viele Menschen am Wachstum teilhaben lassen. Unternehmensvisionen haben hier immer eine menschliche Dimension: Armen helfen, sicher und zu erschwinglichen Preisen zu reisen, mit Telefon- und Internetanbindung die Arbeit und das Privatleben der Menschen verbessern, Patienten mit billigen Medikamenten versorgen, „300-Dollar-Häuser" bauen (Govindarajan 2011). Von Shareholder Value oder Gewinnmaximierung ist nicht die Rede. Stattdessen spiegelt auch die Sprache das Broker-Mindset: Kunden sind Menschen, Lieferanten sind Partner, Mitarbeiter sind Innovatoren. Leistung wird hier anhand *anderer* Kennzahlen gemessen; im Vordergrund steht dabei, neue Märkte zu schaffen – und zwar nicht aus Innovationsdruck oder Positionierungsgründen. Wie bei den Scouts wird *nicht mit Blick auf die ökonomischen Regeln* innoviert (aber eben auch nicht ein eigenes, anderes Regelsystem ersonnen oder mit dem vorhandenen „gespielt", wie die Scouts das praktizieren), sondern mit Blick auf die *sozialen* Regeln und Bedingungen. Society matters.

Ökonomische Zukunftsforschung der Broker
Eine eigene Zukunftsforschung hat sich in diesem Mindset bis heute nicht herausgebildet. Es gibt allerdings Managementvordenker (wie Muhammad Yunus, Chandran Nair oder C. K. Prahalad), die – würde ihr Denken konzeptionell gebündelt –, einen solchen Typus repräsentieren könnten. Ein typisch asiatisches Zukunftsdenken ist gerade erst im Entstehen; in bewusster Entgegensetzung zum westlichen System. Asiaten teilen mit den Kaliforniern die tiefe Abneigung gegen technische, binäre Konzeptionen (Subjekt – Objekt, Theorie – Praxis und so weiter). Was sie beispielsweise nicht wollen, ist ein „Gegenentwurf" zum Westen. Das Motiv: Gegenentwürfe sind zwar anders, aber genauso einseitig wie der Erstentwurf. Sie sind nur Spiegel desselben Problems. Das ist auch der Grund, warum Theorien hier nicht interessieren, sie führen gedanklich nicht weiter. Beide Mindsets ankern kulturell in der Praxis; sie experimentieren, fangen etwas an und schauen, wohin es führt. Eine indische Bestseller-Autorin formuliert den Status quo so: „Es gibt eine große Debatte in Indien. Wir möchten, dass es dem Volk gutgeht – aber wir sehen im Westen auch, wo endloser Konsum hinführt. Indien sucht gerade seine Seele" (Sankaran 2014). Der Weg ist das Ziel, man hangelt sich von Teilerfolg zu Teilerfolg und versucht, diese in Summe immer größer werden zu lassen. Zukunftsforschung hier ist, ihrem Formalprofil nach, der kalifornischen strukturanalog; eine Art „funktionales Äquivalent" – allerdings auf Basis einer völlig anderen gesellschaftlichen Semantik.

Diese Form der kollektivistischen Organisationsmuster ist typisch für weite Teile Asiens. Sie funktionieren allerdings nicht automatisch und können beispielsweise auch erstickt werden. Dies wird etwa an China sichtbar. Die Ansprüche an die Innovationskultur dort sind zwar extrem hoch, Experten sehen das Land jedoch auch mittelfristig nicht auf Exzellenzniveau. Als Gründe dafür genannt werden die zentralistischen Governance-Strukturen, der enge politische, hierarchiegesättigte Rahmen im Land, in dem sich Schulen, Universitäten und Unternehmen bewegen müssen, und der Spielräume und gedankliche Freiheiten erheblich einschränkt (etwa Abrami et al. 2014).

Entscheidungen fällen Broker in ausgeprägter gesamtgesellschaftlicher oder Gruppenorientierung („dabei helfen, gemeinsam weiterzukommen"). Die Bewältigung von *Instabilität* ist hier kein Thema (jedoch die Beseitigung von Not). *Exzellenz* bemisst sich an dem Erfolg, in einem oder durch einen ökonomischen Bereich gesellschaftlichen Fortschritt zu realisieren. Das Ziel von *Unternehmensentwicklung und Führung* besteht darin, zunächst unternehmerisch an Kraft zu gewinnen und Marktmacht aufzubauen: sich gesellschaftlich zu legitimieren. Gemessen an Kriterien der Maximizer findet hier eine nachholende Modernisierung statt; an Kriterien der Scouts gemessen, sind Broker jedoch Ebenbilder. Beide arbeiten sich letzten Endes am Fortschreiten der Gesellschaft ab. Solche primär sozial interessierten Überlegungen, in mehreren und ganz unterschiedlichen Themenfeldern, sind Scouts bestens vertraut. Beide Varianten kollektivistischer Handlungsorientierung nutzen *ihre eigenen Kulturtechniken, um Fortschritt (Progress) zu realisieren.*

3.3.3 Maximizer

Exzellenz in Sachen Innovativität erreichen „Maximizer" – Unternehmen weltweit, insbesondere große – mit Hilfe eines individualistischen Stils. Im Vordergrund stehen hier keine Kulturtechniken, die genutzt werden und auf die aufgebaut wird, sondern (westlich-) „universalistische" *Sozialtechniken,* um bestehende Strukturen und die soziale Ordnung (Order) zu wahren und *in deren Rahmen* außergewöhnliche Leistungen zu erbringen, Neues zu entwickeln. Kulturelle Spezifika werden gerade neutralisiert; daraus begründet sich der Professionalitätsanspruch dieses Modells. Von den hier vorgestellten Innovationstypen ist dies das einzige, das solcherart soziokulturelle Neutralität prämiert und genau dies zum USP erklärt: Darauf ist man stolz. Es ist dieser Rahmen eines „staatsbezogenen" (immer gefragt: unter welchen Bedingungen von Gesetzeslagen, Politikstrukturen und so weiter muss unternehmerisch gehandelt werden?) *und* kulturell weitgehend immunisierten Denkens, der den genuin westlichen Fokus der Maximizer begründet und ihn gleichzeitig anschlussfähig macht an Firmen überall auf der Welt.

Die Professionalität *der Einzelnen,* ihre hochwertige Ausbildung und damit erworbene Führungsqualität, ihre konsensuell geteilten Grundannahmen (Business-School-Sozialisation), die Konkurrenz um exzellente Köpfe, die im Anschluss an ihre Ausbildung auf die Unternehmen verteilt werden, machen in Summe das Mindset der Maximizer aus. Kalifornische, explizit aber asiatische Wirtschaftsvordenker treibt es mitunter zur Verzweiflung („sie sind klug, unglaublich klug sogar, und doch intellektuell wie kastriert", Chandran Nair 2011). Die internationalen Elite-Managementschulen, zumeist in England und den USA beheimatet, deren Standards im Westen das Verständnis von Exzellenz definieren (und verzwergen), sowie die mitunter sichtbare Selbstgerechtigkeit und ideologischen Einschränkungen, die damit einhergehen, bilden einen Gegenpol vor allem zu den Brokern. Aber auch einige Scouts – Google zum Beispiel – weisen darauf hin, dass sie bei Bewerbern, die einen MBA von einer Business School oder Elite-Uni mitbringen, skeptisch werden, ob diese Menschen zum Unternehmen passen. Jedes Unternehmen mit einem Innovationsmodell aus der kulturtechnischen, fortschrittsorientierten Linie sucht Menschen, die Regeln *brechen* oder außer Kraft setzen können, und zwar um willen ihrer unternehmerisch eigenen Normen. Ihnen geht es niemals darum, „Law and Order" aufrechtzuerhalten oder sich als Unternehmen in einem anderen Land „einzupassen", sondern unter Umständen, das heißt *wenn es Sinn macht* und als für-alle-gut eingeschätzt wird, „Law and Order" *anders zu verstehen;* zu verändern. (Aus dieser Haltung entstehen Ideen wie das Seasteading.) Insbesondere im europäischen Mindset ist das absurd: „Law and Order" bilden das staatliche Fundament der gesamten Gesellschaft.

Beispiele sind Unternehmensberatungen. Hier wurde die Grundkultur der Maximizer über Jahrzehnte zu hoher Blüte getrieben. Hier wurde auch die „Tool-Logik" ausgearbeitet, die das Business-Denken bis ins Mark prägt. Und da Consultancies zentrale Akteure bei der Entwicklung von Organisationen sind, war und ist ihr Beitrag zur aktuellen Dominanz der Maximizer erheblich.

Entscheidungen fällen sie grundsätzlich wettbewerbsorientiert (Benchmarking) und durch strikte Beachtung und beständige Fortentwicklung der bestehenden ökonomischen Regeln. Sie sind wahre Zauberkünstler bei der Gewinnmessung, operativen Margengestaltung, Kapitalwertermittlung, der Verkürzung der Amortisationsdauer, in Sachen Eigentum und Kontrolle, Fertigungseffizienz, Renditesteigerung von vorhandenen Patenten und bekannten Märkten, Kostenoptimierung und Synergieschaffung. Eben dieser Regelkanon ist es, der permanent maximiert wird. Derzeit auf der Vorderbühne: Geschäftsprozesse, Analyseverfahren, Konnektivität, Branchenkonvergenz, Co-Kreation, Elektronik/Technologie/Digitalisierung. Diese mentale Ausrichtung spiegelt den extremen Stellenwert des Außen, die Horizontalorientierung: Der Vergleich mit anderen ist alles und determiniert nahezu jede Technik. Das Mindset der Maximizer trägt unser vorherrschendes globales Wirtschaftsleitbild; allerdings ist ihr Image nicht mehr das Beste. Die gesellschaftliche Legitimität bröckelt; in Phasen intensiver Krisenbewältigung, etwa während der Finanzmarkt- oder Griechenlandkrise, mitunter erdrutschartig. Die Entscheidungsorientierung ist hier Perfektion – und zwar sowohl in der Regelbefolgung als auch der klugen, auch kreativen Regelauslegung oder -verschiebung.

Mit dem Thema *Instabilität* gibt es Probleme. Man versucht sie herauszurechnen und, mit mäßigem Erfolg, zu vermeiden (Risikomanagement, Technologiefolgenabschätzung, Prognostik und anderes). Gegenüber ungewissen Zukunftsbelangen stehen daher zum einen Messungen hoch im Kurs. Data Mining beziehungsweise Big Data beschäftigt fast alle Unternehmen, es wird getrackt, gemeasured und geprofiled, was die Algorithmen hergeben. Zum anderen versucht man, die eigene Grundorientierung (Blick nach draußen) sozialtechnisch insofern zu radikalisieren, als dass man die Umfelder quasi in die Organisation hineinzieht und „okkupiert". Kollaboration, Open Innovation oder „soziale Unternehmensarchitekturen" sind daher Hypes. Facts and certainty matter.

Ökonomische Zukunftsforschung der Maximizer

Die konventionelle europäische Zukunftsindustrie – nicht nur in Deutschland – steht nahezu vollständig im Zeichen der Maximizer. 360-Grad-Scans, Monitoring, Trendforschung, Forecasts, Umfeldbeobachtung, Frühaufklärung und „Early Warning" dominieren (und begrenzen) seit Jahrzehnten die Zunft. Die Zukunftsforschung evoluiert analog zum Maximizer-Mindest – die Befähigung zur Disruption beispielsweise oder Open Foresight sind große Themen. Auch die Maximizer betreiben eine professionelle Zukunftsvorsorge – nur, im Vergleich zu Scouts und Brokern, auf eine andere Art. Statt eine eigene Setzung vorzunehmen und eine Erwartung zu installieren („was wir wollen und können"), fixieren und sichern sie praktisch Nicht-Existentes (die Zukunft – durch Wissen). Diese Konsequenz ist nur logisch für eine Wissenschaft auf Basis von *Theorie* beziehungsweise Ideen und Normen, nicht von *Praxis* beziehungsweise Problemen und deren bewältigender Überwindung.

Bei Maximizern geht es nicht um Antezipationen, Visionen oder kreative Sprünge ins Unmögliche beziehungsweise darum, sich von der eigenen Setzung anleiten und handelnd ins Morgen „ziehen" zu lassen (was für ein Kuriosum!), sondern um Zukunftswissen. Soll heißen, um das altehrwürdige Konzept, über Wissen die Gegenwart zu stabilisieren. So entstand in Europa Philosophie. Zukunftsforschungsintern gesprochen, gilt hier ein anderes Paradigma, nämlich die Prognostik. Man sammelt Wissen über das, was wahrscheinlich kommt. Letztlich gilt: Kein Modell ist besser oder schlechter (für diese Wertung müsste man der liebe Gott sein), und jedes funktioniert innerhalb der eigenen Soziokultur hervorragend. Allerdings: Je globaler die Märkte werden, desto mehr hängt unternehmerischer Erfolg davon ab, ob realisiert wird, dass Erfolg soziokulturell sehr unterschiedliche Grundlagen hat – und damit, ob überhaupt reflektiert darüber entschieden werden kann, was der Erfolg eines Konkurrenten für das eigene Unternehmen bedeutet, wie man ihm Paroli bieten kann, welche Variante zur eigenen Tiefenkompetenz am besten passt und damit für eine Gegenstrategie infrage käme. Erfolg bedeutet heute gerade nicht mehr, blindlings zu nehmen, was an Aktuellstem da ist (was die Exzellenz-Uni lehrt), sondern Kontexte beurteilen und gemäß eigener Vorstellungen nutzen und umgestalten zu können. Hier haben Gesellschaften, die sich als „Praxiskultur" verstehen, Vorteile: Ihnen stehen keine Felsbrocken von Wahrheit, Objektivität oder universalistischen Geltungsansprüchen im Weg. Ein Bilanzmerkmal eines möglichen Vergleichs könnte also lauten: In stabilen und gewissen Umfeldern sind wir vorn, in instabilen andere. Was käme aus einer Kombination heraus?

Die Orientierungsmarke *Exzellenz* wird angestrebt durch die Anwendung der gerade angesagten, technologisch zeitgemäßen Prozesse, Methoden und Hilfsmittel sowie durch bestausgebildete Mitarbeiter (daher auch: certificates matter). Zeugnisse sind Beweise für alloziertes Wissen; in Praxiskulturen sind sie sinnfrei. Mit einer Harvard-Ausbildung oder dem französischen Elite-Netzwerk im Rücken hat man in einer Maximizer-Wirtschaftskultur den Platz an der Sonne; Insider-Wissen ist von hoher Bedeutung und kursiert genau dort (und in Davos). Die Fluchtlinie von *Unternehmensentwicklung und Führung* ist eindeutig: Gewinn und Wachstum sind die Treiber. Nicht das für das unternehmerisch-kollektive Selbstverständnis Bestmögliche wirklich werden zu lassen, sondern aus den exzellenten Einzelnen das *dem ökonomischen Regelwerk innewohnende* Maximum herauszuholen, zu „heben", ist der Auftrag von Führung.

3.3.4 Inventors

Exzellenz in Sachen Innovativität erreichen auch „Inventors" – europäische Unternehmen – in einem individualistischen Stil. Mit den Maximizern teilen sie darüber hinaus die Vorliebe für Sozialtechniken und die Achtung vor der staatlichen Ordnung, aber: Wie die Scouts, orientieren sich auch die Inventors „vertikal", also an einer Bestmarke – und zwar an einer individuellen, nicht kollektiven. In einer Inventorkultur geht es um die Schaffung optimaler Bedingungen für großartige Techniker, Ingenieure oder Meister ihres Fachs. Hier wird getüftelt, entwickelt und erfunden. Innovationen kommen durch einzigartige Einfälle talentierter und seltener, „genialer" Ausnahmeerscheinungen zustande. (Was einer der Gründe ist, warum Unternehmer wie Steve Jobs hier *konzeptionell* nicht ernst genommen werden. Er fasziniert, ja, und toll präsentieren kann er auch. Er wird aber eben nicht als Modell für ein alternatives Unternehmertum wahrgenommen, sondern als individuelle, charismatische Ausnahmeerscheinung gefeiert, als „Genie" und damit als nicht nachahmungsfähig. Genies kann man nicht kopieren; häufig gelten sie zudem als leicht verrückt. Unzählige Artikel und Bücher über Jobs bringen diese soziokulturelle Projektion exemplarisch zum Ausdruck: Intensität und Breite in der Beschäftigung mit ihm stehen in keinem Verhältnis zum intellektuellen Ertrag in Sachen konzeptionellen Unternehmertums.)

Das Schlagwort für die Inventorkultur heißt Mittelstand. Der „German Mittelstand", in Europa seit Jahren Vorbild, entstand in Deutschland nach dem Krieg mit vehementer, ausdauernder Unterstützung und Förderung des Staates, bis heute. Daraus hat sich, wie bei den Scouts, eine ganz eigene Art entwickelt, ein Unternehmen zu führen und zu entwickeln. Womöglich ist das „Familienunternehmen" als KMU sogar der Kern der Inventorkultur. Als *Beispiele* können zahlreiche mittelständische Unternehmen gelten, insbesondere sogenannte „Hidden Champions". Sie achten die Regeln *und* revolutionieren durch ihre ausgeprägte Erfindungskompetenz heimlich Märkte – das ist der Leitstern, auch von Exzellenz. Bescheiden sind sie auch noch (Sympathiefaktor). *Entscheidungen* fällen Inventors sorgsam, geordnet, regel- oder prozesshaft, mit Bedacht. Sie fragen andere, Konsens hat eine hohe Bedeutung. Insbesondere die eigenen, das Unternehmen ideell tragenden Meister darf man keinesfalls übergehen (sonst sind sie weg). Und: Inventors experimentieren. Sie testen, probieren aus, versuchen dies und das. Ein Habitus des „Trial and Error" gehört zum Erfinden originär dazu; und die Ideen dafür gehen Inventors nicht aus.

Ökonomische Zukunftsforschung der Inventors

Wie bereits geschrieben, steht die europäische und deutsche Zukunftsforschung ganz im Zeichen der Maximizer. Da in Deutschland die Zukunftsindustrie fest in der Hand von Beratungen liegt, wird das prognostische Paradigma hierzulande lediglich stärker in Richtung „Vorhersagen für neue Erfindungen" gedehnt und auf vielerlei Weise soziokulturell eingepasst. Man beschäftigt sich mit allerlei Trends und Szenarien, um entweder besser gerüstet zu sein für das, was kommt (Überraschungen vermeiden, sich frühzeitig auf 3-D-Druck einstellen und so weiter, also „kontrafaktisch Sicherheit generieren" als Rezeptur für „Ungewissheit bewältigen"). Oder man möchte neue Entwicklungen als Sprungbretter beziehungsweise Katalysatoren für Innovation nutzen (auf einen Trend „aufspringen"). Weitere Eigenheiten: Zukunftswissen firmiert hierzulande auch unter Kreativitätstechnik (nachvollziehbarerweise – als Stimulans für neue Ideen). Trends werden gerne zeitlich als besonders sicher codiert (Megatrends). Und Zukunftsprojekte oder -prozesse dienen mitunter rein sozialen Zwecken („wir reden mal intern zwei Tage nur über Zukunft"). Diese Zwecksetzungen sind technischer Art und als solche erfolgreich, entbehren aber eines praxeologischen, motivierenden Sinngehalts für die Akteure. Das ist solange unproblematisch, wie Sinn fest- und nicht infrage steht. Sobald er ins Wanken gerät, erodiert jedoch das Modell.

Instabilität bewältigen Inventors dadurch, dass sie diese zu vermeiden suchen und gerne auch verdrängen (vgl. den folgenden Exkurs). Zu diesem Zweck setzen sie sich selbst enorm unter Druck. Bisher gelang dies gut; die Innovationsrate ist hoch. Allerdings: Die aktuelle Diskussion ist geprägt durch die Sorge, trotz dieses Ertrags an Neuheit der globalisierten Innovationsökonomie auf Dauer nicht Stand halten zu können. Zahlreiche Experten (Dutta et al. 2014; ALTANA/Forsa 2015; PWC 2015; und viele andere) bemängeln Einseitigkeiten wie falsche Schwerpunktsetzungen, Umsetzungsprobleme, dass Deutschland zu wenig in Innovation investiere, intern zu wenig Freiräume bestünden, externes Wissen zu wenig genutzt würde und anderes. Die Litanei ist lang, kommt aber fast ausschließlich von Seiten der Maximizer. Soziokulturell stehen sich beide nah: Sie sind individualistisch geprägt und eindeutig westlich.

Die Orientierungsmarke *Exzellenz* wird hier definiert durch Meister ihres Fachs und bestausgebildete Mitarbeiter; Menschen, die über sich hinauswachsen. Die Fluchtlinie von *Unternehmensentwicklung und Führung* ist geprägt durch Akzeptanz, Gefolgschaft und Motivation. Inventors investieren logischerweise viel in ihre Mitarbeiter, aber auf ganz andere Weise als etwa die Scouts. Bei uns gibt es weder Rutschbahnen oder Golfplätze auf dem Firmengelände noch ausufernde Wellness am Arbeitsplatz (was bei den Scouts bedeutet: Kommunikationsräume schaffen und inszenieren), dafür Ausflüge, Weihnachtsfeiern, eine ausgeprägte Konsenskultur („die Mitarbeiter fragen") und Trendthemen wie transformationale Führung (was bei Inventors bedeutet: sich wohlfühlen dürfen, Heimat geben). Letzteres spiegelt exemplarisch die hiesige Führungskultur. Ein tranformationaler Leader ist – überpointiert formuliert – eine Art Übermensch, ein Jesus 2.0, der praktisch übers Wasser wandeln kann. Er motiviert, hat Visionen und zeigt den Weg auf. Er ist Vorbild, ansprechbar und „nah", führt partizipativ und kooperativ, denn: Er muss Einzelne führen und daher auch ins Einzelne gehen. Er muss zu genialen Leistungen befähigen, dorthin „coachen". Ein Führungstrend also, der zur individualistischen Soziokultur der Inventors bestens passt.

Exkurs: Sozialforschung über deutsche Inventors
Deutsche Unternehmer als Milieu beziehungsweise spezifische Akteursgruppe (Wirtschaftselite) sind immer wieder Gegenstand von Sozialforschung. 2015 erschien eine Studie des Göttinger Instituts für Demokratieforschung (BP-Gesellschaftsstudie), in der in 160 Einzelinterviews, elf Expertenbefragungen (Kontrollgruppe) und drei Fokusgruppen Leitbilder, Werte und Selbstwahrnehmung deutscher Unternehmer aus einem breiten institutionellen Spektrum exploriert wurden. Die Ergebnisse spiegeln in eindrucksvoller Weise das aktuelle Inventor-Mindset deutscher Herkunft wider (paraphrasiert nach Walter und Marg 2015, S. 260 passim):

Die Selbstzufriedenheit, auch Zufriedenheit mit dem deutschen System der sozialen Marktwirtschaft sowie dessen Leistung, etwa nach der Krise 2008 im Vergleich zu anderen europäischen Ländern, ist hoch. Man schätzt den Wert der eigenen sozialen Ordnung und sieht sich als tragende Säule, teilweise „Lastenesel" für diese Ordnung. Über eigene Leistung definiert und legitimiert diese Gruppe nahezu alles. Die Interviewer bezeichnen das als „Verantwortungspathos": Man ist sich der Zugehörigkeit zu einer Elite bewusst, Verantwortung ist etwas, das übernommen werden *muss* – deutschen Unternehmern steht das nicht frei; wie man sich überhaupt recht unfrei fühlt. Es gibt wenig Amüsement, kaum Privatzeit, Unternehmer sehen sich in einem engen Korsett gefangen, man hat „harte Entscheidungen" zu treffen. „Die unangenehmen Seiten des Unternehmertums

3.3 Vier Innovationstypen exzellenzorientierter Unternehmensentwicklung

[überwiegen] die angenehmen". Verantwortung gilt als Bürde, Pflichten werden betont: „Ein guter Teil der Unternehmer betrachtet sich beziehungsweise den eigenen Berufsstand als entscheidenden Faktor für Wohlstand, sozialen Frieden und gesellschaftliche Stabilität."

Aus der Beobachterperspektive erscheint die soziale Ordnungsorientierung dieser Gruppe überdeterminiert (wenngleich historisch plausibel). Die deutsche Wirtschaft verfügt aus Sicht der Akteure mit ihrem System des sozialen Ausgleichs über eine „Erfolgsformel für gutes Wirtschaften in komplexen, von heterogenen Interessen durchzogenen Gesellschaften", die einem Desengagement von eigenen Sichtweisen diametral entgegensteht. Man fühlt sich verpflichtet, normativ gebunden und verstärkt diesen Zusammenhang bewusst. Nachvollziehbarerweise; denn diese mentale Achse ist historisch und soziokulturell einzigartig: Das Land des Mittelstands ist hieraus erwachsen und erfolgreich geworden. Diese Herkunft prägt die Mentalität, vor allem die Stabilitätsvorstellungen dieser Gruppe – und ihr Innovationsverständnis. Sicherheit und Beständigkeit sind hoch geschätzte Werte, man sucht den Wandel eher im graduellen Bereich statt den qualitativen Bruch, beseitigt Störungen, versucht Fehler zu vermeiden. Auffällig viele Unternehmer bezeichnen sich als „normal"; ein natürlicher Spiegel der rigiden Orientierung ihrer sozialen Werte an den historisch gewachsenen ökonomischen Maßstäben. Die deutsche Wirtschaft entstand aus dem Elan, Mut und der Disziplin mittelständischer Einzelunternehmer – mit erheblicher Unterstützung des Staates. Das Mindset ist daher streng individualistisch und ihm folgen auch die Wertungen.

> An dieser Stelle zeigt sich [...] eine Tendenz zur wirtschaftlichen Engführung von vermeintlich zuvörderst sozialen Werten. Im Gerechtigkeitsbild deutscher Unternehmer sind ihre Mitarbeiter – ebenso wie sie selbst – Humankapitalisten. Jeder ist sein eigener Unternehmer. Wissen, Leistungsfähigkeit, Arbeitskraft und Gesundheit sind Ressourcen, die individuell aufgebaut, gemehrt, erhalten werden müssen. [...] hier zeigt sich die [...] Verallgemeinerung der Unternehmerrolle. Wer diesbezüglich untätig bleibt, wer sich um sein Humankapital nicht kümmert, der ist an seinem Verliererstatus selber schuld. (Walter und Marg 2015, S. 271)

Dazu passt, dass US-Unternehmer als Genies, Visionäre auf einer „göttlichen Mission" wahrgenommen und kalifornische Über-Unternehmer nicht ernstgenommen werden. Sie entstammen einer anderen, abgehobenen, überirdischen Dimension – man selbst ist bodenständig. Die befragten Unternehmer „müssen bei der Frage nach Visionen mehr oder weniger durch die Bank weg passen. Es überwiegt der Eindruck, Grund zur Klage gebe es nicht, die Verhältnisse in Deutschland würden alles historisch Gewesene übertreffen und hielten auch international jedem Vergleich stand." Und eine perfekte Welt gebe es ohnehin nicht, da müsse man pragmatisch sein, Motto: Blinder Eifer schadet nur. Dazu die offensichtlich irritierten Interviewer:

> [...] es bereitet ihnen selbst körperlich sichtbares Unbehagen, wenn sie darüber präziser reden sollen. Denn natürlich mögen sie das Terrain visionärer Reflexionen und Diskurse überhaupt nicht. Sie sind die Männer und Frauen des Konkreten, des Realen, des Fassbaren, der Empirie und des Gegenständlichen, nicht der Abstraktionen, Ideale, Spekulationen und Möglichkeitsentwürfe. Die meisten der von uns befragten Unternehmer hätten am liebsten sofort das Thema gewechselt, als die Frage nach einer eigenen Vision aufkam. Waren sie denn Ideologen, Utopisten, Spinner, Schwafler? So warfen sie, als es um Zukunftsvorstellungen ging, meist lediglich abgedroschene Sentenzen in die Runde: Es komme darauf an, zu ‚optimieren', an ‚Innovation' zu arbeiten, eine neue ‚Dynamik' zu erzeugen, die ‚Flexibilitäten' zu erhöhen, ja die Dinge entschieden ‚anzupacken'. Um diese faden Floskeln etwas aufzupeppen, griffen viele noch in ihr Depot von Anglizismen und steuerten Worthülsen wie ‚Challenges', ‚Commitment', ‚Leadership' bei. In diesen Momenten erhielt man eine letztlich deprimierende Demonstration der Sprach- und Bildlosigkeit deutscher Unternehmer. (Walter und Marg 2015, S. 317 f.)

Hier wird anschaulich, wie passgenau die Maximizer-Denkmuster die Inventorkultur bedienen, stützen und verarmen, in welch selbststabilisierender Symbiose sich beide Kulturen inzwischen eingerichtet haben. Und wie sehr die in Deutschland traditionsreiche Antiintellektualität von Unternehmern eine Lockerung des eigenen Mindsets verhindert. „Intellektualität, davon sind die meisten überzeugt, geht zulasten der entschlossenen Tat und der klaren Linie [...] Große geistige Interessen jenseits des Unternehmerischen findet man in der Tat nur bei wenigen; ästhetische, literarische Ambitionen, die Unterhaltung gar eines intellektuellen Salons, gewissermaßen die Nachfolge eines Walter Rathenau, sind kaum oder gar nicht auszumachen." (Walter und Marg 2015, S. 322 f.)

Zur Erinnerung und Verdeutlichung des Kontrasts: Zwei wesentliche Voraussetzungen für radikale Innovativität im Silicon Valley sind intellektuelle Vielfalt und geistige Konflikte, der Streit um die bessere Perspektive (*Deep Play*, *Straight Talks* – die intensive Operationalisierung von Dissonanz). Man erkennt, wie groß derzeit die Kluft ist zwischen unserem Ökonomieleitbild und demjenigen der Neuen Welt. Der semantische Kern von „Unternehmertum" hat sich dort ursprünglich gerade aus der Faszination einer sozialen Bewegung heraus entwickelt, die gesättigt war von Spiritualität, geistig-mentaler Expansion in neue Welten, von popkultureller Exzentrik und vagen Vorstellungen einer „ganz anderen" Zukunft, in der Ästhetik eine enorme Rolle spielte, und nicht zuletzt die Fähigkeit von Unternehmern, sich inspirieren zu lassen vom scheinbar Unmöglichen. Einen Gründerkredit von der Bank, Förderung durch die IHK oder Unterstützung vom Mittelstandsverband bekäme so jemand bei uns wohl nicht.

Dabei ist das deutsche Inventor-Mindset (wie jedes andere) nicht per se kritikwürdig: Scouts aus dem Silicon Valley sind genauso rigide und speziell, außerdem in weiten Teilen rücksichtslos, manchmal sogar menschenverachtend – kein Grund zur Überheblichkeit also. Aber: Im Gegensatz zum kalifornischen Modell wirken die deutschen Inventors starr, nach innen gerichtet beziehungsweise selbststabilisierend, was Innovation betrifft relativ ideenlos und davon erkennbar verunsichert (statt suchend). Blinde Flecken dieses Mindsets werden nicht bearbeitet, sondern zementiert – diese *forcierte Selbstimmunisierung* gegenüber der Richtung, welche die soziale Entwicklung überall auf der Welt nimmt (Komplexität, Ungewissheit) scheint uns die zentrale aktuelle Herausforderung in Sachen Innovation zu sein.

Zusammengefasst

Mit unternehmerischen Innovationstypen und -modellen können Wirtschaftsakteure „spielen": Sie kombinieren, verschieben, abwandeln, verändern oder neue kreieren. Sie haben zwar jeweils eine kulturelle Wurzel, sind unternehmerisch jedoch in jedem Kontext organisational adaptierbar.

Selbstverständlich gibt es neben dieser Auswahl von vier „Idealtypen" (Weber 1968, S. 190 f.), die hier ausgehend von ihrer soziokulturellen Verwurzelung voneinander abgegrenzt werden, noch weitere. Und: Es gibt Überschneidungen (deshalb ja scharf konturierte „Idealtypen"). Kaum ein Unternehmen, sofern es international aufgestellt ist, agiert in einer „Reinkultur". Bereits an den in diesem Buch herangezogenen Unternehmerbeispielen wird das deutlich. Die Führung von GE unter Jack Welch beispielsweise ist eine Mischform aus *Scout und Maximizer*. Für Welch standen die Investoren immer an erster Stelle; sein Wettbewerbs- und Leistungsdenken war extrem ausgeprägt, daher schuf er in seiner Organisation zum Zweck des Anders-Denkens und -Innovierens „interne Märkte". Viele Trends der 1970er und 1980er Jahre wie Kaizen oder Business Reengineering, die aus Japan kamen, entsprangen wiederum Unterneh-

3.3 Vier Innovationstypen exzellenzorientierter Unternehmensentwicklung

	Scouts „Inspirator"	Broker „Visionär"	Maximizer „Profi"	Inventor „meisterl. Ingenieur"
Achse	„Progress"	„Progress"	„Order"	„Order"
Stil	Kollektivistisch	Kollektivistisch	Individualistisch	Individualistisch
Instrumente	Kulturtechniken (Arbeit mit/an kulturellen Codes)	Kulturtechniken (Arbeit mit/an kulturellen Codes)	Sozialtechnik (Arbeit am ökonom. Regelsystem; staatl. Ordnung achten)	Sozialtechnik (Arbeit am ökonom. Regelsystem; staatl. Ordnung achten)
Exzellenz-orientierung	Vertikal (an der eigenen Bestmarke)	Horizontal (am Umfeld)	Horizontal (am Umfeld)	Vertikal (an der eigenen Bestmarke)
Entschei-dungsprinzip	Antezipation	Gruppenorientiert, Ausrichtung am gesellschaftlichen Umfeld	Regel-Perfektionierung, kulturell neutrale Professionalität	Konsens/kontrollierte Experimente
Ungewiss-heitsverhalten	Normalisierung von Ungewissheit	Nicht ausgeprägt (kein Problem)	Vermeidung/ Minimierung	Druck; Effektivität/ Effizienz erhöhen
Unternehmensentwicklung, Führung	Eigene Semantik entwickeln, Vernetzung, Kooperationen	Unternehmerische Stärke mit dem/ durch das Umfeld gewinnen	Regelwerk abarbeiten (Controlling, Gewinnorientierung usw.)	Akzeptanz, Gefolgschaft, Motivation
Beispiele	The Greatful Dead, Silicon Valley	Muhammad Yunus, Tata, Matsushita, Mitsui	(Klassische) Unternehmensberatungen, Finanzbranche	„Mittelstand", Hidden Champions

Abb. 3.10 Vier idealtypische soziokulturelle Modelle des Innovierens im Vergleich

men, die ein Zwitter waren oder sind aus *Broker und Maximizer*. „Maximiert" wird hier jedoch ganz in asiatischer Tradition: Ökonomische Regelwerke werden zum Zweck der Beförderung des Gemeinwohls *instrumentalisiert* – das Unternehmen um Willen *des sozialen Ganzen* schlank, effizient, schlagkräftig, innovativ und gewinnträchtig gemacht. Und auch ein Unternehmer wie Elon Musk (Tesla Motors, SpaceX) ist ein „Hybrid": aus *Scout und Inventor*, mit zudem viel Maximizer-Know-how. Abbildung 3.10 gibt einen Überblick über die Unterschiede der vier Typen.

> **Unternehmer über artfremde Soziokulturen**
>
> Menschen, die in ihrem Feld Exzellenz geschaffen haben, können mit kulturellen Frames „spielen" – das eint alle diese Vorbilder. Diese Kompetenz ist eine Höchstleistung des menschlichen Geistes. Unter ihnen finden sich mitunter auch äußerst feinsinnige Kritiker von „gegnerischen" Mindsets. Ricardo Semler, der ehemalige Leiter von Semco, ist einer von ihnen. Selbst leidenschaftlicher Scout, kommentiert er unser zentraleuropäisches, deutsches Inventor-Cluster, etwa die ausgeprägte Konsenskultur (Partizipation) oder die auch ökonomisch durchschlagende Norm- und Regelorientierung:
>
> What people call participative management is usually just consultative management. There's nothing new to that. Managers have been consulting employees for centuries. How progres-

sive do you have to be, after all, to ask someone else's opinion? And to listen to that opinion – well, that's a start. But it's only when the bosses give up decision making and let their employees govern themselves that the possibility exists for a business jointly managed by workers and executives. And that is true participative management as opposed to merely paying lip service to it [...]

(We are) trading written rules for common sense. And that is the system we have today, which is barely a system at all [...] Where did all the rules come from, anyway? They were, I suppose, an unhappy by-product of corporate expansion. How does an industrial giant act as it grows? First, management concludes that a company cannot depend on individuals. After all, they have personalities and finite life spans. A corporation is supposed to be impersonal and eternal [...] Policy manuals are created with the idea that, if a company puts everything in writing, it will be more rational and objective [...] Sounds sensible, right? And it works fine for an army or a prison system. But not, I believe, for a business [...] Remember: Order *or* Progress. Rules freeze companies inside a glacier; innovation lets them ride sleighs over it. (Semler 1995, S. 83 f., 95–97)

Viele Ausnahmeerscheinungen unter Unternehmern werden erst verständlich, wenn man sie vor ihrem soziokulturellen Hintergrund interpretiert. Von Semler stammt, wie erwähnt, der Spruch: „Eine Schildkröte kann Jahrhunderte leben und wird durch ihren Panzer gut beschützt. Aber voran kommt sie nur dann, wenn sie ihren Kopf herausstreckt." Die Schildkröte sucht keine Abenteuer, sondern *will überleben*. Und praktiziertes Überleben – den Kopf herausstrecken, damit sie zum Beispiel fressen kann – fällt mit Innovationsfähigkeit *zusammen* (hier spiegelt sich erneut das im Grunde alteuropäische Ökonomieleitbild der Amerikaner). Für Menschen gilt das Gleiche. Wir sind fantasiebegabte Wesen, dazu braucht es keine Kreativitätstechnik. Wir „können" Innovation, von Hause aus. Diese Kompetenz ist in unsere Biologie eingepreist. Und vermeintlich wichtige Regeln dafür (auch eine angeblich gut funktionierende Marktwirtschaft) sind in der Praxis oftmals nur eine Bremse. Aber: Das ist eben die durch und durch kulturalistisch geprägte Grundlage jeder Zukunftsentscheidung.

Alle hier zitierten Unternehmer oder Unternehmen waren oder sind exzellent, aber auf *soziokulturell unterschiedliche Weise*. Diese Weisen können und sollten auseinandergehalten werden: Sie liefern Maßstäbe für ein erfolgreiches Unternehmertum immer nur im eigenen Feld – damit aber gleichzeitig Bewertungskriterien von Exzellenz, die man auch für sich adaptieren und testen kann. Sie sind nicht universal gültig. Uns geht es darum, solche Urteils- und Bewertungskriterien zu entwickeln und vorhandene auszuweisen, nebeneinanderzustellen; mit Hilfe derer Unternehmen ihre Innovations- und Unternehmensentwicklungspraxis kontrollieren, gestalten, erweitern, weiterentwickeln können. *Denn auch, wenn jede Ökonomie soziokulturell geprägt ist, so ist doch keine Organisation soziokulturell fixiert.* Jedes Unternehmen kann sich inspirieren lassen und von anderen lernen. Aus genau diesem Spiel mit „Frames" entwickeln sich Kultur und Gesellschaft weiter – und entstehen letztlich Innovationen, die einen echten Unterschied machen.

> **Praxishinweis: Darum geht es**
> Findet Innovationsmanagement in soziokulturell informierter und kontrollierter Form statt, verändert sich sein Charakter. Die Lektion aus unserem antiuniversalistischen Blick auf Innovation: Beim Konkurrieren um Neuerungen entsteht ein nachhaltiger Vorsprung nicht durch die Überlegenheit einer bestimmten Erfindung (die sowieso nur so lange vorhält wie das Patent läuft) oder durch die bessere Kreativitätstechnik. Stattdessen wird in Form der Organisation ein „Navigator" erschaffen, der dazu befähigt, schnell, effektiv, autonom und strikt richtungsorientiert zu denken und zu handeln – qua Selbstverständnis. Eine solche bewusste, immer wieder vor Augen geführte Identität funktioniert als eine stete Quelle von Ideen (*nicht von Innovationen!* Denn der ständige Ideenfluss gebiert eine erhebliche Menge an Verrücktheiten, Unbrauchbarem, Ausschuss, Fehlern). Durch professionelles Fördern, Weitertreiben und Aussieben entsteht Innovationsführerschaft. Die „kollektive Intelligenz" einer solchen Organisation ist durch ihre soziokulturelle Sättigung *das Gegenteil* von Schwarmintelligenz, der angeblichen Intelligenz der Vielen: In ihr sind nicht alle Einzelintelligenzen zusammengefasst, die in großer Summe durch einen quasi-automatischen „qualitativen Sprung" plötzlich zu radikalen Innovationen fähig wären. Dieses Credo der aktuellen Debatte ist logischer Un-Sinn; Menschen handeln nicht in dieser Weise. Damit sie echte kulturelle Neuheit kreieren, braucht es zuallererst neuen *Sinn*; und der entsteht „zwischen" Menschen (durch Kommunikation).
>
> Konkreten Handlungsempfehlungen mit Blick darauf, wie beispielsweise Inventors ihren soziokulturellen Horizont „dehnen" und – etwa zum Zweck des Innovierens – situativ überwinden können, widmet sich Kap. 4.3.

3.4 Fazit

Unsere Frage in diesem Kapitel lautet, wie ein Unternehmen unter Bedingungen hoher Ungewissheit erstklassig werden (Abschn. 3.1), und welche Methoden es dazu nutzen kann (Abschn. 3.2). Für kalifornische Unternehmen ist das Prinzip der Antezipation die Methode der Wahl. Ihr Sinn: Starre Regeln, Zahlenwerke, Strukturen und Prozesse als alleiniges Ziel der Unternehmensentwicklung aktiv zu verhindern, „auszubremsen" und stattdessen ökonomisches Handeln in das eigene Umfeld einzupassen. Damit das gelingen kann, braucht man Erwartungen. Man muss Zukunft *beurteilen* können, das heißt, sie in subjektiver Zurichtung qualifizieren, indem sich das Unternehmen mittel- oder langfristig an eine bestimmte, selbst gesetzte Erwartungshaltung bindet, sich auf sie verpflichtet. Diese gesetzte Erwartung bildet den Urteilsmaßstab für unternehmerisches Entscheiden; ein Urteilsmaßstab *in der Zeit*. Ein rein sachlicher Vorgriff im Sinne von „wir nehmen uns Produktinnovation X vor" reicht nicht aus, um zukunftsbezogen urteilsfähig zu sein. (In managementgeführten Unternehmen, in denen in kürzeren Abständen der CEO wechselt, ist das allerdings schwierig bis unmöglich zu realisieren.)

Betrachtet man die konkreten Entscheidungstechniken näher, die dieser Unternehmenstyp nutzt, so findet man Methoden, die mit Sinnbezügen experimentieren. Dabei geht es um Denkmethoden; Denkformen, mit denen man sein eigenes Verhältnis zu den Phänomenen (die eigenen Sichtweisen und Wertungen) verschieben kann. Diese Unternehmer unterstellen ein reziprokes Verhältnis zwischen Menschen und den Dingen, die sie umgeben, der Welt; und wenn wir etwas verändern, innovativ sein wollen, müssen wir erst einmal dieses Verhältnis anders gestalten – und uns von der Realität, die gerade gilt, „desengagieren". Die Methoden Szenariotechnik, Futur-II-Schocks sowie die Abduktion als eine „innovationssuchende" Form des logischen Schließens haben genau das zum Ziel.

Neben den kalifornischen Unternehmen lassen sich jedoch auch noch andere soziokulturelle Kernmodelle einer innovations- und exzellenzorientierten Unternehmensentwicklung identifizieren (Abschn. 3.3), die auf ganz unterschiedlichen Einstellungen gegenüber solchen Deutungsverschiebungen fußen. Wir selbst beispielsweise halten uns in unserem soziokulturellen „Frame" der Inventors lieber an vorhandene Regeln und bemühen uns, diese zu verbessern, und – falls möglich – dank exzellenter Einzelner auch mal zu überspringen. Andere versuchen sich an einer Professionalisierung und Detaillierung dieser Regeln (Maximizer), wieder anderen gefallen oder genügen entweder die Regeln nicht (Scouts), oder sie können sie innerhalb ihres Aktionsfeldes schlicht nicht nutzen und streben daher danach, andere Regeln aufzustellen (Broker).

Was sich am Horizont solcher Fragen herausschält, ist ein buntes, noch weitgehend unerforschtes Universum menschlicher „Anthropotechniken" (Sloterdijk 2011), mit denen wir uns die Welt erklären und „zuhanden" machen (Heidegger 1993). Das ist hier emphatisch *praktisch* und konkret ökonomisch gemeint. Im heißen Kern dieses Denkens steht eine Art Zukunftsintelligenz. Damit ist ein ganz spezielles, dezidiert menschliches Können bezeichnet: Menschen können die Kluft zwischen Heute und Morgen kognitiv überbrücken und imaginieren. Sie können Zeit bearbeiten. Wir erzeugen fantasievolle Überschüsse an eigenen Möglichkeiten, die wir evolutionär, etwa für das Vorankommen unserer Gattung oder unserer Gesellschaften als auch zum Schutz des Planeten, nutzen können. Wir sind in der Lage vorwegzunehmen, was uns gefallen würde und dies zu realisieren, und wir besitzen die Fähigkeit, uns auf selbst geschaffene Risiken (wenn auch nicht auf „Schwarze Schwäne") einzustellen und daraus womöglich sogar Vorteile zu ziehen. Das, was früher Schicksal hieß (und heute in biologische Metaphern auswandert), steht einer handelnden Bewältigung zwar niemals frei. Wir können jedoch kulturell auf unsere soziale „Evolution" Einfluss nehmen. Es ist eben nicht mehr egal, was wir tun („der Mensch denkt, Gott lenkt"). Das – auch wissenschaftlich – zu entwickelnde, auszudifferenzierende Bewusstsein über die soziokulturelle Dimension und Selbstmächtigkeit gesellschaftlichen Handelns ist modern. Die frühen Modernen nannten das „Aufklärung"; die hier skizzierte Zukunftsforschung steht in dieser Tradition.

3.4 Fazit

An diesem Punkt eröffnet sich eine Kontroverse, die nicht mehr Gegenstand dieses Buches ist. Wie weit wollen – oder „dürfen" – wir dabei gehen? Wie weit ist das in ethischem Sinn legitim: Wie weit sollten wir das überhaupt wollen dürfen, und wer entscheidet darüber? Die meisten amerikanischen Vorreiter einer Ideologie der Erweiterung menschlicher Wirkungsmacht arbeiten privatfinanziert. Auf gesellschaftliche oder politische Legitimation sind sie nicht angewiesen, kein Parlament muss ihrem Tun zustimmen. Wenn genügend Partner für ein sogenanntes Seasteading-Projekt (Staatsgründung auf künstlichen Inseln im Meer) gefunden sind, wird das ausprobiert. Hierzulande ist das undenkbar; und hierzulande halten überdies nicht wenige das, was Akteure dieses kalifornischen Schlags gerade planen, für Hybris. Selbst im Valley ist das Spektrum des „Wilden Denkens" extrem breit und kontrovers – von Obamas Vision, es 2030 oder 2040 vielleicht bis zum Mars zu schaffen, bis hin zu den radikalen Transhumanisten, die den technologischen Fortschritt einsetzen wollen für eine weitergehende Besiedelung des Weltraums oder die menschliche Beinahe-Unsterblichkeit, irgendwann.

Wir sind der Meinung, dass man den soziokulturellen Nukleus dieses Denkens von seinen zahlreichen Umsetzungsvarianten (insbesondere solchen, die den eigenen – zum Beispiel unseren europäischen – Normen zuwiderlaufen) unterscheiden sollte. Dazu muss man Prinzip und Phänomenebene aber erst einmal unterscheiden *können*: Sich also in die Lage bringen, für ein in vielerlei Hinsicht faszinierendes, perspektivreiches, alternatives Mindset sozioökonomischen Denkens (Prinzip) andere, womöglich geeignetere, zum Beispiel zu uns Europäern *besser passende* Realisierungen (Phänomene) zu finden. Zur Erinnerung: Mit kulturellen Deutungen kann man spielen! In der globalen Wirtschaft gibt es zahlreiche kognitive Schemata für ökonomisches Handeln. Wir haben hier nur wenige betrachtet. Es ist unwahrscheinlich, dass ein führender Wirtschaftsstandort wie Deutschland im globalen Wettbewerb auf lange Sicht dadurch erfolgreich bleiben kann, sich in seinem Mindset einzuigeln und lediglich die eigenen Regeln zu verbessern. Ein „Land der Dichter und Denker" ist vielleicht sogar dafür prädestiniert, über Innovationsschübe auch beim intellektuellen Kapital Märkte zu gestalten. Wie das geht – wie strategisch geführte Verschiebungen im kollektiven Denkschema Neuheit generieren können, und mit welchen Techniken und Methoden das, empirisch beobachtbar, gelingt – lehrt das kalifornische Unternehmertum.

Aus dieser Mentalität entstand die Zukunftsforschung. Deren Methodologie erscheint uns für Fragen dieser Art fruchtbar; zurzeit halten wir sie in diesem Sektor für konkurrenzlos. Sie bietet eine Beobachtungsplattform, die nicht in einem jeweils in Geltung stehenden soziokulturellen Mindset „gefangen" ist. Und sie hat elaborierte Techniken entwickelt, Denkmuster zu identifizieren, zu gestalten, mit ihnen zu experimentieren und, wenn es sein muss, solche auch zu erweitern oder gar zu überwinden. Damit kommt man einem Desengagement in Sachen Realität – ein in der Zukunftsforschung als wissenschaftlich qualifiziertes Forschungs-, Denk- und Handlungsprinzip – einen großen Schritt näher.

Endnote

[1] Dieses Kapitel dreht sich um Exzellenz – darum, wie man es unternehmerisch dorthin schafft. Exzellente Unternehmen sind unserem Verständnis nach „outstanding": Erstklassig. Sie überragen in einer speziellen Kompetenz ihre Wettbewerber deutlich, und das über einen längeren Zeitraum. Eine außergewöhnlich hohe Innovationskraft ist dabei ein Hauptcharakteristikum für Exzellenz.

Soweit die Grundlagen. Jenseits dieses allgemeinen Fokus grenzen wir uns von der Exzellenzdebatte innerhalb der Managementtheorie (auf Basis von Peters et al. 1993) ausdrücklich ab. Wie in den vorhergehenden Kapiteln bereits deutlich wurde, geht es beim hiesigen Modell von Exzellenz gerade *nicht* um generelle Prinzipien wie Kundennähe, Bindung ans angestammte Geschäft/Kernkompetenzorientierung oder auch eine Einhegung von Kontrolle in der Führung (so beispielhaft Peters und Waterman 1993); also um „universalistische" Regeln, die jedwedes Unternehmen lediglich „sauber" anwenden müsse, um exzellent zu werden. Diesen Zugang zur Unternehmenspraxis halten wir für nicht mehr zeitgemäß.

Der Grund unserer Distanznahme ist ein methodischer und liegt in der soziokulturellen Blindstelle bei der Erforschung und Formulierung von wirtschaftswissenschaftlichen Praxisempfehlungen. Wir erkunden hier eine hoch spezifische Variante von Exzellenz, nämlich a) eine amerikanische, und b) eine amerikanisch-regionale, nämlich die kalifornische. Der Grund für diese Auswahl ist ihr unvergleichlicher Erfolg. In Sachen Zukunftsintelligenz halten wir dieses Modell für vorbildhaft (was wir begründen); es führt generisch zu einer besonderen Form von Exzellenz, die – trotz des partikularen Typus – in *jeder* Soziokultur nutzbar gemacht werden kann (dazu in Kap. 4 mehr). Unternehmen können ihren eigenen soziokulturellen Horizont in dieser Orientierung erweitern, dehnen. Was sie jedoch nicht können: Ihr Kulturmodell wechseln. Sie können nicht aus ihrem Denkmuster „austreten" und plötzlich anders denken und handeln. In jedem Fall: Universalistische Regeln der Ökonomie gibt es nicht (mit Ausnahme der Bereiche der mathematisch verfahrenden, quantifizierenden Ökonomie). Man kann jedoch partikulare Regeln in andere Kontexte verschieben und verwandeln.

Hier ist nicht der Ort, um die Blindstellen des Managementdiskurses in diesem Zusammenhang zu rekapitulieren. Argumente, welche die Eliminierung soziokultureller Spezifika aus der Theoriebildung ausdrücklich legitimieren, finden sich etwa bei Bennis und Nanus 1990, S. 12; Peters et al. 1993, S. 42 f. oder, besonders kurios, bei Collins 2001, S. 267 f. Hier wird bewusst weggeschaut – den meisten Theoretikern ist, ausformuliert und nachlesbar, mulmig bei ihrem Vorgehen. Sie applizieren ihr amerikanisches Mindset kognitiv unkontrolliert auf die Welt, und das fällt ihnen selbst auf (freilich ohne, dass dies methodologische Konsequenzen hätte).

Unsere Definition von Exzellenz *im soziokulturellen Fokus des Silicon Valley* lautet wie folgt:

1. Gesellschaft vor Wirtschaft
   Exzellenz bedeutet, durch ökonomisches Handeln an der qualitativen Möglichkeitsgrenze die sozialen Umfelder der Organisation zu verändern. Das gelingt durch Best-Performance; durch maximalen Anspruch an Ergebnisqualität – dadurch generiert man Definitionsmacht.
2. Wirtschaft als Katalysator der „eigenen" Evolution
   Exzellente Unternehmen sind solche, die in Bezug auf sich selbst eine Evolution einleiten (das Ziel der Unternehmensentwicklung ist nämlich nicht prognostizierbar). In diesem soziokultu-

rellen Kontext hat „Evolution" eine erkenntnistheoretische Prämisse, das heißt, sie ist nicht rein beschreibend gemeint. Es geht um eine gerichtete Evolution. Exzellente Unternehmen führen ihre Organisation zu dem, was sie qua Selbstverständnis eigentlich bereits sind – also immer näher zu ihrem Identitätskern. Dabei verändern sie sich beständig, denn diesen Weg beschreiten sie in fortwährender Anpassung an ihre Umwelt, und die ist dynamisch (das ist das evolutionäre Moment). Exzellente Unternehmen konzentrieren sich im Höchstmaß auf sich selbst und nur *in Auseinandersetzung damit* auf ihr Außen: Sie beobachten radikal aus ihrem eigenen Blickwinkel. Und sie verpflichten sich betont langfristig auf ihre Identität.
3. Primat der Praxis vor der Theorie
Exzellente Unternehmen entwickeln sich weiter in dem Bewusstsein, dass Handlungen und Verhaltensweisen die Einstellungen und Überzeugungen prägen (nicht umgekehrt). Menschen lernen durch Handeln und Erfahrung, nicht durch Theorien oder Ideen. Es gibt daher keine Hausphilosophien oder Leitbilder. Im Zentrum dieser Organisation steht vielmehr dissonante Kommunikation: Die dauerhafte Erzeugung und Bewältigung von Widerspruchsgeist, Auseinandersetzungen und verschiedenartigen Meinungen, immer zurückgebunden an das eigene Selbstverständnis. Exzellente Unternehmen entwickeln auf diese Art Tiefenkompetenz (Wissen, wie das eigene Selbstverständnis bestmöglich umgesetzt und dabei weiter „vertieft" werden kann). Dies geschieht in speziellen Entscheidungsräumen.

Der Korridor für Exzellenz variiert je nach Soziokultur erheblich; in Europa beispielsweise herrschen andere Kriterien vor (Perfektion, Technologieführerschaft und andere mehr). Die Besonderheit der Kalifornischen: Sie markieren die Bestmarke für Zukunftsintelligenz. In dieser Variante fallen Exzellenz und gesellschaftliche Zukunftsrobustheit zusammen; diese Ökonomie ist durch ihre autologischen perspektivischen Vorgriffe in einem speziellen Sinn „resilient". Der Grund liegt in einem eigenen Zeitmodell, das im Zentrum dieses Kapitels steht.

Soziologisch steht unser Begründungszusammenhang damit in der Tradition von Max Weber oder Niklas Luhmann (eine Gesellschaft fußt auf *Sinn*). Die „heiße Beschreibung", die wir nutzen, um Sinnzusammenhänge methodisch zu explorieren (Abschn. 3.2.1), bedient sich ethnografischer Methoden (Geertz 1987; nicht zu verwechseln mit den „heißen" Medien McLuhans).

[2] Wir folgen an dieser Stelle der Empfehlung von Niklas Luhmann, der diese Richtung wissenschaftstheoretisch bereits vorgibt. Wenn die Umfelder komplex werden und dies das Handeln erschwert, hat man logisch nur zwei Möglichkeiten, wenn man nicht untergehen will: a) Man organisiert Widerstand (besser beobachten, Technologien modernisieren, genauer rechnen, den kalkulatorischen Aufwand erhöhen). Zukunftsforscherisch entspricht dem die Prognostik. Oder b) man betreibt den Autoritätsverlust der bisherigen Instrumente aktiv mit, begleitet aber die Erosion der alten Werkzeuge und versucht, diesen Prozess abzufedern, sprich: kognitiv zu kontrollieren. Die Annahme dabei: Wenn an einer Stelle etwas wegfällt, wird an andere Stelle etwas sichtbar. (Zur erkenntnistheoretischen Grundlegung dieser für die wissenschaftliche Zukunftsforschung insgesamt einschlägigen Logik vgl. Müller-Friemauth und Kühn 2016). Es ist ein Denkfehler anzunehmen, es falle *nur* etwas weg (Traditionen, Sicherheiten und so weiter). Der *praktisch* interessante Clou einer modernen Wissenschaftstheorie à la Luhmann besteht darin, dass mit diesem Verfallsprozess auch Entstehungsprozesse einhergehen; und die können, zumindest teilweise, im Denken kontrolliert

werden. Man kann sie beeinflussen (was ist nützlich, was wollen wir, was passt nicht und so weiter). Zukunftsforscherisch entspricht dem die Antezipation (vgl. Luhmann 1996 passim).

[3] Auf die Unterschiede solcher asiatisch-kalifornischer versus europäischer Überzeugungen (und auf Konsequenzen für die Entwicklung der europäischen Wissenschaften) können wir an dieser Stelle nicht eingehen. Das, was Matsushita hier ausformuliert, die Leidenschaft für den „far reaching dream", gebührt in unserer (alt-)europäischen Tradition höchstens dem Priester oder Hofnarr – sie konnten noch, ohne um ihr Leben fürchten zu müssen, all das sagen, was sonst niemand sagen durfte. Später, etwa im Mittelalter, wurde die Sinnrestriktion, präzise in der Linie unserer Soziokultur und späteren Fortschrittsidee, weiter verschärft, indem sie mit dem Aufkommen moderner Institutionen nun auch sozial diskriminiert wurde („Normalisierung"): Es waren jetzt „Ritter von der traurigen (!) Gestalt" oder andere entrückte Geister, die versuchten „to dream the impossible dream"; und das verstanden nicht bloß als „mission, ney, [a] *privilege*"! (Don Quichotte ist der „Archetypus" unter den Frühmodernen dieser Gruppe.) Es ist nur logisch und konsequent, dass solche Menschen als *traurige* Gesellen genormt wurden (Depression), denn ihre Sicht der Dinge hatte in der beginnenden Moderne keine Chance mehr auf Resonanz. Goethes Faust-Version beispielsweise ist ein trauernder Nachruf auf ein Zeitalter, in dem das Studium von Philosophie und anderen Wissenschaften noch geholfen hat, das „Andere", die Seite hinter der Norm, zu erkennen – ab jetzt hilft nur noch der Pakt mit dem Teufel. Menschen dieser „Sorte" gehörten einer Denkspezies an, die bereits über viele Jahrhunderte bekämpft (nämlich vom dominanten christlichen Monotheismus) und beinahe untergegangen war (vorsokratische Traditionen). Nicht wenige von ihnen landeten denn auch unter der Folter (Inquisition) oder, ab dem 19. Jahrhundert, in Irrenanstalten (vgl. Foucault 1993). Erst soziale Bewegungen wie die Antipsychiatrie in den 1960er Jahren fingen an, gegen diese Vereinseitigung aufzubegehren. (Dieses Aufbegehren war auch eines der Motive der 1968er, sich intensiv mit asiatischer Spiritualität und psychedelischen „Umwegen" zu beschäftigen, um solche Vereinseitigungen zu umgehen und, zumindest für die Zeit des Drogentrips, aufzuheben. Timothy Leary und viele andere zelebrierten diese Erfahrung: Erst im Rausch werde man zum „ganzen" Menschen.)

[4] Zur Unterscheidung von vertikaler und horizontaler Handlungsorientierung vgl. Sloterdijk 2011, S. 28–33, 253–264, 276–292. Bei einer „vertikalen" Handlungsorientierung stehen nicht Werte, Normen und Imperative des Außen (so aber bei der „horizontalen" Orientierung; zum Beispiel eine Orientierung an ökonomischen oder „kapitalistischen" Regeln) im Vordergrund, sondern „Ranghöhe", ein Sichunterscheiden im Sinne von „mein eigenes Maximum erreichen". Unternehmen solchen Typs richten sich hinsichtlich *ihrer eigenen* Gegebenheiten an einem Schlechteren und Besseren aus – und Streben das Beste, „Höchste" an. Das Außen wird dazu radikal ignoriert (Steve Jobs: „Hört endlich auf, Marktforschung zu betreiben und eure Kunden zu befragen…!"), was einen erheblichen Überschuss an Selbstbezüglichkeit freisetzt. Aus dieser geradezu manischen Beschäftigung einer Organisation mit sich selbst – aus einem Management von Beobachtung und der stetigen Justierung, dem „Schleifen" interner Akteure und des Entscheidens – stammen die eigensinnigen Techniken der Unternehmensentwicklung bei den Scouts. Dass eine solche Unternehmensorientierung, die sich von äußeren Regeln *bewusst und absichtlich distanziert*, ökonomisch qualifiziert sein kann, ist innerhalb unseres kontinental-europäischen Ökonomieleitbildes, das vom Typ Maximizer und Inventor geprägt wird, nicht denkmöglich.

Literatur

Abrami RM et al (2014) Chinas Problem mit der Innovation. Harv Bus Manage 36:78–85
ALTANA Gruppe, Forsa Institut (2015) Industrie-Innovationsindex, Wesel (über ALTANA)
Antal AB, Hutter M, Stark D (Hrsg) (2015) Moments of valuation. Exploring sites of dissonance. Oxford University Press, Oxford
Anthony S (2012) The new corporate garage. Harv Bus Rev 90(9):45–53
Arendt H (1981 [1958]) Vita Activa oder Vom tätigen Leben. Piper, München
Bennis W, Nanus B (1990) Führungskräfte. Die vier Schlüsselstrategien erfolgreichen Führens. Campus, Frankfurt a. M.
Blankenburg W (2007) Psychopathologie des Unscheinbaren. Ausgewählte Aufsätze, Berlin
Burrus D (2012) Zukunfts-Flashs. 7 radikale Impulse, um Ihr Unternehmen zukunftstauglich zu machen. GABAL, Offenbach
Christensen C (1997) The innovator's dilemma: when new technologies cause great firms to fail. Harvard Business Review Press, Boston
Collins J (2001) Der Weg zu den Besten. Die sieben Management-Prinzipien für dauerhaften Unternehmenserfolg. Deutsche Verlagsanstalt, Stuttgart
Collins J, Hansen MT (2012) Oben bleiben. Immer. Campus, Frankfurt a. M.
Crainer S (2000) Die 75 besten Managemententscheidungen aller Zeiten. Ueberreuter, Wien
Deal TE, Kennedy AA (1982) Corporate cultures: the rites and rituals of corporate life. Addison-Wesley, Reading
Dehaene S (2014) Wie das Gehirn Bewusstsein schafft. Knaus, München
Demandt A (2010) Es hätte auch anders kommen können. Wendepunkte deutscher Geschichte. Propyläen, Berlin
Dutta S et al (Hrsg) (2014) The global innovation index. Kooperationsprojekt der Cornell University, INSEAD und WIPO, Genf/Neu-Dehli. http://www.globalinnovationindex.org/userfiles/file/reportpdf/GII-2014-v5.pdf. Zugegriffen: April 2015
Feyerabend P (1986) Wider den Methodenzwang. Suhrkamp, Frankfurt a. M.
Foucault M (^{10}1993) Wahnsinn und Gesellschaft. Suhrkamp, Frankfurt a. M.
Geertz C (1987) Dichte Beschreibung. Beiträge zum Verstehen kultureller Systeme. Suhrkamp, Frankfurt a. M.
Geus A de (1998) Jenseits der Ökonomie. Die Verantwortung der Unternehmen. KlettCotta, Stuttgart
Gigerenzer G (2013) Risiko. Wie man die richtigen Entscheidungen trifft. Bertelsmann, München
Govindarajan V (2011) Das 300-Dollar-Haus. Harv Bus Manage 33:16–17
Gumbrecht HU (2010) Unsere breite Gegenwart. Suhrkamp, Berlin
Gumbrecht HU (2012) Präsenz. Suhrkamp, Berlin
Harmon LD (1973) The recognition of faces. Sci Am 229(75):70–82
Heidegger M (1993 [1927]) Sein und Zeit. Max Niemeyer, Tübingen
Hill LA et al (2014) Collective genius. The art and practice of leading innovation. Harvard Business Review Press, Boston
Hofstede G, Hofstede GJ (^{5}2011) Lokales Denken, globales Handeln. Interkulturelle Zusammenarbeit und globales Management. Beck, München
Hofstede G, Neuijen B, Ohayv DD, Sanders G (1990) Measuring organizational cultures: a qualitative and quantitative study across twenty cases. Admin Sci Q 35(2):286–316
Hyams J (1982) Zen in the martials arts. Bantam, New York
Jobs S (2012) The lost interview. Gespräch mit Steve Jobs 1995 zur Zeit der Leitung von NeXT. DVD, NFP marketing & distribution, Berlin/Vertrieb Warner Bros. Entertainment Hamburg
Karmasin H (1998) Produkte als Botschaften, 2. überarb. und erw. Aufl. Ueberreuter, Wien

Keese C (2014) Silicon Valley. Was aus dem mächtigsten Tal der Welt auf uns zukommt. Albrecht Knaus, München

Kellerman B (2015) Hard times. Leadership in America. Stanford University Press, Stanford

Kets de Vries M, Miller D (1986) Personality, culture, and organization. Acad Manage Rev 11(2):266–279

Kim WC, Mauborgne R (2014) Blue ocean leadership. Harv Bus Manage 36:20–32

Kondratjew N (2014 [1926]) Die langen Wellen der Konjunktur. Marlon-Verlag, Berlin

Kotter JP (1997) Matsushita leadership. Lessons from the 20th century's most remarkable entrepreneur. Free Press, New York

Luhmann N (1990) Soziologische Aufklärung 5. Konstruktivistische Perspektiven. Westdeutscher, Opladen

Luhmann N (1996) Die neuzeitlichen Wissenschaften und die Phänomenologie. Picus, Wien

Merton RM (1989) Auf den Schultern von Riesen. Ein Leitfaden durch das Labyrinth der Gelehrsamkeit. Syndikat, Frankfurt a. M.

Müller-Friemauth F (2013) No such Future. Ein Trainingslager für mittelständischen Unternehmerverstand. GABAL, Offenbach

Müller-Friemauth F, Kühn R (2016) Grundzüge der ökonomischen Zukunftsforschung. Gabler, Wiesbaden

Müller-Friemauth F, Minx E (2014) Time out of mind? Picturing presence in future research. Eur J Future Res 2(47):1–8. doi:10.1007/s40309-014-0047-4

Nair C (2011) Der große Verbrauch. Warum das Überleben unseres Planeten von den Wirtschaftsmächten Asiens abhängt. Riemann, München

Nassehi A (^{2}2008) Die Zeit der Gesellschaft. Auf dem Weg zu einer soziologischen Theorie der Zeit (Neuauflage mit einem Beitrag „Gegenwarten"). VS Verlag für Sozialwissenschaften, Wiesbaden

Nowottny H (1989) Eigenzeit. Entstehung und Strukturierung eines Zeitgefühls. Suhrkamp, Frankfurt a. M.

Ortmann G (2009) Management in der Hypermoderne. Kontingenz und Entscheidung. VS Verlag für Sozialwissenschaften, Wiesbaden

Peirce CS (^{2}1960 [1931]) Collected papers of Charles Sanders Peirce. In: Hartshorne C, Weiss P (Hrsg) Elements of logic, Bd 2. Harvard University Press, Boston

Peters TJ, Waterman J, Robert H (^{15}1993 [1982]) Auf der Suche nach Spitzenleistungen. Was man von den bestgeführten US-Unternehmen lernen kann. mvg-Verlag, Landsberg

Prahalad CK (2010) Ideen gegen die Armut: Der Reichtum der Dritten Welt. Redline, München

Prahalad C, Krishnan MS (2009) Die Revolution der Innovation. Wertschöpfung durch neue Formen in der globalen Zusammenarbeit. Redline, München

Prahalad CK, Mashelakar RA (2010) Erfinderische Inder. Harv Bus Manage 32:92–104 (Spezial, Oktober)

PWC (PricewaterhouseCoopers Aktiengesellschaft Wirtschaftsprüfungsgesellschaft) (Hrsg) (2015) Innovation – Deutsche Wege zum Erfolg, o. O

Rapaille C (2006) Der Kultur Code. Riemann, München

Reemtsma JP (2014) Weshalb vertrauen wir der Zivilisation trotz der Grausamkeiten des 20. Jahrhunderts? Antworten des Gewaltforschers. brand eins 16(10):126–133

Saffold GS (1988) Culture traits, strength, and organizational performance: moving beyond ‚strong' culture. Acad Manage Rev 13(4):546–558

Sankaran L (2014) „Meine Freundin *nannte mich ein kapitalistisches Schwein*", Süddeutsche Zeitung vom 2./3.10.2014 (Interview)

Scholz C (2014) Wenn Giganten stolpern. Die wundersamen Wandlungen der Daimler AG. OrganisationsEntwicklung 2:36–43

Schreyögg G (1998) Die Bedeutung der Unternehmenskultur für die Integration multinationaler Unternehmen. In: Kutschker M (Hrsg) Integration in der internationalen Unternehmung. Gabler, Wiesbaden, S 27–50
Semler R (1995) Maverick. The success story behind the world's most unusual workplace. Business Plus, New York
Sen A (2002) Ökonomie für den Menschen. Wege zu Gerechtigkeit und Solidarität in der Marktwirtschaft. Deutscher Taschenbuch, München
Simon W (2011) Methodenkoffer Zukunft, 2 Bd. GABAL, Offenbach
Sloterdijk P (2011) Du musst dein Leben ändern. Suhrkamp, Frankfurt a. M.
Stark D (2009) The sense of dissonance. Accounts of worth in economic life. Princeton University Press, Princeton
Vester F (1985) Neuland des Denkens. Vom technokratischen zum kybernetischen Zeitalter, 3. ergänzte Aufl. Deutscher Taschenbuch, München
VICE Media LLC (2015) Homepage. http://www.vice.com/shane-smith. Zugegriffen: 28. Okt. 2015
Walter F, Marg S (Hrsg) (2015) Sprachlose Elite? Wie Unternehmer Politik und Gesellschaft sehen (BP-Gesellschaftsstudie). Rowohlt, Reinbek
Weber M (1968) Gesammelte Aufsätze zur Wissenschaftslehre, 3. Aufl. J.B.C. Mohr, Tübingen
Welch J (2001) Was zählt. Die Autobiografie des besten Managers der Welt. Econ Verlag, München

4 Zukunftsintelligenz – Grundlagen einer Preconomics*

Es ist nicht so, dass sie die Lösung nicht sehen können. Sie können das Problem nicht sehen.
Gilbert Keith Chesterfield, 1935.

Wie also lautet die zeitgemäße Antwort auf Mr. Towne zu Beginn des 21. Jahrhunderts? Um es in Anlehnung an den britischen Romancier Chesterfield zu schreiben: Es ist nicht so, dass die aktuelle Debatte über praktisches Zukunftsmanagement keine Lösungen hervorbrächte – es werden allerdings nicht unbedingt auch die zugrundeliegenden Probleme erkannt. Mit anderen Worten: Es gibt eine inzwischen imposante, stetig gewachsene soziokulturelle Blindstelle des betriebswirtschaftlichen Denkens. Im beginnenden 21. Jahrhundert ist nämlich alles relativ: Kalifornier halten andere Dinge für regelbedürftig und -würdig als etwa Ostküstenbewohner, Deutsche, Griechen oder Südkoreaner. Und das liegt mitnichten daran, dass sie nicht auf der betriebswirtschaftlichen Höhe der Zeit wären.

Für Zukunftsentscheidungen gibt es keinen Mangel an „Regelwerken", die alle „irgendwie" funktionieren, aber: praktisch nie überall. Derzeit, mit Blick auf aktuelle Herausforderungen der Märkte, erscheint die kalifornische Variante als eine der folgenreichsten – *er*folgreichsten (was keine der anderen Versionen diskriminiert). Dieses Erfolgsprinzip haben wir präsentiert. Es eröffnet eine Perspektive, beziehungsweise führt zu Erkenntnissen, die sich sowohl in mehrfacher Hinsicht vom kontinental-europäischen als auch vom globalen, „universalistischen" Wirtschaftsleitbild der Business-School-Tradition unterscheiden. Einer Neuheit im ökonomischen Bereich, einer Innovation oder gar „Disruption", geht, so die Überzeugung hier, immer ein nicht-ökonomischer, gesellschaftlicher Wunsch, eine Sehnsucht voraus. Die Quelle von Neuheit ist *nicht-ökonomischer* Natur. Für Scouts ist das Vorhandensein eines solchen Wunsches das Grundmotiv, *überhaupt* (ökonomisch) ins Handeln zu kommen, unternehmerisch tätig zu werden. Und mit

---

Preconomics ® ist eine eingetragene Wortmarke von KÜHN DENKEN AUF VORRAT

anderen Organisationsmitgliedern, welche die Sache ähnlich sehen, diesen Wunsch – die Zukunft – zu explorieren. Disruptionen ergeben sich aus vorwegnehmendem Denken und dann, innerhalb der Organisation, aus explorativem Entscheiden. Diese vorwegnehmende Ökonomie, eine Preconomics, ist der Kern von Zukunftsintelligenz in Wirtschaftsorganisationen unter heutigen Bedingungen.

Betrachtet man daraufhin verschiedene soziokulturelle unternehmerische Mindsets hinsichtlich Exzellenz, stellt man fest, dass es zwar ganz unterschiedliche Orientierungsmarken gibt: Die einen antezipieren, andere entwickeln Sozialutopien, wieder andere sind findig im Perfektionieren von Werkzeugmaschinen, und noch andere sind meisterlich darin, sich aus dem Stegreif Dinge auszudenken. *Exzellenz lässt sich nicht auf einen gemeinsamen Nenner bringen.* Jede Gesellschaft, jede Ökonomie hat ihre eigene spezielle Antwort auf die Frage nach Exzellenz – was im Zeitalter der Globalisierung weitreichende Fragen aufwirft.

Aber: Die verschiedenen Orientierungen haben ein sehr unterschiedliches Niveau in Sachen Zukunftsintelligenz. Aus Zukunftsforschungsperspektive besitzen nicht alle die gleiche Qualität. Eine Preconomics im engen Sinn, die das Potenzial menschlicher (kognitiv-antezipatorischer) Möglichkeiten gezielt, systematisch und mit Professionalitätsanspruch ausschöpft, gibt es bislang in elaborierter Form nur in den USA. Diese Leistung ist „hoch unwahrscheinlich" (wie Systemtheoretiker wohl sagen würden).

Unseres Erachtens hat insbesondere die quantentheoretische Zäsur des letzten Jahrhunderts dieses Verständnis von Praxis, diese Wertungsqualität über Zukunft ermöglicht. Sie hat den Bedeutungshorizont von Antezipation, der hier im Zentrum steht, aufgrund der nun auch empirischen Forschungsbelege überhaupt erst begreiflich gemacht (zu Verschiebungen im Zeitverständnis ausführlich Müller-Friemauth und Kühn 2016). „Systemisches" Denken ist nur auf dieser Grundlage möglich. Es kennzeichnet ein emphatisches Verstehen in und durch Relationen, komplexen Abhängigkeiten, Paradoxien, Gleichzeitigkeiten und Kontingenzen. Eine „Relativitätstheorie", eine „mehrwertige" Logik, ist für ein solches Denken zwingende Voraussetzung. Und die Scouts – das Unternehmertum aus dem Silicon Valley – sind diejenigen, die diesen neuartigen Horizont ökonomisch als Erste erschlossen haben.

4.1 Zukunftsentscheidungen: Unternehmensbeispiele

An den eingangs erwähnten Beispielunternehmen lässt sich dieses Ökonomieleitbild abschließend spiegeln. Es bietet, unter der sozialstrukturellen Dominanz von Ungewissheit, ein Instrumentarium des Bewertens von Zukunftsentscheidungen – Entscheidungen hoher Reich- und Tragweite – an; Werkzeuge, mit denen sich Innovationsarbeit *qualitativ beurteilen lässt*. Dabei wird auch der genauere Zusammenhang zwischen Zukunftsintelligenz (der kognitiv kontrollierten Bearbeitung von Zeit) und Exzellenz deutlich: Bei kalifornischen Unternehmen fällt beides in eins. Es ist der antezipatorische Umgang mit Zeit, der ihnen Erstklassigkeit ermöglicht; in anderen unternehmerischen Soziokulturen kommt

Exzellenz anders zustande. Wir hatten eingangs dazu scheinbar zusammenhanglose Fragen formuliert, die zum Abschluss nun als Konnex beantwortet werden können:

1. Entweder kann ein globaler Konzern die Strategie eines integrierten, diversifizierten Hightech-Unternehmens verfolgen oder sich lediglich auf seine Kernkompetenzen konzentrieren und strikt in diesem Fokus wachsen (M&A). Oder er kann auf Innovation und Effizienz setzen und den Shareholder Value stärken. Bedeuten Strategie*wechsel* stets auch eine verbesserte Zukunfts*planung*?
Nein. Dass die langfristig angelegte, strategische Unternehmensentwicklung manchmal taktisch nachjustiert werden muss (zum Beispiel aufgrund veränderter technologischer Rahmenbedingungen), ist unumgänglich. Aber: Das gilt nicht für den „Navigator" des Unternehmens. Für die Identität der Organisation, für ihr Selbstbild und genau *damit* für die Achse ihrer Strategie: Für das, was die Menschen in der Organisation für ihre Tiefenkompetenz halten. Ihr *Deep Play*, woran sie sich bei jeder Zukunftsentscheidung erinnern und das die Motivation begründet, sich immer wieder freiwillig selbst zu binden (vgl. Abschn. 2.2.3 und 3.2.4).
Was nicht bedeutet, dass solche Organisationen in *ihrem* soziokulturellen Mindset – einer Mixtur aus Inventors und Maximizer – nicht zu den exzellenten Unternehmen zählen könnten! Nur ist diese Exzellenz nicht zukunftsintelligent: Sie beruht nicht auf einer unternehmensspezifischen Bindung von Zeit.
2. Entweder können Spezialisten der Internetbranche Exzellenz bei der Ausstattung ihrer Kunden mit Netztechnologie anstreben. Oder der Vision folgen, Menschen über das Netz miteinander in Verbindung zu bringen. Wofür steht hier „Zukunft", und nach welchen Kriterien wird sie gestaltet?
Google hat die Vision einer – unabhängig von Raum und Zeit zu realisierenden – totalen digitalen Vernetzung von Menschen entwickelt. Auf ihr beruht das Kerngeschäft des Unternehmens. Dies führt zwangsläufig zu der Frage, wie eine solche Vernetzung gelingen kann, wenn Menschen zum Beispiel in abgeschiedenen Gegenden leben, oder gar nicht mehr auf der Erde. Man denkt daher über die Einbeziehung rechtlich unerschlossener, freier Räume oder über „künstliche" Gesellschaften nach, in denen man jenseits staatlicher Vorschriften visionäre Ideen ausprobieren kann („Seasteading"). Ökonomisch konkretisierte Antezipationen nützlicher Produkte und Dienstleistungen, die diese Vision realisieren können, bilden deshalb die Achse dieser Innovationspolitik (vgl. Abschn. 3.1.1). Solche Ideen kommen nicht aus Innovations-„prozessen" oder „Kreativworkshops". Sie sind quasi natürliche, weil sich organisch *aus der Vorstellungskraft ergebende* Weiterführungen der Tiefenkompetenz der Firma, sie sprudeln wie eine Quelle aus dem zeitlichen Vorgriff. An seiner Vision zieht sich Google dorthin, wo es hin will, nämlich in deren Realisierung – dort „ist" Zukunft, und durch diesen Mechanismus wurde Google exzellent.
Was nicht bedeutet, dass ein Internetanbieter, beispielsweise durch neuartige Ausstattungsmerkmale, nicht in anderen soziokulturellen Feldern ebenso zu Exzellenz aufschließen könnte! (In Europa hat jeder Anbieter, der relevante Neuheiten beispiels-

weise auf dem Gebiet der Sicherheitsarchitekturen erfindet, ein effektives Sprungbrett zur Exzellenz.) Eine eigene Bearbeitung von Zeit liegt allerdings auch hier nicht vor: Zukunft steht dann schlicht für eine kommende Zeit mit besseren Wirtschaftsgütern.

3. Entweder legt ein Unternehmen betriebswirtschaftlich sauber Branche oder Kernkompetenzen fest. Oder erspart sich derartiges und definiert stattdessen, was es sozialethisch für ein Unternehmen sein will. Ist das Zukunfts*orientierung*?

Ja. Mitsui ist es genau durch diese Strategie gelungen, Branchen nicht ernst zu nehmen; jedenfalls „desengagiert" genug zu werden, um sofort dann, wenn ein Geschäftszweig existenziell bedroht war, das Pferd zu wechseln. Der Konzern hat sich von Marktbedingungen nicht beeindrucken lassen, sich von der jeweiligen Marktrealität immer wieder umstandslos abgekoppelt, wenn es erforderlich wurde, und sich an den eigenen Navigator gehalten – das war ihre sozialethische Identität. Für ein rein *sach*fixiertes Unternehmensverständnis wie das europäische („*was* wir machen") ist das kaum nachvollziehbar. Mitsui ist vielleicht das einzige Unternehmen, von dem bekannt ist, dass es sein Unternehmensprinzip *ausschließlich soziallogisch* definiert; und das über Generationen hinweg konsequent in dieser Tradition geführt wurde. Aries de Geus, langjähriger Szenario-Manager bei der Royal Dutch Shell, formuliert sein Ideal für Zukunftsmanagement in genau dieser Orientierung: „Wir leben nicht, um nach Öl zu bohren, sondern wir bohren nach Öl, um zu leben." *Economics are secondary – society and its future matter.* Genau das praktiziert Mitsui, über Jahrhunderte (vgl. Abschn. 2.3.1). Das ist in „Reinkultur" das Organisationsverständnis einer sozialen Ökonomie – und ausgesprochen zukunftsintelligent. Das Unternehmen überlebt hier durch eine ökonomische Bindung von sozialer Zeit, und Ökonomie ist lediglich Mittel zum Zweck.

Ob es damit auch in die Exzellenzzone kommt, ist eine ganz andere Frage. Zukunftsintelligenz sichert die gestalterische Reichweite ins Morgen; sie beeinflusst entlang der eigenen Bedingungen die Zukunft und erhöht somit die Wahrscheinlichkeit, im Konkurrenzkampf mit anderen langfristig Vorteile zu generieren. Im Fall von Mitsui ist Zukunftsintelligenz jedoch nicht *antezipatorisch* ans Soziale angeschlossen (Vision oder Ähnliches). Es gibt keine vorgreifende Kontrolle der Resonanz der eigenen Produkte und Dienstleistungen in der Gesellschaft. Exzellenz ist möglich, aber zufalls- und erfindungsabhängig.

4. Entweder fügt sich ein Unternehmen ins Mittelmaß und begnügt sich damit durchzukommen. Oder es artikuliert höchste Ansprüche an seine Performance und strebt Marktführerschaft an. Ist dieser Anspruch Vorbedingung für Zukunfts*erfolg*? Ja. Der springende Punkt dabei liegt jedoch nicht (wie etwa Welch demonstriert) in ökonomischen Kennzahlen und Wettbewerbsvergleichen, sondern im konsequenten, in diesem Fall nicht selten brachialen Führen hin auf die eigene, maximal erreichbare Bestmarke, die dem Unternehmen möglich ist. Um diese, kompromisslos nach eigenen Maßstäben definierte, Exzellenz zu erreichen, hat Welch Kennzahlen sogar manipuliert und fingiert (Zahlen sind Mittel zum Zweck, kein Selbstzweck). Erlaubt ist alles, was die Organisation in Bestform bringt (vgl. Abschn. 3.2.2).

4.1 Zukunftsentscheidungen: Unternehmensbeispiele

GE unter Welch war ein Unternehmen, das *über seine radikale Exzellenzorientierung zukunftsintelligent geworden ist*. Zu Beginn ging es ausschließlich um Performance: Die Investoren sollten zufriedengestellt werden, nichts anderes zählte. Aber irgendwann wurde das Streben nach Bestleistung deckungsgleich mit den immer „verrückteren" Realitätsbearbeitungen (destroy your business-AG's, Kennzahlenmagie). Diese Techniken generierten *Deep Play, Straight Talks* und radikale Selbstbindung, ohne dass Welch dies eigens angestrebt hätte. GE's Zukunftsintelligenz war eine unbeabsichtigte Nebenfolge, die dem Unternehmen letztlich zu Exzellenz verhalf.

5. Entweder führt ein Unternehmer seine Mitarbeiter zu ökonomischen Bestleistungen. Oder er entwickelt ungewöhnliche Überzeugungen über humanes Arbeiten und steuert seine Firma dieser Idee gemäß. Ist das, weil weitsichtig und trendgerecht, gute Zukunfts*vorsorge*?

Ja. Aber nicht deshalb, weil diese Vision „im Trend" lag, sondern weil beispielsweise Ricardo Semler von sich aus für dieses Bedürfnis Resonanz erzeugte, das *in der Gesellschaft* Schwingungen hervorbrachte, und darauf seine Organisation aufbaute. Er implantierte eine soziale Sehnsucht, so wie er sie wahrnahm, ins Fundament der Organisation. Das ist etwas völlig anderes als auf Hypes und Moden zu surfen. Manchmal liegt ein soziales Bedürfnis im Trend, oft aber auch nicht – zumeist treten solche neuartigen Neigungen und Wünsche erst zutage, wenn sie durch etwas oder jemanden bedient, herausgekitzelt, provoziert werden. Genau das versuchte Steve Jobs. Beobachtbare Trends selbst liefern deshalb keinerlei Maßstäbe für Erfolgswahrscheinlichkeiten ökonomischen Handelns. (Exzellente Unternehmen *setzen* Trends; durch Umweltsensitivität; vgl. Abschn. 2.2.3 und 2.5).

Semco unter Semler war ein Unternehmen, das *über seine Zukunftsintelligenz,* nämlich das seismografische Gespür für den gesamtgesellschaftlichen Wunsch nach mehr Einbezug, *exzellent geworden ist*. Die Resonanz, die Semler mit seiner Grundidee sowohl intern als auch extern provozierte, war überwältigend und entfachte einen solchen Sog – Begeisterung, Engagement und Involvement von Mitarbeitern *und* Kunden –, dass es in die Exzellenzzone geriet. Die ausgeprägte Umfeldkompetenz dieses Unternehmens machte es schließlich erstklassig.

6. Entweder haben Gründer eine neue Produktidee, Spezialangebote für eine Nische oder kombinieren Dinge anders. Oder sie haben höchst eigenwillige Vorstellungen darüber, wie Produkte ihrer Branche „eigentlich" sein sollten. Ist das der Königsweg für gutes Zukunfts*management*?

Ja. Das ursprüngliche Team von Apple etwa erfand Produkte praktisch für sich selbst. Alle hatten eine ähnliche Sicht auf ihre Branche und eine ähnliche Vorstellungswelt, wie diese Produkte zu sein hätten; ohne Rücksicht auf Marktforschung, Trend-Monitoring oder Branchengegebenheiten. Es ist nicht überliefert, dass Jobs jemals am Schreibtisch gesessen und sich überlegt hätte, welche Disruption er als nächstes realisieren soll. Stattdessen bestand die „Eigenwilligkeit" von Apple darin, rigoros das umzusetzen, was die vier oder fünf engsten Mitarbeiter als ihr Ideal von IT-Produkten im Sinn hatten und sich als Aufgabe setzten (Antezipation). Jobs hat seine Organisation unnachgiebig immer wieder genau dorthin geführt und dort gehalten, ohne Rücksicht auf interne soziale „Kollateralschäden".

Apple unter Jobs ist ein radikales Beispiel aus dem harten Kern kalifornischer Unternehmen, das *Zukunftsintelligenz und Exzellenz kurzschloss*. Aus oftmals maßlosem, unmenschlichem Exzellenzanspruch entstand immer größere organisationale Zukunftsintelligenz – und umgekehrt. An Jobs Kommentierungen über sein Wirken wird deutlich, wie sehr ihm dieser Zusammenhang *bewusst* war. Jobs gebührt somit das erste Copyright auf eine Preconomics (wenn er sie ausformuliert hätte); eine Ökonomie, die aus dem Herz der Gesellschaft entsteht und *dadurch* deren Horizont in die Zukunft ausdehnt. Sie bereitet den Weg und geht voraus.

Kalifornien und Asien – über eine merkwürdige Allianz
Der Durchbruch des kalifornisch-ökonomischen Denkens kam, historisch betrachtet und wie schon beschrieben, mit den Revolutionen in den Naturwissenschaften in der ersten Hälfte des vorigen Jahrhunderts auf und wurde durch die kulturelle Euphorie, die diese Zäsur auslöste, beschleunigt. Wir vermuten jedoch, dass die eigentliche Quelle dem asiatischen Denken entstammt. Die wichtigsten kalifornischen Unternehmerhelden wurden in den 1960er und 1970er Jahren sozialisiert und – teilweise intensiv – von asiatischer Spiritualität, Meditations-, östlichen Kulturtechniken und entsprechenden Ethiken der Lebensführung, oder doch zumindest durch die popkulturelle Vermittlung solcher Mindsets, beeinflusst. Die perspektivische Überbelichtung kontexturalen Sinns, der unbedingte Primat von Situation und Kollektiv ist jedenfalls nicht – typisch – westlich. Im Vordergrund steht hier ein geradezu tiefenanalytisches Sich-Versenken in Möglichkeiten situativen Kommunizierens, Bewertens und Entscheidens: *Deep Play, Straight Talks*, akkommodierendes Lernen, ein kognitiv im Detail bearbeitetes Sich-Binden an Zeit – Antezipation, Vision oder Sozialutopie – und, darauf bezogen, ein rigide kontrollierendes und sanktionierendes Management von Selbstbeobachtung. Im Zentrum dieser Geisteshaltung steht ein Ethos. Mentalitätsgeschichtlich gesprochen, geht es hier viel eher um Übungen oder Exerzitien als um „Methoden". Je konsequenter und radikaler die Führung eines solchen exerzitienhaften Miteinanders praktiziert wird, desto exzellenter *und* zukunftsintelligenter die Organisation: Kulturtechniken sind das Scharnier, in dem diese beiden – westlichen und östlichen – Parameter zusammenhängen.

Mit Zukunftsentscheidungen, die in solcher Art zustande kommen, bringen kalifornische Weltmarktführer die eigenen, höchst speziellen Überzeugungen, Werte und Visionen in und über die Welt – verblüffenderweise mit einer kulturell offenbar weitgehend unabhängigen, neutralen, gleichwohl enormen Zugkraft. Und erzeugen damit bei vielen Angst. Dass dieses (west-)kalifornische Denken an ganz unterschiedlichen Orten weltweit funktioniert, ist bemerkenswert – und wirtschaftswissenschaftlich interessant. Wir haben nicht zufällig über weite Strecken des Buches die spezifische soziokulturelle Färbung dieses Denkens hervorgehoben. Wie kann es sein, dass etwas so Distinktes wie eine regional und historisch hochspezifische Mentalität Menschen aus ganz unterschiedlichen Kulturen anspricht? Kaliforniern ist es gelungen, aus ihren eigenen, mitunter recht exzentrischen Neigungen Wünsche („Ideale") für alle zu machen. Das kann nun kaum an den Wünschen selbst („Sachen") liegen, denn Sehnsüchte und Wunschvorstellungen sind für jeden verschieden. Unsere These ist, dass es an einem besonderen Umgang mit Zeit liegt: Hier wird (soziale) Zeit *ökonomisch bearbeitet* und *intentional gebunden*. Zeit ist kein Datum mehr, sie steht menschlicher Gestaltung in gewissen Dimensionen offen: Das ist eine zentrale Lernkurve des kalifornischen Unternehmertums.

Solche Unternehmen entwickeln sich und innovieren nicht einfach in die Richtung, in welche die Evolution ihrer Umfelder scheinbar ohnehin weist (was sagt die Marktforschung, was ist gerade gefragt?). Sondern sie machen ein Angebot, das darüber hinaus weist: Sie innovieren in eine Richtung, *in welche es die Gesellschaft zieht und antreibt, die aber noch nicht real ist*. Sie antezipieren *ökonomisch* gesellschaftliche Wünsche. Genau das ist der springende Punkt, an den Menschen überall auf der Welt anschließen. Es ist ein inzwischen global beobachtbares, sich mit jeder Krise verstärkendes Sehnsuchtsfeld, nicht mehr das Ökonomische die Gesellschaft bestimmen zu sehen (kapitalismuskritisch formuliert: „kolonisieren" zu lassen), sondern stattdessen ein Leitbild zu entwickeln, dass qua wirtschaftlichem Handeln die Welt in eine soziale Richtung lenkt. Genau dafür steht das Silicon Valley – auch wenn keineswegs allen die sehr amerikanische Zukunft, die dort entwickelt wird, gefallen muss und Vielen ein „Ja, aber" auf den Lippen liegt.

Im Valley wird in extremer Langfristperspektive qua Ökonomie eine andere Gesellschaft geformt; dieses Experiment ist einzigartig. Der Suchmaschinenexperte Google (Eric Schmidt, zitiert nach Iyer und Davenport 2008, S. 47) schätzt mit Blick auf sein Unternehmen beispielsweise, dass es 300 Jahre dauern wird, die weltweite Informationsflut zu ordnen. Solche Vorschauen über schlappe 1200 Geschäftsquartale, die Google entspannt einkalkuliert, erscheinen europäischen Managern im Kontext ihrer gewohnten „strategischen Planung" als verrückt (Nerds!). Ökonomisch klug – *zukunftsintelligent* – ist das nicht: Scouts denken in zeitlich und räumlich extremen Reichweiten. Und schon lange nicht mehr global, sondern planetarisch.

4.2 Die Sympathiefrage

Die hier beleuchteten Perspektiven sind ungewohnt, vielen vielleicht auch unsympathisch; und für Unternehmen, nicht nur hierzulande, praktisch eine Zumutung. Zudem waren und sind auch nicht alle Unternehmen dieser Art erfolgreich. Bisher kamen ausschließlich die Erfolgsstories zur Sprache – aber selbstverständlich gibt es auch „Looser", die mit gleichem Impetus gescheitert sind. Reg Revans war einer von ihnen; Erfinder des Actionlearning, das in seiner provokanten Denkweise zu fremd war – das Buch fand, trotz der Begeisterung einiger weniger wie Jack Welch, keine Leser. Lernen ist nach Revans Überzeugung nicht das Resultat von Wissensanhäufung, sondern das Ergebnis von Fragen; mit der ungemütlichen Folge, dass Manager allein aufgrund ihres Status und ihrer Rolle nicht mehr alles am besten wissen. Die meisten Führungskräfte wollen derlei nicht lesen.

Es braucht extrem willensstarke, selbstreflektierte, lernbegierige Persönlichkeiten wie Steve Jobs oder Jack Welch, die diese Idee aufnehmen und umsetzen können: das eigene Handeln und sich selbst immer wieder infrage zu stellen. Aber: Sympathieträger werden sie wohl nie. Vielen Menschen erscheint dieser „Tick" sogar als Arroganz: alles immer noch besser machen zu wollen, das ewige Antreiben.

> Ich gehöre nicht zu den Leuten, die Recht haben wollen. (…) Viele werden bestätigen, dass ich manchmal eine feste Meinung hatte. Sie brachten Beweise für das Gegenteil und fünf Minuten später habe ich meine Meinung geändert. Es stört mich nicht, mich zu irren. Ich gebe es auch zu. Es ist mir auch nicht wichtig. Wichtig ist mir, dass wir das Richtige tun. (Jobs 2012)

Man muss als Führungskraft selbst hinreichend „desengagiert sein in Sachen Realität", wenn man ein Unternehmen in dieser Art leiten und entwickeln will; Methoden-Knowhow reicht dafür nicht aus. Man muss ein solches Denken *aushalten* können, ganz persönlich, als Führender und Geführter (die hohe Burnout-Quote unter Jobs ist bekannt) – es ist extrem säkular, modern und voraussetzungsvoll. Man muss einen Halt in seinem eigenen Denken finden, in seinen Sinnkonstruktionen von der Welt sehr weitgehend unabhängig und überzeugt sein. Alle „Helden", die in Apples „Think different"-Kampagne von 1997 zitiert wurden, stehen für genau diese Haltung (Einstein, Dylan, Martin Luther King, Miles Davis, John Lennon, Gandhi, Hitchcock, Picasso und andere). Die „Arroganz" vieler dieser Menschen ist legendär. Sie sind geistig unabhängig – maßen sich eine andere Sichtweise an (arrogare, sich anmaßen). Was nicht bedeutet, dass sie diese Unabhängigkeit auch immer ethisch vorbildhaft in Handeln übersetzt hätten! Aber, wir wiederholen es: Übersetzungsmöglichkeiten gibt es viele. Man kann andere nehmen.

Nun gibt es an arrogant wirkenden Managern keinen Mangel; seit 2008 haben wir unfreiwillig eine ganze Reihe kennengelernt. Dass es dem Gros heutiger Manager allerdings *egal* wäre, ob sie sich irren oder nicht, lässt sich nicht bestätigen; eher gilt das Gegenteil. Die meisten Unternehmer und Manager wollen etwas, irgendeine individuelle *Sache* – Geld verdienen, gestalten, Einfluss nehmen, etwas bewegen, lernen und sich weiterentwickeln, auch anderen helfen. Unternehmer jedoch, die ihr ökonomisches Wirken in den Dienst einer Sache stellen, die in der Zukunft liegt und mit ihnen womöglich gar nichts mehr zu tun hat, sind *praktisch* nicht vorhanden. Es sind Unikate, extrem seltene; „empirisch" beforschen lassen sie sich jedenfalls nicht. (Das ist auch der Grund für den – unseres Erachtens falschen – Anschein des rein „Grundlagentheoretischen", des scheinbar von der Praxis weit Entfernten, der Konzepten wie denjenigen von Niklas Luhmann, Michel Foucault und anderen Vordenkern dieser Kategorie zugeschrieben wird. Nur, weil sich der „Stoff" dieser Wissenschaft nicht empirisch überprüfen lässt, bedeutet das nicht, dass er rein theoretisch beziehungsweise praktisch irrelevant sei. Es gibt eine Art der Theorie- und Konzeptbildung, die rein kognitiv argumentiert und doch beansprucht, praktisch die Welt zu verändern – genau *damit* die Welt zu verändern. Allerdings ist dieser Zweig noch jung.)

Menschen dieses Schlags war es extrem wichtig, ihre Erfahrungen und die eigene Sicht weiterzugeben; sie waren geradezu besessen davon. Vielleicht liegt das daran, dass sie glaubten, etwas Wertvolles entdeckt und verstanden zu haben. Die Stanford-Rede von Steve Jobs 2005, sehr persönlich gehalten, ist weltberühmt geworden; ebenso die des

Schriftstellers David Forster Wallace. Seine Worte können nicht nur, losgelöst vom Vortragskontext, als kategorischer Imperativ der Zukunftsforschung gelesen werden, sondern bezeichnen auch den Kerngehalt guten Entscheidens:

> ,Selber denken lernen' heißt in Wirklichkeit zu lernen, wie man über das *Wie* und das *Was* des eigenen Denkens eine gewisse Kontrolle ausübt. Es heißt, selbstbewusst und aufmerksam genug zu sein, um sich zu *entscheiden*, worauf man achtet, und sich zu *entscheiden*, wie man aus Erfahrung Sinn konstruiert. (Wallace 2012, S. 18, Hervorh. i. O.)

Was die Ökonomie betrifft: Auf die eigene Organisation übertragen und konsequent geführt, ist das die Achse von Zukunftsintelligenz. Zukunftsentscheidungen sind *nur auf der Sachebene* kognitiv paradox: Einerseits maximal frei von den jeweiligen Sinnmustern der Gesellschaft; befreit von dem, was gerade dominiert. Und andererseits hoch sensibel für „resonante" Stimmungslagen, die eine Gesellschaft in eine andere Richtung treiben; die „den Vektor biegen" können. Diese – nur scheinbare – Paradoxie lässt sich organisational bewältigen und sozial auflösen, wie unsere Vorbildunternehmer zeigen. Und genau dadurch, dass dies geschieht, stehen Zukunftsentscheidungen womöglich auf widersprüchlichem Grund, sind kognitiv jedoch *extrem kontrolliert*: Die Unterscheidung zwischen mentalem Desengagement auf der einen und extensiver sozialer Resonanzfähigkeit auf der anderen Seite wird präzise und rigide justiert. Führende stellen sie deshalb absichtlich und leidenschaftlich immer wieder heraus – durch das Implementieren von Dissonanz, von *Straight Talks*. Durch die Stetigkeit im Behandeln von sachlichen Widersprüchen, dem Austausch dissonanter Positionen, wechseln sie letztlich die Ebene: von Sache auf Zeit. Man könnte sagen, sie entparadoxieren damit ihr Handlungsmuster: Mit *Straight Talks* bewältigen sie langfristig die Evolution der Organisation *in der Zeit*; durch ein eigenes, „subjektives", neuartiges Binden von Zeit via Antezipation.

Der praktische Fokus für diese Operation: Exzellenz. Darauf konzentrieren sie sich. Auf sie werden alle Anstrengungen gebündelt („wir orientieren uns hier alle an genau einem Punkt: Das geht noch besser!"). Das Besserwerden ist rein formaler Natur, ein schematischer Antrieb, der jede sachlich-soziale Veränderung der eigenen Denkweise zulässt – er stellt den orientierenden Fokus über die Zeit dar („outstanding werden") und garantiert gleichzeitig extreme semantische Offenheit. Wenn man diese Sichtweise akzeptiert, braucht man allerdings Leute, die bereit sind, das auf sich nehmen. Man stellt sich dadurch außerhalb des Zentralkollektivs, außerhalb der Norm; man wird zum „Einhandsegler". Die präsentierten „Sozialrevolutionäre" haben für genau eine solche Haltung geworben. Diese Helden wollten andere davon überzeugen, dass von einer solchen Einstellung gegenüber menschlichem Handeln Lebensglück, Zufriedenheit und auch Erfolg abhängen – weil sie es erfahren haben.

Kontrastfolie: Individualistisches Entscheiden bei Inventors und Maximizer
Unser Blick auf die aktuelle Sozialforschung über deutsche Unternehmer (vgl. Abschn. 3.3.4) lässt in diesem Zusammenhang auf das Gegenteil schließen: Von der Norm distanzieren will man sich

hierzulande nun wirklich nicht. Die hochgradig normierte Art, wie wir entscheiden, ist in diesem Buch kein Thema (weil für Zukunftsentscheidungen nicht hilfreich). In der Managementdiskussion läuft sie unter der Formel OODA-Loop (Observe, Orient, Decide, Act). Das Problem: Dieser Loop produziert unter Bedingungen von Ungewissheit immer seltener zufriedenstellende Ergebnisse. In stabilen Zeiten kann man gut mit ihm arbeiten; werden die Umfelder jedoch dynamischer und komplexer, liefert dieses Instrument dafür keine Handhabe. Die Gründe dafür lassen sich nun benennen. Zuvor jedoch, bewusst schematisch, das Modell:

- Zunächst wird eine sachliche Entscheidungsfrage definiert. Es gilt, „etwas" zu entscheiden. Dieses wird präzisiert und, möglichst SMART, angezielt.
- Zu diesem Zweck, dem „Kleinarbeiten" der *Sache*, kann man diverse Entscheidungstechniken einsetzen; an Messungen orientierte, quantitative oder auch qualitative.
  Beispiel: General Eisenhower hatte die Idee, bei einer Sache zwischen Dringlichkeit (die er mit Kurzfristigkeit gleichsetzte), und ihrer Wichtigkeit zu unterscheiden. Und mit Blick auf die Sache jeweils Präferenzen zu bilden, um zu einer Entscheidung zu gelangen (was ist hier bedeutsamer: Wichtigkeit oder Dringlichkeit?). Es ist aber weder einzusehen, dass etwas unbedingt *kurzfristig* drängen muss, um dringlich sein zu können, noch dass eine Präferenzbildung zwischen „dringend" und „wichtig" immer sinnvoll ist. Das Lamento zahlreicher Unternehmer über immer schwierigere Entscheidungssituationen gründet doch darauf, dass solche Abwägungen oftmals gar nicht möglich sind und das eigentliche Entscheidungsproblem vernebeln. Dadurch, dass im professionalisierten Wirtschaftsdiskurs solche „Tools" wie das von Eisenhower jedoch fix und fertig vorliegen (das heißt soziokulturell unkontrolliert und damit gleichsam automatisch auch „universalistisch" gültig), fallen die Blindstellen und Denkfallen, die man sich im jeweiligen Kontext damit einhandelt, nicht auf. Man verwendet ja schließlich professionelle Regeln.
- Anschließend folgt der *soziale*, was häufig meint: prozedurale Entscheidungsprozess. Sollen andere gefragt, Gremien eingeschaltet werden? Sind mehrere Hierarchiestufen betroffen? und so weiter. „Entscheidungsprozess" meint hier die Phase „die Sache selbst im Detail bearbeiten", zum Beispiel berechnen, vergleichen, optimieren, Kunden befragen, Vorentscheidungen sammeln. (Zum Vergleich: Bei den Scouts meint sie, *emphatisch* sozial verstanden: „Diskutieren, Meinungen ausbilden, sich austauschen, zuhören, verstehen"; so lange, bis für die explorierte Sache keine nennenswerten Dissonanzen in der Gruppe mehr erkennbar sind.)
- Weiterhin muss die *zeitliche* Steuerung des Prozesses festgelegt werden. Zum Beispiel lässt sich die Sache zeitlich aufteilen (Salamitaktik, nacheinander); oder man arbeitet gleichzeitig an mehreren Aspekten und steuert durch Fristen, und so weiter.
- Zum Abschluss wird eine Entscheidungsvorlage erstellt. Zumindest gibt es Entscheidungsgrundlagen, manchmal mehrere. Auf dieser Basis wird entschieden.

Dieses Modell versteht Entscheidung als *Sozialtechnik* und blendet die soziokulturellen Anteile möglichst vollständig aus; eben daraus schöpft es seinen Professionalitätsanspruch. Das Ganze aus Scouts-Perspektive kommentiert:

- Sache: Die Entscheidungsfrage wird auf die sachliche Ebene zentriert – und auf sie reduziert. Zwar werden soziale und zeitliche Umstände festgelegt, aber nicht in die Sache *einbezogen*. Zur Verdeutlichung: Scouts definieren *die Sache selbst* im Entscheidungsprozess mehrfach um – so lange, bis sie passt (vgl. Jobs in Abschn. 2.2.1 und 3.1.1). „Die" Sache gibt es im Grunde gar nicht; ihre Bedeutung *für die Organisation*, ihr „subjektiver" Sinn, wird im explorativen Entscheidungsprozess gerade „hergestellt". Es gibt keine kulturell, sozial, zeitlich „neutralen" Entscheidungssachen. Um den Eindruck einer solchen Scheinneutralität aktiv zu verhindern, wird die Sache selbst ständig infrage gestellt (Dissonanz erzeugt) sowie mit der Sache von vornherein zeitlich „gespielt". Der Austausch über verschiedene „Zustände" der Sache gehört also wesentlich zur Sache hinzu. „Sache" ist hier maximal ganzheitlich gemeint und hat viele Dimensionen, auch soziale und zeitliche. Alle sind gebunden an eine spezifische, „subjektive" Organisationsperspektive – das ist der Dreh- und Angelpunkt.

4.2 Die Sympathiefrage

- Soziales: Die Entscheidung selbst wird vom Prozess ihres Zustandekommens getrennt. In Scout-Kulturen ist das undenkbar. Aufgabe von Führung ist es, genau das zu verhindern. Die tiefe Einbettung des Entscheidungsprozesses in den sozialen Kontext – kollektives *exploratives* Entscheiden, „Kollaboration" – ermöglicht nämlich die Herausbildung eines Teams, einer „Mafia", einer verschworenen Truppe: einer wie auch immer gearteten Gruppenidentität, die einzigartig und nicht kopierbar ist. In Inventor- und Maximizer-Kulturen geht es aber gar nicht um das Herausbilden einer von der Gruppe getragenen, im Idealfall auch ans Außen anschlussfähigen Sichtweise, einer „Community": Diese Kulturen sind hochgradig individualistisch. In ihnen geht es um die optimale Face-to-Face-Übertragung von „wahrer", „objektiver", unverfälschter Information (Sender-Empfänger-Modell). Das, was zu entscheiden ist, ist ein vorhandenes, weiterzureichendes Ding, *über (!)* das befunden wird. Die deutsche Sprache ist hier präzise und korrekt. Die Entscheidung ist gerade kein mühsam zu erringendes Ergebnis einer *gemeinsamen Schöpfung* von etwas, das man zusammen realisieren will.
- Zeit: Die Teildimension „Zukunft" wird aus der Entscheidung eliminiert. (Das gilt auch für Entscheidungen auf Basis von Prognosen, die ja nur Datenmaterial aus der Vergangenheit nutzen können.)

Für Zukunftsentscheidungen, also Entscheidungen mit hoher Trag- und Reichweite, bedeutet ein solches Modell praktisch einen hohen Risikofaktor und kognitiv wie kulturell vorprogrammierte Pfadabhängigkeit. Derzeit angesagtes Reaktionsmuster darauf: Absichern, absichern, absichern – denn wer falsch entscheidet, fliegt. In einer individualistischen, sozialtechnisch verfahrenden Kultur ist das konsequent und logisch. Eine professionellere Datennutzung zum Beispiel mag dabei helfen. Aus dem OODA-Loop heraus führt es aber nicht, im Gegenteil. Wir meinen daher: *Sympathischer* ist das auch nicht. Es ist uns bloß vertraut.

Wie kommt man auf solche scheinbar „arroganten" Ideen? Unsere Vorbildunternehmer, aus deren Selbstauskünften wir die Kernprinzipien der Scouts abduktiv erschlossen haben, erfuhren entweder besondere Härten oder hatten Vorbilder, die sie in ihre Haltung hineinbrachten oder -zwangen. Immer geht es dabei um ein Gefühl des sozialen Herausgehobenseins, des Andersseins, in jedem Fall um eine mentale Distanzierung. Diese Menschen haben ein „Desengagement in Sachen Realität" von Kindesbeinen an gelernt.

Alle wurden durch besondere Umstände „herausgefordert". Jobs war adoptiert und erkannte sehr früh, dass er seinen Adoptiveltern geistig weit überlegen war. Jack Welch hingegen berichtet in warmherzigen Tönen von seiner irischen Mutter, die ihn geprägt habe und eine wahre Meisterin gewesen sein muss in Reframing und Umdeuten der stumpfen „Wirklichkeit". Beispielsweise litt Welch in seiner Kindheit unter Stottern, das ihn häufig in peinliche Situationen brachte. Davon los kam er durch seine Mutter, die ihm eine äußerst „coole" Interpretation dafür anbot („Das liegt daran, dass du so intelligent bist. Keine Zunge könnte mit der Geschwindigkeit eines solchen Gehirns Schritt halten", Welch 2001, S. 21 f.). In Matsushitas Jugend, ein extremes Beispiel, starben innerhalb weniger Jahre alle Mitglieder der Familie. Als er sein erstes Unternehmen gründete, mit 27 Jahren, war er von ehemals zehn Leuten der einzig Überlebende. Er selbst wurde in frühen Jahren von einem Auto angefahren, wäre fast von einer Straßenbahn überrollt worden, wurde von einer Fähre erfasst und ertrank dabei beinahe. In psychoanalytischer Lesart wäre das wohl ein klassisches Szenario für eine robuste Depression. Matsushita entwickelte aus diesen Erlebnissen eine ganz eigene, spirituelle Sicht auf das Menschsein, seine Begrenzungen und die ethischen Verpflichtungen eines Unternehmers, die ihm Zeit seines Lebens viel Spott und Häme einbrachte. Vielleicht hat Steve Jobs das Maximum an „Desengagement in Sachen Realität" formuliert, was Menschen möglich ist: In seiner Stanford-Rede spricht er vom Tod als einem „interessanten intellektuellen Konzept", das sehr hilfreich sei.

Diese Leute erscheinen manchmal fast übermenschlich (womöglich hat der Hype um „Resilienz" hier seine Wurzeln) – und in ihrer Art, Menschen zu führen, mitunter auch unmenschlich. Die spannende Frage ist, ob es erst bestimmter Härten oder einschneidender Erlebnisse bedarf, um auf diese Art der Weltbewältigung „umzustellen"; um anzufangen, systematisch die eigenen Codes zu lockern. Ob tatsächlich nur ein Erweckungserlebnis, in asiatischer Terminologie eine „Erleuchtung", oder auch ein (ökonomischer) Schock das auslösen kann. Diese Einschätzung teilen wir nicht: Dass es erst grundstürzender Krisen bedürfe, damit ein Umdenken stattfinden kann. Allerdings sei eingeräumt: Das amerikanische Denken – und unternehmerische Handeln – steht dieser Annahme generell nahe („man muss die Menschen überfordern, um das Beste aus ihnen herauszuholen", Abraham Lincoln).

Unser Eindruck ist vielmehr, dass diese kapitalistische Kälte unnötig ist. Wir lassen uns gerne inspirieren, aber wir werden die kalifornische Coolness nicht kopieren. Europäische Werte weisen einen anderen Weg der sozialen Evolution; und die „Smart Creatives" aus dem Valley exportieren mit ihrem Habitus weit *mehr* als einen Lebensstil, evoluieren in eine ganz andere Richtung. Sie sind für deutsche Mittelständler, die für ihren Betrieb leben und einstehen, kein Vorbild. Aber: Wir meinen, dass sich diese Art des Denkens auch sozialverträglich, zivilisiert, auf „europäische" Art nutzen lässt. In ganz unterschiedlichen, ja *unendlich vielen* soziokulturellen Varianten entwickeln, einpassen und professionalisieren; für unterschiedliche Branchen, Unternehmenstraditionen, Leitbilder. Das zu transportieren ist der Impetus zu diesem Buch.

4.3 Werkzeugkiste europäischer Scouts

Scouts sind im Geiste Kalifornier, das schon. Aber es gibt sie auch in Europa. Der Stamm der Spotifyer etwa, Musik-Streamer und Kinder der schwedischen Gründerszene, gehören dazu. In dieser nordeuropäischen Variante gelten Entscheidungsregeln, die auf das Gleiche hinauslaufen wie das, was die Scouts anpeilen. Daniel Ek, Gründer und Vorstandsvorsitzender von Spotify, meint, ein guter Mitarbeiter treffe in 70 % aller Fälle dieselbe Entscheidung wie sein Chef. In 20 % fälle er bessere Entscheidungen, weil er von der Sache mehr Ahnung hat. Und in zehn Prozent liege er daneben – der Grund für Ek, Zukunftsentscheidungen in die Mitarbeiterschaft zu geben.

Es ist am Ende egal, ob eine Unternehmenskultur kollektivistisch oder individualistisch ist; Hauptsache, die Leistungsfähigkeit und das Potenzial eines intransitiven Entscheidens werden gehoben. Wie explorativ das im Detail ausfällt, ist unwichtig. Bei Spotify beispielsweise ist die Verfahrensweise stark iterativ, experimentell; eher ein Hin und Her als ein ruhiger, aber stetiger Prozess des „Abschleifens von Steinen". „Demoing" nennen sie das. Damit ist das Demonstrieren und Vorzeigen von neuen Ideen und Produkteigenschaften gemeint (Ramge 2015) – zu einer Inventorkultur bestens passfähig.

Anderes Beispiel. Enrico Loccioni ist ein italienischer, südeuropäischer Scout; Chef eines technischen Unternehmens, das unter anderem Messinstrumente herstellt. In Italien dichten ihm Managementtheoretiker eine „kulturelle Zäsur" an. Anderen gilt er als Anarchist; damit muss man leben als Scout unter Fremden. Sein Lieblingsthema ist nicht Entscheiden, sondern Führen. Seine Firma leitet er durch *Überraschungen* (immer ein bisschen größer denken als die anderen; eine europäische Alternative für Überforderung). Zum Beispiel verteilt er Aufgaben, die grundsätzlich eine Nummer zu groß sind. Seine Mitarbeiter sollen „unter seinen Fittichen reifen" (Täubner 2015): Er wirft sie nicht ins kalte Wasser („sieh zu und wachse!"), sondern handelt gemäß seines Credo: Wenn sich Menschen ernstgenommen und in ihren Fähigkeiten anerkannt fühlen, führen sie sich von selbst in Richtung Exzellenz. Das ist Humboldt 2.0. Sie lernen dabei, die eigene vertikale Handlungsorientierung („meine Bestmarke erreichen") zu trainieren; unter wohlwollender Anleitung, womöglich „transformational". Arbeit müsse man nicht erdulden, sie habe Spaß zu machen und diene grundsätzlich dem Gemeinwohl; in dieser Kombination aus Führung „in der Vertikalen" *und* der ständigen Rückbindung an das Soziale entstehe „tinga", eine auf den Erfolg gerichtete Sturheit. Das ist *europäische* Unternehmenskunst, und zwar zeitgemäße.

Wer ihre Merkmale kennt, entdeckt auch hierzulande zahlreiche Scouts im Geiste. Aber Vorsicht: Das Faszinierende an Leuten wie Ek oder Loccioni ist nicht, dass sie Scouts in der Fremde sind, sondern dass sie ihre eigenen Überzeugungen *in einer Maximizer- oder Inventor-Kultur* kultivieren. Sie zeigen, wie sich auch Inventor-Unternehmen so entwickeln können, dass sie mehr Zukunftsintelligenz gewinnen – auf eigene, die Passung zur jeweiligen kulturellen Identität wahrende Art. Sozialtechnische Innovationsregeln sind ja nicht falsch; aber erst in kluger (das heißt kognitiv kontrollierter) *Kombination* mit Zeitkompetenz werden sie zu Erfolgsfaktoren auch für die Zukunft.

Kennzahlen in die zweite Reihe
Von Michael Porter stammt der Hinweis, dass blindes Streben nach Wachstum die Marktstellung eines Unternehmens gefährden kann. Eine Fixierung darauf verwässert Alleinstellungsmerkmale, schafft Kompromisse, verschlechtert die Positionierung und konterkariert letztlich den Wettbewerbsvorteil (vgl. Porter und Kramer 2011). Das Wachstumsgebot höhlt die organisationale Tiefenkompetenz *(Deep Play)* aus. Stattdessen hilft ein strategischer Fokus darauf, immer wieder neue Arten der Wertschöpfung zu finden: Die bewusste Bearbeitung der eigenen unternehmerischen Achse, des Navigators. Wenn dieser Überlebensmechanismus allen klar ist, wenn die Regeln des *Deep Play* in der Organisation bewusst sind, immer wieder kommuniziert und praktiziert werden, ist Wachstum eine *Folge* ökonomischen Handelns. (Um diese unumstößliche Hierarchie zu sichern, hat Welch seine Kennzahlen manchmal fingiert.) Zahlen sind deshalb grundsätzlich „secondary".

Das unternehmerische Prinzip klären
Dazu muss man die eigene unternehmerische Achse kennen. Es gibt mehrere Konzepte, die Tiefenkompetenz *(Deep Play)* des Unternehmens herauszubekommen. Eines ist das Igelprinzip von Collins (2001, S. 121 ff.). Damit kreist man ein, auf welchem Gebiet man wirklich der Beste ist beziehungsweise sein kann. Start-ups wissen das, denn ohne dieses Wissen werden sie nicht tätig. Ältere Unternehmen können das jedoch „vergessen".

Team-Denken ermöglichen
Die meisten Unternehmen arbeiten heute in Teams. Was aber bedeutet das? Oft: Mehrere Menschen teilen sich ein Büro und haben ähnliche Aufgaben. Damit wirkliche Teams entstehen können, braucht es jedoch mehr und anderes als einen gemeinsamen Raum. Unterschiedliche Perspektiven zuvorderst – sonst kann es keine *Straight Talks* geben. Es ist daher sinnvoll, auch jenseits der eigenen Fachgrenze einzustellen.

Wissen, wen man sucht
Nimmt man dann jeden? Amazon beispielsweise benötigte nach und nach Kompetenzen in Lagerhaltung, Logistik, Robotik, Big Data, Cloud-Computing, Drohnen und anderem. Dieses Spektrum erzwingt es, die Suche nach Lösungen auf ein immer größeres Gebiet auszudehnen. Aber wie diese unterschiedlichen Kompetenzen bei Bewerbern beurteilen? Hier liegt der Grund für die Skepsis gegenüber Zeugnissen, die Scout-Unternehmen äußern; solche Zertifikate sagen nichts darüber aus, ob Menschen Perspektiven und Standpunkte ausbilden und wie sie mit Diversität umgehen können; ob sie in der Lage sind, die Organisation zu inspirieren und weiterzutreiben. Wenn Sie Teams wollen, sollten Sie Ihre Einstellungskriterien mit Blick auf den eigenen Navi fein justieren. Manche Unternehmen arbeiten zum Beispiel in ihren Einstellungsgesprächen erfolgreich mit fiktiven Praxistests. Jedenfalls: Die richtigen Maßstäbe sind exzellenzrelevant!

Team-Spirit fördern
Ein Team ist eine Gemeinschaft, die eine bestimmte Einstellung teilt: Irgendetwas, das die eigene Arbeit in einen *größeren Kontext* stellt. Das ist die Bedingung der Möglichkeit – anstatt jedem Trend nachzulaufen oder von Innovation zu Innovation zu springen (aus Prinzip nach gewisser Zeit unbedingt etwas Neues in Angriff zu nehmen) –, aus dem Unternehmen heraus eine *stete Quelle* singulärer Wertschöpfung zu generieren. Innovationsideen sind organische Effekte des Explorierens der eigenen Haltung. Risiko: Interessante Neuheiten bekommt das Unternehmen mitunter erst mal gar nicht mit. Oder umgekehrt: Es ertrinkt in einer Fülle zweifelhafter Ideen. Daher ist eine Voraussetzung für diese Unternehmensentwicklung langfristiges Denken – es müssen ja nicht gleich 1200 Quartale sein.

Instabilität ist eine gute Sache
Instabilität zu normalisieren ist in unserer europäischen ökonomischen Kultur eine Herausforderung. Aber wenn es stimmt, dass es darum geht, Grenzen zu verschieben, ist In-

stabilität dafür eine zwingende Voraussetzung. Wenn etwas nicht funktioniert, eine Sache ins Wanken gerät und deswegen nicht gleich Schuldige gesucht werden, ist das ein Signal, dass Sie es ernst meinen mit Innovation. In der Praxis ist das zwar schwer; aber aus dem, wie die Führungskräfte darauf reagieren und damit umgehen, entsteht eine eigene Kultur im Umgang mit Instabilität.

Hierarchie ist nicht schlecht, nur einseitig
Agilität und flache Hierarchien sind en vogue. Die Pyramide soll umgedreht, aufgelöst oder durch Basisdemokratie ersetzt werden, Maximallinie: Wählt eure Vorgesetzten doch selbst! Strukturrevolutionen allein machen allerdings noch keine erfolgreiche Geschäftsstrategie; zumal Hierarchie zur Inventor-Kultur generisch dazugehört. Einfach ins Mindset der Scouts zu springen ist tollkühn. Eine Alternative bilden etwa Ideen von einem „zweiten Betriebssystem", das sich peu à peu zur alten Hierarchiewelt aufbauen lässt; zwei parallele, gleichrangige (!) Systeme, die Hand in Hand arbeiten (Kotter 2015). Das Führungsprinzip hier: „Ich will" statt „Ich muss" – ein gravierender Unterschied.

Der Organisation ihre Selbstzufriedenheit auszutreiben, funktioniert nur über ein ehrliches und verlässliches Angebot: Wenn Mitarbeiter das annehmen oder auch ablehnen können. Die neue Situation braucht Zeit, man muss sie einüben: Und den Geist von Freiwilligkeit und die Chuzpe, Grenzen infrage zu stellen, als Organisation erst einmal erlauben, vorleben und glaubwürdig durchhalten. Dem alten System fehlt dafür die Basis: Als Mitarbeiter im Kerngeschäft die Produktpipelines sauber zu prozessieren und nachher im Innovationsprojekt zu „kollaborieren" und zu „disruptieren", ist sinnfrei oder für die meisten paranoid. Man kann beides haben – aber getrennt.

Das Märchen von der „schöpferischen Zerstörung"
Schumpeters Idee vernebelt hierzulande seit Jahrzehnten die Sinne. Sie ist zu einem soziokulturellen Filter geworden, der andere Weltwahrnehmungen kaum mehr zulässt. Das, was die Scouts machen, ist in dieser schauerlichen Gute-Nacht-Geschichte eine Art Umsturz (hierzulande interpretieren die meisten genauso „Disruption"): Plattform-Denken, Netzwerkeffekt, digitale Transformation. Die Medien sind voll davon, ein schönes Beispiel für Schwarmdummheit. Diese Perspektive garantiert, dass sich die Inventor-Kultur immer wieder selbst in Geltung setzt: Neues wird ausschließlich durch die Sachbrille betrachtet (zerstört wird A, und B tritt an dessen Stelle). Scouts legen jedoch nahe, dass radikale Innovation anders funktionieren könnte: Im Kern geht es überhaupt nicht um eine unendliche Innovationsreihe à la „Sache-für-Sache", um das „Was". Um den eigenen Horizont zu überspringen und die soziokulturellen Codes zu lockern, braucht man vielmehr einen Blick auf das „Wie" – und hier kommt für die Scouts die Gesellschaft ins Spiel. Die Kalifornier wollen überhaupt nichts zerstören, im Gegenteil: Sie wollen etwas Neues aufbauen!

Es ist ein bemerkenswertes Phänomen, dass dies hierzulande kaum vermittelbar ist – unsere soziokulturellen Frames sind mitunter komplett erstarrt. Beispiel: Viele Unternehmer reagieren auf den Impuls „Zukunftsorientierung" mit dem Reflex, ein Leitbild zu entwickeln oder eine Unternehmensvision zu definieren. Das entspricht unserer Soziokultur und daran ist erst einmal nichts auszusetzen. Es bedeutet aber etwas völlig anderes als amerikanische Antezipationen. In *Zeit* und *Sache* meint beides das Gleiche; in der *sozialen* Sinndimension nicht. In dieser kleinen, aber feinen Differenz liegt ein Universum von Missverständnissen und Fehlurteilen, das nur sehr schwer zu durchleuchten ist. (Die Antezipation ist generisch verknüpft mit dem Sozialen; ein Unternehmensleitbild ist dies nicht.)

Oder ein Beispiel in Bezug auf Innovationen: Während im Silicon Valley mittels Tracking-Technologien und Überwachungstools neue Märkte erschlossen werden (das soziale Scharnier: Antezipiert wird der Wunsch vieler Menschen, eine größere Selbstwirksamkeit zu entfalten, die personale Autonomie über das eigene Leben zu erhöhen), betrachten wir die damit einhergehende potenzielle Totalüberwachung kritisch. Natürlich! Denn unsere europäischen Werte basieren auf einem staatlichen Rahmen, der das Individuum schützt; und zwar in Leben und Sicherheit genauso wie in seiner individuellen Selbstbestimmung. Unser aufklärerisch geprägtes Verständnis von Menschenrechten impliziert personale Autonomie; und dazu gehört auch die Freiheit, nicht unwillentlich oder unwissentlich Auskunft über die eigene Person geben zu müssen. Ein solcher Zustand untergrübe die Unversehrbarkeit der Person und auch die Menschenwürde. Müssen wir aber deshalb die Ideen aus der Neuen Welt gleich in Bausch und Bogen verdammen? In *unserer* Perspektive können solche Technologien genauso ein Segen für bestimmte soziale Gruppen sein. Personalisierte Werbung ist vielen Europäern ein Gräuel; doch Menschen mit Einschränkungen würden sich freuen, wenn ihr Fernsehgerät wüsste, welche Kanäle sie gerne ansteuern. Die Art, wie wir Gesellschaft mitdenken, ist anders als im Valley – aber weder besser noch schlechter. Eine Frage des „Wie". Um von solchen Unterschieden zu profitieren, um sich global und kulturell überhaupt inspirieren lassen zu *können*, muss man solche soziokulturellen Differenzen aber erst einmal wahrnehmen. (Und dann kontrollieren und nutzen!)

Die Werkzeuge, die Scouts nutzen, können auch andere anwenden – freilich nur in eigener Zurichtung. Die Tabelle zeigt acht Ansatzpunkte im Überblick und erläutert, wie andere Unternehmen von deren Anwendung profitieren können (vgl. Abb. 4.1).

4.4 BWL beim Wort genommen

Mr. Towne: Ende des vorletzten Jahrhunderts gingen Sie davon aus, dass die Welt immer die gleiche bliebe. Diese Grundannahme hat sich bereits im letzten Jahrhundert erledigt: The times they are a-changin'. Und spätestens mit Einsetzen der Globalisierung steht auch die Voraussetzung Ihres frühen betriebswirtschaftlichen Grundverständnisses in Frage: Nach allgemein anerkannten, überall auf der Welt gültigen Regeln zu suchen. Zu Beginn unserer Wissenschaft war das eine kluge Maxime – wir mussten erst einmal erforschen, was das ist, „wirtschaften". Den Blindflug beenden und unsere Erkenntnisse

4.4 BWL beim Wort genommen

	Kennzahlen in „zweite Reihe" verschieben	„Navigator" klären	Eigene Soziokultur beachten	Passende Mitarbeiter suchen	Team-Denken fördern	Team-Spirit fördern	Ungewissheit positiv bewerten	Alternativen zur Hierarchie entwickeln
Nutzen	Zahlen rücken an den ihnen gebührenden Platz: messen die unternehmerische Aktivität, treten aber nicht an deren Stelle	• Möglichkeitsbedingung für kontinuierliche singuläre Innovationen • Exzellenzpotenziale entdecken • Voraussetzung für ein „Management von Beobachtung"	• Unternehmerische Tiefenkompetenz ausschöpfen können • kein „Umbau" der eigenen Kultur, aber deren genaue Kenntnis und Bearbeitung erforderlich	• Das Unternehmen fit machen für Exzellenz (nur „die Passenden" – wer ist das „für uns"?) • Dem Unternehmen Profil geben (nicht: die Branchenkompetenz stärken!)	Möglichkeitsbedingung für exzellenzorientiertes Arbeiten (Straight Talks)	Möglichkeitsbedingung, um Resonanz zum Umfeld zu erzeugen (Wirtschaft-Gesellschaft-Scharnier); Im Unternehmen eigene selbsttragende Sichtweisen erzeugen	• Gibt dem Unternehmen Unabhängigkeit vom Außen • Erzeugt intern Anreiz für Mitarbeiter-Engagement	Bietet die Möglichkeit, zwischenherkömmlicher Sicherheit und Experimentierfeldern zu wechseln (Modernisierungsplattform zum Weiterentwickeln)
Für wen	KMU, Mittelständler und „kulturstarke" Unternehmen mit Distanz zu Maximizern („wir gehen unseren eigenen Weg")	• Langfristig orientierte Unternehmen • Unternehmen, die Wert legen auf aktives Mitarbeiterengagement	• Unternehmen, die heute bereits erfolgreich innovieren und das verstärken möchten • Unternehmen mit starkem eigenem Spirit	• Unternehmen mit attraktiver Arbeitgebermarke • Unternehmen mit breitem Mitarbeiterfokus	• Unternehmen, die bereits mit flachen Hierarchien/Projekten arbeiten • Unternehmen, die Meinungsstärke und Einmischung schätzen	• Unternehmen mit ausgeprägtem Werteprofil • Unternehmen, bei denen der Kundennutzen (nicht z. B. die „Konstruktion" an sich, das Konzept o. Ä.) das größte Wertangebot ist	Unternehmen, die die Unsicherheitsphasen und Experimente mit ungewissem Ausgang zu ertragen bereit sind	Innovationswillige Unternehmen, die langsam und kontrolliert modernisieren wollen
Risiken	• „Zweite Reihe" heißt nicht „unwichtig" • ungewohnt: anfänglich evtl. Orientierungsprobleme	Die falsche Richtung einschlagen, sich verirren, sich organisational falsch „erinnern"	Verlust der Anschlussfähigkeit zur Diversität in den Umfeldern (z. B. bei unterschiedlichen Kunden)	Anfangs Unsicherheiten in der personellen Verbreiterung (Bewertungskriterien müssen erst justiert werden)	Mitarbeiterseitige Verunsicherung durch Überforderung der Führung (bei fehlender Routine)	Zentrifugale Tendenzen („autarke", eigensinnige Teams)	• Schneller Wiederabbruch (Unglaubwürdigkeit) • Abgleiten in „Chaos"	Neues Kontroll-Level muss sich erst herausbilden; Unsicherheit mit dem neuen „doppelten Boden"

Abb. 4.1 Was andere Unternehmen von den Scouts lernen können

vereinheitlichen. Heute stellen wir allerdings fest: Mit dieser Einheitlichkeit stimmt etwas nicht. Mal funktionieren die Regeln, immer häufiger aber eben auch nicht.

Deshalb brauchen wir jetzt etwas anderes. Eine neuartige Fähigkeit: Wir müssen vom *Was* auf das *Wie* umstellen. Wir müssen es schaffen, dem sozialen Ganzen eine vereinbare, angemessene und gleichwertige Wirtschaft beiseite zu stellen. (Das gilt übrigens genauso für die Politik.) Aus der Drift, welche die universalistischen Regeln der klassischen Ökonomie weg vom Gesellschaftsgefüge nehmen, erwachsen *Gefahrenlagen,* keine Risiken. „Wahr", „objektiv richtig", „normal": Wir müssen uns davon emanzipieren und jeweils *besser passenden* Sinn erfinden. Wir müssen unsere zweitausend Jahre alten, vermeintlich sakrosankten Fixpunkte Verlernen lernen; zumindest relativieren, anders zu nutzen lernen. Die Dinge werden „unscharf"; und uns bleibt kaum anderes übrig, als zu Ethnologen unseres eigenen sozialen Kosmos zu werden – zukunftsintelligent zu werden und unsere Ökonomie damit wieder gesellschaftsfähig zu machen, in Form zu bringen, sie uns neu anzuverwandeln. Aber: Diese Kompetenz, nämlich anzufangen, mehrere Sinndimensionen und Vokabulare parallel zu führen, in Balance zu halten, das auch noch gelassen zu ertragen und im Management solcher Dissonanz neue Richtungen zu erkunden – zu einer vorausschauenden Ökonomie, einer Preconomics überzugehen –, ist schwer. Zumindest wir Abendländler sind nicht gut darin; nicht trainiert, haben keine Erfahrung damit. Man muss sie Meistern der Praxis abgewinnen, dieses Know-how steht nicht in Lehrbüchern. Mal sehen, ob wir es hineinbekommen. Unsere globale Welt ist für dieses Projekt zumindest ein unvergleichlicher Lehrmeister.

Wir bleiben dran.

Literatur

Collins J (2001) Der Weg zu den Besten. Die sieben Management-Prinzipien für dauerhaften Unternehmenserfolg. Campus, Stuttgart
Iyer B, Davenport TH (2008) Vorbild Google. Harv Bus Manage 30:44–58
Jobs S (2005) Die Stanford-Rede. https://www.youtube.com/watch?v=DpMwWaxoI4Y. Zugegriffen: Jan. 2015
Jobs S (2012) The Lost Interview. Gespräch mit Steve Jobs 1995 zur Zeit der Leitung von NeXT. DVD, NFP marketing & distribution, Berlin/Vertrieb Warner Bros. Entertainment Hamburg
Kotter JP (2015) Die Kraft der zwei Systeme. Harv Bus Manage (Spezial über Leadership) 37:80–93
Müller-Friemauth F, Kühn R (2016) Grundzüge der ökonomischen Zukunftsforschung. Wiesbaden
Porter ME, Kramer MR (2011) Die Neuerfindung des Kapitalismus. Harv Bus Manage 33:59–75
Ramge T (2015) Nicht fragen. Machen. brand eins 17(3):88–93
Täubner M (2015) Der Animateur. brand eins 17(3):104–109
Wallace DF (2012) Das hier ist Wasser/This Is Water. KiWi-Taschenbuch, Köln
Welch J (2001) Was zählt. Die Autobiografie des besten Managers der Welt. Econ, München

Hier studiere ich.

Das Bachelor- oder Master-Hochschulstudium neben dem Beruf.

Alle Studiengänge, alle Infos unter: **fom.de**

0800 1959595 | studienberatung@fom.de | fom.de

The manufacturer's authorised representative in the EU is Springer Nature Customer Service Centre GmbH, Europaplatz 3, 69115 Heidelberg, Germany. If you have any concerns regarding our products, please contact ProductSafety@springernature.com

Printed and bound by CPI Group (UK) Ltd, Croydon, CR0 4YY

23/03/2026

02076674-0014